"十二五"职业教育国家规划教材
经全国职业教育教材审定委员会审定
新能源汽车专业系列教材

电动汽车动力电池及电源管理

主　编　徐艳民

机械工业出版社

本书为"十二五"职业教育国家规划教材，书中以目前电动汽车核心技术之一，即动力电池及电源管理为教学内容的主题，内容涵盖电动汽车各类动力电池结构、原理、特点、检测及电源管理等内容，结合电动汽车动力电池的某一种应用，针对性地详解电动汽车动力电池及其管理系统的关键技术，内容深入浅出，使读者在轻松愉悦的环境下，迅速了解电动汽车动力电池相关新技术及应用情况，不仅满足高职院校教学需要，而且也适合对电动汽车感兴趣的人们阅读和学习。

本书的编写得到了孔辉汽车科技有限公司、精进能源有限公司、陆地方舟新能源电动车集团有限公司等新能源汽车关键零部件、整车及检测设备研究开发与生产单位的大力支持。因此，教材选材贴近企业最新的科学技术前沿，并且真实地再现了企业岗位需求，课程内容新颖，选材得当，贴近电动汽车应用的前沿。

图书在版编目（CIP）数据

电动汽车动力电池及电源管理/徐艳民主编．—北京：机械工业出版社，2014.11（2024.9重印）

"十二五"职业教育国家规划教材．新能源汽车专业系列教材

ISBN 978-7-111-48486-8

Ⅰ.①电… Ⅱ.①徐… Ⅲ.①电动汽车-蓄电池-高等职业教育-教材②电动汽车-电源-高等职业教育-教材 Ⅳ.①U469.720.3

中国版本图书馆 CIP 数据核字（2014）第 260964 号

机械工业出版社（北京市百万庄大街22号　邮政编码100037）
策划编辑：赵海青　责任编辑：赵海青
责任校对：刘秀芝　封面设计：马精明
责任印制：常天培
北京机工印刷厂有限公司印刷
2024年9月第1版第20次印刷
184mm×260mm・11.5印张・270千字
标准书号：ISBN 978-7-111-48486-8
定价：39.00元

电话服务	网络服务
客服电话：010-88361066	机　工　官　网：www.cmpbook.com
010-88379833	机　工　官　博：weibo.com/cmp1952
010-68326294	金　书　网：www.golden-book.com
封底无防伪标均为盗版	机工教育服务网：www.cmpedu.com

前　言

随着汽车尾气污染和石油危机问题日益突出，进入21世纪以来，在世界各国掀起了对新能源汽车的研究开发热潮，节能减排已成为世界各国汽车产业的共同努力目标。新能源汽车，尤其是纯电动汽车、油电混合动力汽车、燃料电池电动汽车等，可有效提高能源利用效率，降低尾气排放污染，减少对石油资源的依赖，促进节能减排，成为各国研发的热点。而动力电池是关系到电动汽车能否实现产业化的关键，解决不了动力电池的成本和性能的矛盾，就难以实现电动汽车大范围的普及。试想，如果能够解决动力电池能量密度和功率密度的矛盾、成本和使用性能的矛盾、节能与充电时间的矛盾，进而开发出一款能量密度高、功率密度高、成本低廉、性能优越、充电时间短的动力电池，则电动汽车将实现快速普及。

本书以目前电动汽车核心技术之一——动力电池及电源管理为主题，内容涵盖电动汽车各类动力电池结构、原理、特点、检测及电源管理，介绍了电动汽车动力电池及其管理系统的关键技术，详细阐述了各类动力电池的特性及其在电动汽车上的应用。

全书分为七章，其中第一章主要介绍电动汽车与动力电池的发展历史，使读者可以对动力电池发展历程有一个全面的认识。第二章主要介绍电动汽车动力电池的基本知识，为后续各类动力电池的学习打下基础。第三章至第五章分别介绍了铅酸动力电池、碱性动力电池和锂动力电池及其应用，第六章则对其他用于电动汽车的动力电源进行了简单介绍，主要包括锌空气电池、燃料电池、超级电容、飞轮电池等。第七章主要介绍了电池管理系统组成及工作原理。针对高职教育教学需求，本书还设计了实训的环节，方便有条件的学校组织学生开展相关的实操训练。

本书由徐艳民编写第二、五、六、七章，陈黎明编写第一章和第三章，孙大许编写了第四章，杨超峰、房毅卓、李百华、郭海龙等参与了编写工作，对参与编写人员的辛勤工作表示感谢。

本书编写过程中得到了蔡晓（西安迅湃技术有限公司）、常雅婷（西安迅湃技术有限公司）、许文奎（孔辉汽车科技有限公司）、陈建良（孔辉汽车科技有限公司）等企业科技人员的帮助和支持，在此也一并表示感谢。

本书的编写得到了孔辉汽车科技有限公司、西安迅湃技术有限公司、陆地方舟新能源电动车集团有限公司等新能源汽车关键零部件、整车及动力电池检测设备研究开发与生产单位的大力支持。内容选择与企业岗位需求相结合，不仅能满足高职院校教学需要，也适合对电动汽车感兴趣的人们阅读和学习。

资源说明页

本书附赠微课视频，获取方式如下。

获取方式：

1. 微信扫码（封底"刮刮卡"处），关注"天工讲堂"公众号。
2. 选择"我的"—"使用"，跳出"兑换码"输入页面。
3. 刮开封底处的"刮刮卡"获得"兑换码"。
4. 输入"兑换码"和"验证码"，点击"使用"。

通过以上步骤，您的微信账号就可以免费观看全套课程啦~

首次兑换后，微信扫描本页的"课程空间码"即可直接跳转到课程空间。

《电动汽车动力电池及电源管理》

课程空间码

目 录

前言

第一章 电动汽车与动力电池发展历程 ... 1
  第一节 电动汽车与动力电池发展历史 ... 1
    一、蓄电池的发明 ... 1
    二、电动机的发明 ... 2
    三、电动汽车的发展历程 ... 2
  第二节 电动汽车与动力电池发展现状 ... 6
    一、目前电动汽车上使用的动力电池的类型 ... 6
    二、电动汽车用动力电池的技术现状 ... 6
  第三节 电动汽车动力电池发展趋势 ... 8
    一、典型的动力电池特点及发展趋势分析 ... 8
    二、下一代车辆燃料行动计划 ... 9
  【实训操作】自制丹尼尔蓄电池和法拉第电动机 ... 13

第二章 电动汽车动力电池基本知识 ... 16
  第一节 蓄电池的工作原理与结构类型 ... 16
    一、蓄电池的分类 ... 16
    二、化学能与电能转换基本原理 ... 16
    三、电池的基本构成 ... 17
    四、电池的基本参数 ... 17
  第二节 动力电池的性能评价 ... 27
    一、动力电池的应用特点 ... 27
    二、动力电池的测试 ... 29
  第三节 动力电池的充放电方法及充电基础设施 ... 35
    一、动力电池充电功能 ... 35
    二、典型的动力电池充电方法 ... 35
    三、动力电池成组充电方式 ... 38
    四、充电机 ... 42
    五、充电管理模式 ... 45
    六、充电站 ... 46
  【实训操作】充电机的使用 ... 51

第三章 铅酸动力电池及其应用 ... 57

第一节　铅酸动力电池的储能原理与结构 …………………………………………… 57
　　一、铅酸蓄电池的类型 ……………………………………………………………… 57
　　二、铅酸电池的储能原理 …………………………………………………………… 58
　　三、铅酸电池的结构 ………………………………………………………………… 58
　第二节　铅酸动力电池的性能及影响因素 …………………………………………… 60
　　一、铅酸蓄电池的性能 ……………………………………………………………… 60
　　二、温度对铅酸电池性能的影响 …………………………………………………… 63
　　三、放电深度对性能的影响 ………………………………………………………… 64
　第三节　铅酸动力电池的应用 ………………………………………………………… 65
　　一、铅酸动力电池应用实例 ………………………………………………………… 66
　　二、铅酸电池的回收 ………………………………………………………………… 68
　【实训操作】铅酸电池充放电性能测试 ……………………………………………… 69

第四章　碱性动力电池及其应用 ………………………………………………………… 81
　第一节　碱性动力电池的储能原理与结构 …………………………………………… 81
　　一、镍镉电池结构及储能原理 ……………………………………………………… 81
　　二、镍氢电池结构及储能原理 ……………………………………………………… 82
　第二节　碱性动力电池的性能及检测 ………………………………………………… 84
　　一、镍镉电池的特性 ………………………………………………………………… 84
　　二、镍镉电池应用存在的问题 ……………………………………………………… 85
　　三、镍氢电池与镍镉电池的对比分析 ……………………………………………… 85
　　四、镍氢电池特性 …………………………………………………………………… 86
　　五、镍氢动力电池的检测 …………………………………………………………… 91
　第三节　碱性动力电池的应用 ………………………………………………………… 93
　　一、碱性动力电池的应用概况 ……………………………………………………… 93
　　二、镍氢动力电池在电动汽车上的应用 …………………………………………… 94
　【实训操作】镍氢电池充放电性能测试 ……………………………………………… 96

第五章　锂离子动力电池及其应用 ……………………………………………………… 99
　第一节　锂离子动力电池的储能原理与结构 ………………………………………… 99
　　一、锂离子动力电池的类型 ………………………………………………………… 99
　　二、锂离子动力电池的工作原理 …………………………………………………… 99
　　三、锂离子电池正极材料 …………………………………………………………… 100
　　四、锂离子电池负极材料 …………………………………………………………… 102
　　五、锂离子电池的优点 ……………………………………………………………… 103
　第二节　锂离子动力电池的性能及检测 ……………………………………………… 104
　　一、锂离子动力电池的性能 ………………………………………………………… 104
　　二、锂离子动力电池的分析测试 …………………………………………………… 112
　　三、典型测试设备简介——XP-EVBT400-150 型动力电池测试系统 …………… 114
　第三节　锂离子动力电池的应用 ……………………………………………………… 116

一、锂离子动力电池的应用状况 ……………………………………………………………… 116
　　二、锂离子电池在电动汽车上的应用实例 …………………………………………………… 117
　　三、锂离子电池的失效机理 …………………………………………………………………… 119
　【实训操作】锂离子电池充放电性能测试 ……………………………………………………… 119

第六章　用于电动汽车的其他动力源 ……………………………………………………………… 124
第一节　锌空气电池的结构原理与应用 ………………………………………………………… 124
　　一、锌空气电池原理 …………………………………………………………………………… 124
　　二、锌空气电池的分类 ………………………………………………………………………… 125
　　三、锌空气电池的应用 ………………………………………………………………………… 127
　　四、锌空气电池的优点 ………………………………………………………………………… 127
　　五、锌空气电池应用中存在的问题 …………………………………………………………… 128
第二节　超高速飞轮的结构原理与应用 ………………………………………………………… 129
　　一、超高速飞轮的构造和原理 ………………………………………………………………… 129
　　二、飞轮电池的特性 …………………………………………………………………………… 129
　　三、飞轮电池的应用情况 ……………………………………………………………………… 130
　　四、飞轮电池在电动汽车上的应用案例 ……………………………………………………… 130
第三节　超级电容器的结构原理与应用 ………………………………………………………… 132
　　一、超级电容器工作原理 ……………………………………………………………………… 132
　　二、超级电容器分类 …………………………………………………………………………… 133
　　三、超级电容器特性 …………………………………………………………………………… 134
　　四、超级电容器在电动汽车上的应用实例 …………………………………………………… 135
第四节　燃料电池的结构原理与应用 …………………………………………………………… 136
　　一、燃料电池构造和原理 ……………………………………………………………………… 136
　　二、燃料电池的分类 …………………………………………………………………………… 138
　　三、质子交换膜燃料电池系统 ………………………………………………………………… 138
　　四、燃料电池的应用与发展趋势 ……………………………………………………………… 140

第七章　电动汽车电源管理系统 …………………………………………………………………… 143
第一节　动力电池管理系统功能及参数采集方法 ……………………………………………… 143
　　一、电池管理系统的功能 ……………………………………………………………………… 143
　　二、单体电压采集方法 ………………………………………………………………………… 144
　　三、电池温度采集方法 ………………………………………………………………………… 148
　　四、电池工作电流采集方法 …………………………………………………………………… 148
第二节　动力电池电量管理系统 ………………………………………………………………… 149
　　一、电池荷电状态（SOC）估算精度的影响因素 …………………………………………… 149
　　二、精确估计 SOC 的作用 …………………………………………………………………… 150
　　三、SOC 估计常用的算法 …………………………………………………………………… 150
第三节　动力电池的均衡管理 …………………………………………………………………… 153
　　一、能量耗散型均衡管理 ……………………………………………………………………… 153

二、非能量耗散型均衡管理 …………………………………………………………… 154
三、电池均衡管理系统应用中存在的问题 ………………………………………… 155
第四节　动力电池的热管理 ……………………………………………………………… 155
一、动力电池热管理系统的功能 …………………………………………………… 155
二、电池内传热的基本方式 ………………………………………………………… 156
三、电池组热管理系统设计实现 …………………………………………………… 156
第五节　动力电池的电安全管理及数据通信 …………………………………………… 158
一、动力电池电安全管理系统的功能 ……………………………………………… 158
二、烟雾报警 ………………………………………………………………………… 159
三、绝缘检测方法 …………………………………………………………………… 160
四、动力电池数据通信系统 ………………………………………………………… 161
【实训操作】电动汽车电源管理系统功能试验与验证 ………………………………… 163

参考文献 ………………………………………………………………………………… 173

第一章　电动汽车与动力电池发展历程

【引入】

　　以石化燃料作为能量源的汽车在市场上所占有的份额巨大，然而石化燃料所带来的环境污染、能源危机等世界性难题也非常突出。用动力电池代替石化燃料发展电动汽车是目前解决这些问题的有效途径。现代的人们习惯上将用动力电池替代或部分替代燃油的包括纯电动汽车、混合动力电动汽车在内的各类电动汽车称为新能源汽车，而仅采用燃油作为单一能源的汽车则被称为传统汽车。电动汽车真的是一种新生事物吗？其实，早在19世纪初人们就发明了蓄电池和电动机，而蓄电池和电动机的发明为电动汽车的出现和发展创造了条件。让我们翻开历史，探索电动汽车与动力电池的发展历程。

【学习目标】
1. 能够描述动力电池及电动车辆发展简史。
2. 能够分析制约动力电池和电动汽车发展的因素。
3. 能够分析推动动力电池与电动汽车发展需解决的问题。
4. 能够描述当前应用在电动汽车上的动力电池类型。

第一节　电动汽车与动力电池发展历史

一、蓄电池的发明

　　1800年，亚历山大·伏特制成了人类历史上最早的电池，后人称之为伏特电池。

　　1830年，威廉姆·斯特金解决了伏特电池的弱电流和极化问题，使电池的使用寿命大大延长。

　　1836年，约翰·丹尼尔进一步改进了伏特电池，提高了伏特电池的稳定性，后人称之为丹尼尔电池。它是第一个可长时间持续供电的蓄电池。

　　1859年，法国科学家普兰特·加斯东（Plant Gaston）发明了一种能够产生较大电流的可重复充电的铅酸电池。

　　1899年 Waldmar Jungner 发明了 Cd-Ni 电池。

　　1901年爱迪生发明了 Fe-Ni 电池。

　　1984年波兰的飞利浦（Philips）公司成功研制出 $LaNi_5$ 储氢合金，并制备出 MH-Ni 电池。

　　1991年，可充电的锂离子蓄电池问世，实验室制成的第一只18650型锂离子电池容量仅为 $600mA \cdot h$。

　　1992年，索尼（Sony）公司开始大规模生产民用锂离子电池。

　　1995年，日本索尼公司首先研制出 $100A \cdot h$ 锂离子动力电池并在电动汽车上应用，展示了锂离子电池作为电动汽车用动力电池的优越性能，引起了广泛关注。

动力电池作为电动车辆的主要能量来源，其技术历经了多次材料体系的变迁。每一次动力电池材料体系的变化都会带来电动车辆的一次发展高潮。最早的铅酸电池技术发展带来了20世纪初第一次电动汽车研发和应用高潮，80年代镍氢电池技术的突破带来了混合动力电动汽车的产业化，90年代才出现的锂离子动力电池带来了现在以纯电驱动为主的电动汽车研发和示范应用新纪元。

二、电动机的发明

1740年，第一个电动机是由苏格兰僧侣安德鲁·戈登（Andrew Gordon）创建的简单的静电设备。

1821年英国人迈克尔·法拉第（Michael Faraday）发明电动机实验室模型，只要有电流通过线路，线路就会绕着一块永久磁铁不停地转动，成为电动机发展的雏形。

1827年，匈牙利物理学家安幼思·杰德利克（Nyos Jedlik）开始尝试用电磁线圈进行实验。杰德利兑解决一些技术问题后，称他的设备为"电磁自转机"。虽然只用于教学目的，但第一款杰德利克的设备已包含今日直流电动机的3个主要组成部分：定子、转子和换向器。

1831年，美国人约瑟夫·亨利改进了法拉第电动机，使用电磁铁代替永久磁铁，提高了输出功率，从而向实用电动机发展跨出了重要一步。

1834年，德国人莫里茨·赫尔曼·雅可比对亨利电动机作了重要革新，把水平的电磁铁改为转动的电枢，并加装了换向器，制成了第一个电动机样机。1838年，制造出世界上第一台实用直流电动机，安装在船上，并试航成功。从此，电动机就完成了从实验室模型到实用电动机的转化。

1835年，美国一位铁匠汤马斯·达文波特（Thomas Davenport）制作出世界上第一台能驱动小电车的应用电动机，并在1837年申请了专利。

18世纪70年代初期，世界上最早可商品化的电动机由比利时电机工程师Zenobe Theophile Gamme发明。1888年，美国著名发明家尼古拉·特斯拉应用法拉第的电磁感应原理，发明交流电动机，即感应电动机。

1902年，瑞典工程师丹尼尔森利用特斯拉感应电动机的旋转磁场观念，发明了同步电动机。

电动机的发明使电驱动车辆成为可能，为电动汽车的发展提供了条件。

三、电动汽车的发展历程

电池和电动机的发明和不断发展推动了电动汽车的发展，电动汽车的发展经历了4个阶段。

第一阶段　电动汽车的发明

早在18世纪30年代，苏格兰发明家罗伯特·安德森（Robert Anderson）便成功地将电动机装在一部马车上，1842年又与托马斯·戴文波特（Thomas Davenport）合作，打造出世界上第一部以电池为动力的电动汽车，该车采用的是不可充电的玻璃封装蓄电池，自此开创了电动车辆发展和应用的历史。这比德国人戈特利布·戴姆勒（Gottlieb Daimler）和卡尔·本茨（Karl Benz）发明汽油发动机汽车早了数十年。1847年，美国人摩西·法莫制造了第一辆以蓄电池为动力、可乘坐两人的电动汽车。

第二阶段　电动汽车的发展

1881年11月，法国人古斯塔夫·特鲁夫在巴黎展出了一台电动三轮车。加上乘员后总重量达到了160kg，时速达到了12km。1882年，威廉姆·爱德华·阿顿和约翰·培理也制成了一辆电动三轮车，车上还配备了照明灯。这辆车的总重量提高到了168kg，时速提高到了14.5km。

随后的1890年，威廉姆·莫瑞逊在美国制造了一辆能行驶13h、车速为14mile/h（1mile＝1.6km）的电动汽车。1891年，美国人亨利·莫瑞斯制成了第一辆电动四轮车，实现了从三轮向四轮的转变，这是电动车向实用化方向迈出的重要一步。

1895年，由亨利·莫瑞斯（Henry Morris）和皮德罗·沙龙（Pedro Salom）制造的Electrobat Ⅱ（图1-1），安装了两台驱动电机，能以20mile/h的速度行驶25mile。

动力电池发展历程

图1-1　Morris和Salom公司生产的电动汽车

1897年，美国费城电车公司研究制造的纽约电动出租车实现了电动车的商业化运营。

1899年5月，一个名叫卡米勒·杰纳茨（Camille Jenatzy）的比利时人驾驶一辆44kW双电动机为动力的后轮驱动的子弹头型电动汽车（图1-2），创造了时速68mile的记录，并且续驶里程达到了约290km。这也是世界上第一辆时速超过100km的汽车。

1899年，贝克汽车公司在美国成立，生产电动汽车。公司生产的电动赛车的车速能超过120km/h，而且是第一辆座位上装有安全带的乘用车。

1900年，BGS公司生产的电动汽车创造了单次充电行驶180mile的最长里程纪录。图1-3为法国学生们组装复制的子弹头型电动汽车。

第三阶段　电动汽车的繁荣

19世纪末期到1920年是电动车发展的一个高峰。

据统计，到1890年，在全世界4200辆汽车中，有38%为电动汽车，40%为蒸汽车，22%为内燃机汽车。1900年，美国制造的汽车中，电动汽车为15755辆，蒸汽机汽车为

图 1-2　1899 年的子弹头型电动汽车

图 1-3　法国学生们组装复制的子弹头型电动汽车

1684 辆，而汽油机汽车只有 936 辆。

到了 1911 年，就已经有电动出租汽车在巴黎和伦敦的街头上运营。美国首先实现了早期电动车的商业运营，成为发展最快、应用最广的国家。

到了 1912 年，已经有几十万辆电动汽车遍及全世界，被广泛使用于出租车、送货车、公共汽车等领域。据统计，1912 年，在美国登记的电动汽车数量达到了 34000 辆。电动汽车产销量在 1912 年达到最大，在 20 世纪 20 年代仍有不俗表现。19 世纪末的电动出租汽车如图 1-4 所示。

第四阶段　电动汽车的衰落

在美国得克萨斯州发现了石油，使得汽油价格下跌，大大降低了汽油车的使用成本。在 1890~1920 年期间，全世界的石油生产量增长了 10 倍。

1911 年，查尔斯·科特林（Charles Kettering）发明了内燃机自动起动技术；1908 年，福特汽车公司推出了 T 型车，并开始大批量生产，内燃机汽车的成本大幅度下降，1912 年电动车售价 1750 美元，而汽油车只要 650 美元。

1913 年，福特（Ford）建立了内燃机汽车装配流水线，几乎使装配速度提高了 8 倍，最终使每工作日每隔 10s 就有一台 T 型车驶下生产线。内燃机汽车进入了标准化、大批量生

图 1-4　1897 年英国伦敦的电动出租车

产阶段。亨利·福特以大批量流水线生产方式生产汽油车使得汽油车价格更加低廉，其价格从 1909 年的 850 美元降到了 1925 年的 260 美元。内燃机汽车应用方便、价格低廉的优点逐步显现。虽然同一时期电动汽车用的动力电池技术也在飞速发展，在 1910～1925 年间，电池存储的能量提高了 35%，寿命增长了 300%，电动汽车的行驶里程增长了 230%，与此同时，价格降低了 63%，但汽油的质量能量密度是电池的 100 倍，体积能量密度是电池的 40 倍。在使用性能方面，燃油汽车的续驶里程是电动汽车的 2～3 倍，动力电池充电时间也明显长于内燃机汽车燃油的加注时间。因此，电动汽车续驶里程短、充电时间长成为无法与内燃机汽车相抗衡的致命因素。随着道路交通系统的改善，导致对长距离运输车辆的需求不断增加，电动汽车的黄金时代仅仅维持了 20 多年，便走向衰退。

第一次世界大战后，电力牵引技术应用的重点转移到公共交通领域，如火车、有轨电车和无轨电车。随着内燃机汽车设计和制造技术的发展，在很多地区，有轨电车和无轨电车也逐步被柴油驱动的内燃机汽车取代了。20 世纪 20 年代，电动汽车几乎消失了。

第五阶段　电动汽车的复苏

第二次世界大战后，欧洲和日本的石油供给紧张，电动汽车在局部地区出现了复苏迹象。1943 年，仅仅在日本就有 3000 多辆电动汽车处于注册状态。

20 世纪 40 年代，电动汽车续驶里程只有 50～60km，最高时速仅为 30～35km/h，其性能仅能满足短途、低速运输的需要。

进入 20 世纪 60 年代，内燃机汽车大批量使用导致了严重的空气污染。不仅如此，更严重的是内燃机汽车对石油的过分依赖，导致一系列的政治问题和国家安全问题。70 年代初，世界石油危机对美国乃至世界经济产生了重大影响，而电动汽车由于其良好的环保性能和能摆脱对石油的依赖性，重新得到社会各界的重视。

20 世纪 70 年代末期，德国戴姆勒－奔驰汽车公司生产了一批 LE306 电动汽车，采用铅酸电池，电压 180V，容量 180A·h，铅酸电池质量为 1000kg。装有他励直流电动机，电动机最高转速为 6000r/min。有效载荷为 1450kg，总质量为 4400kg。最高速度为 50km/h，最大爬坡度为 16%，原地起步加速到 50km/h 的时间为 14s，续驶里程可达 120km。

意大利为了降低空气污染，20 世纪 80 年代末建立了电动汽车车队，共投入 52 辆电动汽车试验，所有车均用铅酸电池。1990 年菲亚特汽车公司生产"熊猫一览 lef/ra"，载重量为 1330kg，车速为 70km/h，续驶里程为 100km，采用铅酸电池或镍镉电池，车速可达 100km/h^2，续驶里程达 180km。

1976 年，美国国会通过了《纯电动汽车和混合动力电动汽车的研究开发和样车试用法令》（The Electric and Hybrid Vehicle Research Development and Demonstration），拨款 1.6 亿美元资助电动汽车的开发。1977 年，第一次国际电动汽车会议在美国举行，公开展出了 100 多辆电动汽车。1978 年，美国通过《第 95—238 公法》（Federal Nonnuclear Act），增加对电动汽车研发的拨款，政府同时责成能源部电力研究所与电力公司加快研制电动汽车的技术，并加大资金投入，责成国家阿岗实验室与电池公司合作研制供电动汽车用的高性能蓄电池。从此，国际上开始了第二轮的电动汽车研发高潮。

1988 年，在美国洛杉矶地区的市议会上曾有人提出引入国际竞争机制，年产 10000 辆电动汽车，包括 5000 辆货车和 5000 辆两座乘用车并推向市场。继洛杉矶倡议之后，1989 年 12 月 13 日，加利福尼亚州空气资源委员会（CARB）对汽车排放制定了规划，该项规划要求到 20 世纪 90 年代，在加利福尼亚州销售的所有车辆中，有 2% 要符合零排放标准（Zero-emission-vehicles），满足该标准的车辆只能是纯电动汽车或氢燃料电池电动汽车。随后，美国纽约、马萨诸塞等州也颁布了类似的法律。

1991 年美国通用汽车公司、福特汽车公司和克莱斯勒汽车公司共同商议，成立了先进电池联合体（USABC），共同研究开发新一代电动汽车所需要的高能电池。1991 年 10 月，USABC 与美国能源部签订协议，在 1991~1995 年的 4 年间投资 2.26 亿美元来资助电动汽车用高能电池的研究。1991 年 10 月，美国电力研究院（ERPI）也加入了先进电池联合体，参与高能电池与电动汽车的开发。他们研发的主要有镍-氢、钠-硫、锂聚合物和锂离子等高能电池，其中镍-氢、锂聚合物和锂离子电池投入商业化生产。美国通用汽车公司还在底特律建成 EV-1（纯电动汽车）电动轿车总装线，每天生产 10 台电动轿车。

第二节　电动汽车与动力电池发展现状

一、目前电动汽车上使用的动力电池的类型

长期以来，电池的寿命和成本问题一直是制约电动汽车发展的技术瓶颈。通过不断的技术创新与技术改进，电池技术得到了飞速的发展。动力电池已经从传统的铅酸电池发展到镍氢、钴酸锂、锰酸锂、聚合物、三原材料、磷酸铁锂等先进的绿色动力电池，动力电池在能量密度、功率密度、安全性、可靠性、循环寿命、成本等方面都取得了很大的进步。各种动力电池的循环寿命如图 1-5 所示。

二、电动汽车用动力电池的技术现状

表 1-1 列出了现阶段在电动汽车上使用的主流动力电池类型及其基本特性。其中铅酸电池由于技术成熟、成本低，在电动汽车尤其是纯电动汽车上应用广泛；锂离子动力电池具有容量高、能量密度高、循环寿命长、无记忆效应等优点，因而成为当前电动汽车用动力电池

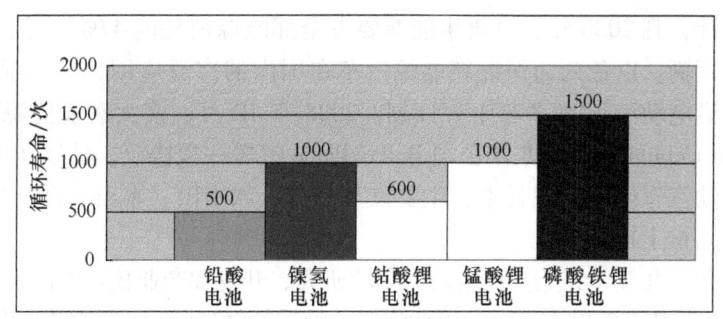

图 1-5 各种动力电池的循环寿命

技术研究开发的主要方向,尤其是插电式(Plug-in)混合动力概念的推出,又为锂离子电池的应用拓展了广阔的市场空间。

表 1-1 电动汽车用蓄电池现状概要

电池类型	铅酸蓄电池	镍镉电池	镍氢电池	锂电池
比能量/(W·h/kg)	35	55	60~70	120
比功率/(W/kg)	130	170	170	1000 以上
循环寿命/次	400~600	500 以上	1000 以上	1000 以上
优点	技术成熟、廉价、可靠性高	比能量较高、寿命长、耐过充放性好	比能量高、寿命长	比能量高、寿命长
缺点	比能量低、耐过充放性差	镉有毒、有记忆效应、价格较高、高温充电性差	价格高、高温充电性差	价高、存在一定安全性问题

当前,国际上各大电池公司纷纷投入巨资研制研发锂离子动力电池,在技术上取得了一系列重大突破。如美国的 A123 公司研制的锂离子动力电池,电池容量为 23A·h,循环寿命长达 1000 次以上,能够以 70A 电流持续放电,120A 电流瞬时放电,产品安全可靠;美国 Valence 公司研制的 U-charge 磷酸铁锂电池,除了能量密度高、安全性好以外,可在 -20~60℃ 的宽温度范围内放电及储存,其重量比铅酸电池轻了 36%,一次充电后的运行时间是铅酸电池的 2 倍,循环寿命是铅酸电池的 6~7 倍。随着锂离子动力电池技术的不断发展,其在电动汽车上的应用前景被汽车企业普遍看好。在近两年国际车展上,各大汽车公司展出的绝大多数纯电动汽车和混合动力汽车都采用了锂离子动力电池。

在我国,权威部门对动力电池的测试结果表明,中国研制的动力电池的功率密度和能量密度实测数据达到了同类型电池的国际先进水平,电池安全性能也有了很大的提高。镍氢动力电池荷电保持能力大幅度提升,常温搁置 28 天,荷电保持能力可达到 95% 以上;新型锂离子动力电池功率密度可达到 2000W/kg 以上。

在整个新能源汽车发展中,纯电动汽车产品开发理念由以往单纯重视性能、一味追求动力性和续驶里程,转为以提高整车性价比为中心,综合考虑动力性、续驶里程和成本,产品更加接近消费者需求。

随着研发的逐步深入,各种形式的电动汽车示范运行和商业化推广已经在国际上广泛开展。德国政府预计,到 2020 年,可再生能源要占全部能源消耗的 47%,德国境内的新能源汽车要超过 100 万辆。以色列为保证新能源汽车在国内的广泛应用,已经制订了一项在 10 年内推广 100 万辆电动汽车的"宏伟"计划。2008 年 10 月,澳大利亚能源巨头 AGL 和金融集团 Macquarie Capital 与国际集团公司 Better Place 签署一项协议,计划在墨尔本、悉尼和布里斯班打造电动汽车网络。在日本,主要汽车公司,如丰田、本田、日产及三菱等都已陆续将电动汽车产品推上市场。

我国科技部自"九五"开始支持电动汽车的研究、开发和产业化。"十五"期间,通过科技部电动汽车重大科技专项的支持,从电动汽车关键零部件到电动汽车整车均取得了丰硕的科研成果,分别完成了纯电动汽车、混合动力电动汽车、燃料电池电动汽车功能样车、性能样车和产品样车试制,部分产品已经小批量供应示范城市示范运行。"十五"期间,在电动汽车示范运行应用方面,国家科技部共支持北京、天津、武汉、威海、杭州、株洲 6 个示范运营城市对各种类型的电动汽车开展了对比试验和示范运行,累计投入运营车辆 186 台,运营里程 290 余万 km,实现运送乘客 430 余万人。"十一五"期间,国家科技部牵头,联合国家发改委、财政部和工信部相继推出了"十城千辆"和"私人购买新能源汽车"计划,推进电动汽车在公共交通和私人应用领域的发展,现已建立电动汽车示范城市 25 个,累计运行新能源汽车超过万辆,建设私人购买新能源汽车示范城市 6 个,从 2011 年开始,私人购买新能源汽车已全面推开。

【课堂活动】

"电动汽车兴衰"原因剖析

活动目的:巩固对电动汽车发展历史的认识。

所需材料:纸、笔等。

活动方式:小组讨论的方式。

活动过程:学生分组讨论,以知识链接为基础,通过网络或其他工具搜集资料,撰写"动力电池与电动车辆发展历史及启示"讨论稿,分组讨论剖析电动汽车兴衰变换的原因。讲述完毕进行自我完善,哪些问题自己考虑到了而别人没有考虑到,亦即自己的独创点;哪些是自己考虑到了,别人也考虑到了,亦即共识点;哪些问题是自己没有考虑到而别人考虑到了,亦即不足点。

第三节 电动汽车动力电池发展趋势

动力电池的未来发展

一、典型的动力电池特点及发展趋势分析

不同类型的动力电池性能、价格具有明显差异,能适应不同的消费层次和满足不同的需要。铅酸电池、镍氢电池、锂离子电池在未来一段时间内仍将是国内外电动汽车用动力电池的主要类型,会共同占有电动汽车用动力电池的市场,燃料电池、锌空气电池、超级电容和超高速飞轮等以其独特的优势在经过一系列技术革新和发展后也将在一些特定的领域逐步得到应用和推广。

铅酸电池经过 100 多年的发展,技术成熟,初期采购成本比镍氢电池和锂离子电池低得多，而且电池结构方面的新技术继续提高了铅酸电池的性能，因此在一定时间内铅酸电池仍然会被较为广泛使用。目前来看，铅酸电池比较适合低速、低成本的电动车辆，我国绝大多数电动自行车的电池采用铅酸电池，低速短途电动汽车领域也有广泛的应用。目前我国多个省份已经开始放开对低速短途电动汽车的政策，在一定意义上将促进铅酸动力电池的应用。但是，铅及其化合物对人体有毒，而且铅酸电池性能大幅度提高的可能性不大，从长远来看，铅酸电池将被其他新型电池所取代。

镍氢电池和锂离子电池属于新型动力电池。在镍氢动力电池研发和产业化方面，日本走在了前列。目前，在已经产业化的混合动力电动汽车上普遍采用了镍氢电池，使用寿命已经能够达到 10 年。镍氢电池以其功率密度高，技术成熟，在电动车辆用动力电池中将被持续稳定应用，今后研发的热点主要集中在提高镍氢电池的能量密度方面。

在锂离子电池领域，随着锂离子电池材料的研究和发展，尤其是磷酸铁锂、钛酸锂等电极材料的出现，大大提高了锂离子电池的循环寿命，降低了电池的材料成本或使用成本，使锂离子电池成为近期内最有发展前途和推广应用前景的动力电池。

近年来，以锂离子动力电池为代表的先进动力电池在能量密度、功率密度、安全性、可靠性、循环寿命、成本等方面取得了突破性进展，为电动汽车发展注入了新的活力。目前，能量型锂离子动力电池的能量密度能够达到 120W·h/kg 以上，分别是铅酸电池和镍氢电池的 3 倍和 2 倍，电池组寿命达到 10 年或 20 万 km，成本降低至 1 美元/A·h 左右，初步具备了产业化的条件。

二、下一代车辆燃料行动计划

在电池技术发展预测方面，日本政府在《下一代车辆燃料行动计划》中，对电动汽车用动力电池的性能发展进行了预测（表 1-2）。从表 1-2 中可以看出，2015 年，先进型电池的性能要比 2010 年的水平高 1.5 倍，成本降为当前电池的 1/7；预期到 2030 年，电池性能提高 7 倍，成本是当前的 1/40；德国国家电动汽车发展计划（2009 年）预测，至 2015 年，电池系统普遍能够达到的能量密度为 200W·h/kg，为当前使用的锂离子电池密度的 2 倍；博世（Bosch）公司预测，2016 年，电池能量密度可以达到 250W·h/kg，2020 年，电池能量密度可以达到 350W·h/kg。因此，电动汽车用动力电池能量密度将在近年出现质的飞跃，电动汽车续驶里程将不再是困扰电动汽车发展的瓶颈问题。

表 1-2 日本车辆燃料行动计划对电动汽车动力电池发展的预期和目标

发展阶段	当前现状	改良型电池 （2010 年）	先进型电池 （2015 年）	革新电池 （2030 年）
电动汽车类型	用于电力公司的 EV 小型电动车	特殊用途的微型汽车 高性能混合动力汽车	普通微型电动车 燃料电池汽车 插入式混合动力汽车	纯电动汽车
性能	1	1	1.5 倍	7 倍
成本	1	1/2	1/7 倍	1/40 倍

【课堂活动】

探索未来的电动汽车

活动目的：探索未来电动汽车的特点。

所需材料：电脑、网络、报刊、杂志等。

活动方式：小组讨论的方式。

活动过程：根据以下补充材料及电脑、网络、报刊、杂志等探索未来电动汽车的特点。

【补充材料1】

可瞬间充电的电动巴士

乘员为135人的电动巴士能利用行驶路线上的充电点进行充电，如图1-6所示。该充电点位于车辆上方，充电功率达到400kW。充电点与由激光控制的移动臂相连，能在15s内为汽车电池充电。这意味着在乘客上下车的短短15s内即可快速为电动公共汽车的车载电池进行"瞬间充电"，而在终点站充电3~4min就能将电池完全充满。这项新技术，将被用于瑞士日内瓦的大容量电动汽车上，作为无轨电车系统供给最优化（TOSA）试点项目的一部分，用于为更灵活、更廉价的公共交通基础设施铺平道路，而且将减少城市污染和噪声。这种系统能够使电动公共汽车取代城市地区的有轨电车和地铁系统，而且在这个过程中能够摆脱难看的架空电力线路。这个系统被设计用于最优化关键城市区域的高频率公交车路线。

图1-6 可瞬间充电的电动巴士

【补充材料2】

最便宜的电动汽车

2013年3月18日，印度Mahindra集团在印度首都新德里推出了e20电动汽车，上路价59.6万卢比（约合11000美元），号称世界上最便宜的电动汽车。

e20电动汽车使用锂离子电池，单次充电时间为5h，充满电后可持续运行100km，最高时速可达81km，每千米运行成本仅为传统汽油车的十分之一，柴油车的十五分之一。该车的维护成本也非常低，电池在3年或60000km内保修，更换电池仅需15万卢比（约合2800美元）。

【补充材料3】

沃尔沃研发新型电动车　车身可做充电电池

沃尔沃、英国伦敦大学帝国理工学院（Imperial College）以及欧洲其他7所大学于2010年初开始了一个长达3年的研发计划，这项耗资350万欧元的计划主要为了研发出一种能解决目前充电问题的电动汽车。因为目前汽车制造商生产混合动力和电动汽车存在的最大问题就是，很难设计出一种车型能很好地解决沉重的电池带来的重量和体积的增加。而这款"未来派"电动汽车不仅可以实现在行驶时存储制动能量，同时也可以在晚上接通电源充电时存储能量。

帝国理工学院正致力于研发一种聚合树脂和碳化纤维的复合物，首先把纳米结构的碳纤维材料制成薄片，然后成型，烘干，硬化，再把超级电容植入其间。可以通过叠加的方式，将其做成电池模块，并做成车身面板的样子，布置在车身框架之上，如图1-7所示。

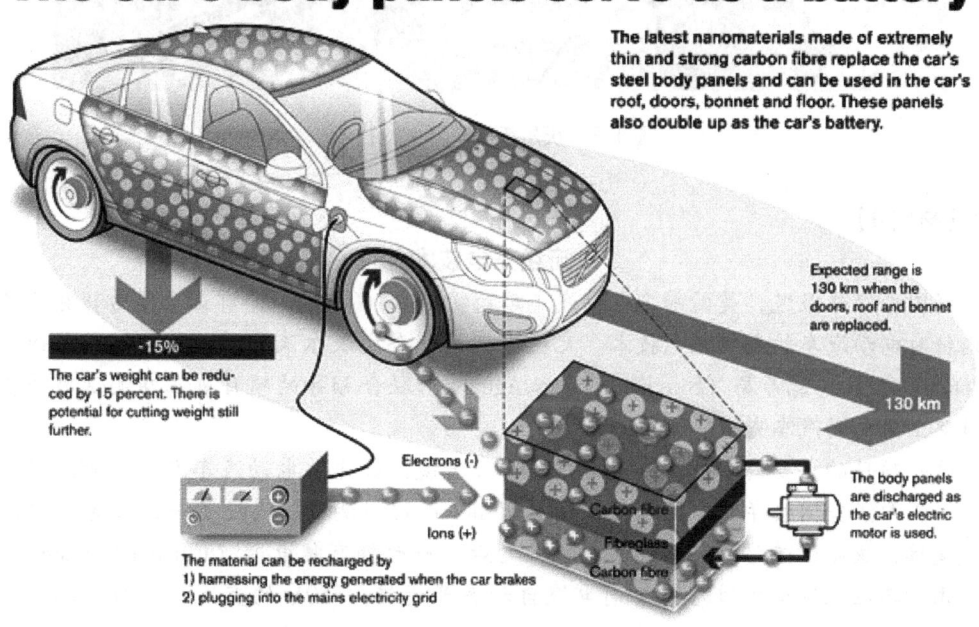

图1-7　以车身为电池，让电动汽车更轻

研究显示，这种新型材料电池的充电速度比常规电池组更快，而且强度更好，适用性更强，可以取代车身面板，从而节省电池组所需空间。这种新型电池面板可以取代车门、行李箱盖、发动机舱盖、车顶等。如果用这种新材料来代替传统的钢板车身，整个汽车的重量将会减少15%。这样不仅可以减轻电动汽车的重量，同时也能够存储更多能量。

沃尔沃汽车已经制造了两辆S80试验车来检验这种电池材料的效果。如图1-8所示。试验车的行李箱盖采用了这种材料取代当前的汽车标准电池，甚至还用这种材料取代了车辆前端的稳定杆以及起停电池组。

图1-8 沃尔沃的车身电池技术

【补充材料4】

无线充电技术

据国外媒体报道,美国知名电动汽车厂商特斯拉(Tesla)目前正在大力研究城市区域内针对电动汽车的无线充电技术。无独有偶,一个由沃尔沃集团、法国阿尔斯通公司(Alstom)和瑞典能源局(Swedish Energy Agency)联合领导的项目则正在测试有关在快速道路上为电动汽车充电的系统。

这一项目的主要内容是在道路中铺设两条电缆,并允许电动汽车在通过时进行持续充电。沃尔沃集团去年就在自己位于瑞典Hallered的测试中心建设了一条长约400km的测试道路,该测试道路内部铺设了电缆。之后,一台拥有集电器(Current Collector)的测试用卡车在经过这段道路时会同电缆自动展开连接,750V的直流电将对车辆进行充电,并将经过一个车载水冷装置。沃尔沃集团表示,"电网道路系统"的设计方案将比所谓的"铺设空中电缆"的方法更为经济。

当然,还有其他的解决方案,比如德国博世公司将为美国的日产聆风和雪佛兰沃蓝达用户安装家庭用无线充电桩(图1-9),每个售价为3000美元。据报道,这款无线充电桩是由Evatran公司研发的,包括一套组合壁橱、接地充电器和与车辆连接的充电接口,通过自动感应系统为电动汽车充电。分析人士推测,3000美元的售价意味着该无线充电桩的成本约为2500美元。博世方面称,还将为除聆风和沃蓝达之外的其他电动车开发无线充电设施。另外,2013年5月中旬,博世曾推出一款最低售价仅为449美元的电动汽车家用充电桩(有线),而电动汽车消费者安装家用充电桩的平均价格约为1000美元。

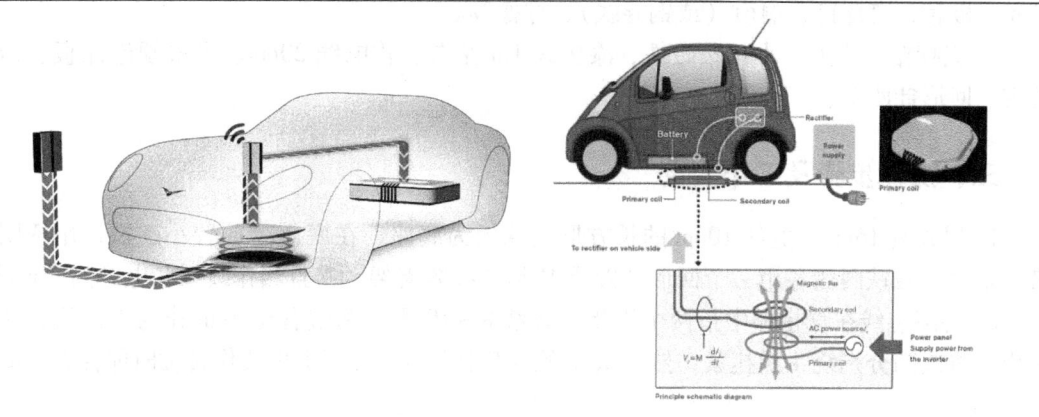

图1-9 无线充电技术

在日前召开的汽车技术会议"2013年春季大会"上，丰田公司及日本汽车研究所就电动车无线充电技术发表了演讲。丰田方面称，"与纯电动汽车相比，无线充电技术对混合动力车更重要"，丰田也将在各国大力开展标准化活动。据日本媒体报道，丰田技术统括部主管川久保淳史表示，向该公司的混合动力汽车用户询问对充电操作的评价时，近一半的人表示"有不满的地方"。在作出这种回答的人当中，对充电线缆不满的人占了绝大部分，他们觉得充电线过重，用起来不方便。丰田认为，消除用户对充电线不满的无线充电技术对混合动力车更为重要。

要使无线充电技术实用化，国际标准化非常重要。公共基础设施设置充电设备的情况居多，这时必须采用标准技术，才能够用一个充电设备为多家厂商的车辆充电。事实上，除了电动车和混合动力车对无线充电需求外，还有车内充电对无线充电的需求。韩国现代汽车研发出可对智能手机进行无线充电的新款汽车，目前已进入最后测试阶段。现代有望以一般智能手机使用者为突破口，打开无线充电新市场。

据报道，现代汽车的这款新型汽车装有"劳恩斯"后续模型的磁性诱导式无线充电器。该项车载智能手机无线充电技术将会是无线充电市场大众化的一个起点。目前，作为一般用途的无线充电器价格过高，而消费者优先选择购买装有无线充电器的汽车，生产企业提高成品和附件的生产能力后，无线充电器价格将会有所下降。

【实训操作】自制丹尼尔蓄电池和法拉第电动机

一、实训目标

1. 探索并认识丹尼尔蓄电池。
2. 探索并认识法拉第电动机。

二、实验设备

1. 铜棒、锌棒、硫酸锌电解液、玻璃杯、顶部有两个开口的塑料杯盖、万用表、导线、发光二极管、镀锌钉、铜币（或铜导线）、柠檬等。

2. 尖嘴钳、小刀、小长条磁铁、漆包线 1m 左右、软电线 20cm、平整硬泡沫板、透明胶带、回形针两个、5 号南孚电池两个。

三、操作步骤及工作要点

1. 以长约 16cm、宽约 10cm 的长方形泡沫板为底座，在底座上放置小磁铁，用透明胶带固定好，磁铁两侧各用一个回形针做成 M 形的线圈支架，并且当作线圈与电源间的连线。

2. 将漆包线在食指和中指两个手指上轻绕 8~10 圈，两端各留 5cm 作为引出线，两根引出线将线圈分别绕 4 圈扎紧，然后从线圈的正中引出，使两引出线作转轴时能保证线圈平稳转动。

3. 把线圈平放在桌面上，用锋利的小刀将线圈一端引出线上的绝缘漆全部刮去，另一端引出线的绝缘漆只刮去上半圈，就可以达到一半通电，一半断电的效果，即制成"自动通断电装置"。

4. 把线圈的两引出线分别装在 M 形支架上，使其可以灵活转动。调整线圈与磁铁间的距离，找到一个最佳位置，使线圈不仅能转动，而且能转得较快。

5. 接通电源，稍稍拨动线圈，观察现象。

发现线圈能连续转动。改变电池极性，线圈转动方向随之改变；改变磁铁极性，线圈转动方向亦随之改变。

6. 将铜棒和锌棒分别插入塑料玻璃杯盖的两个小孔。

7. 将硫酸铜溶液倒入玻璃杯，并盖上杯盖。

8. 用万用表测量铜棒和锌棒之间的电压。

9. 用导线连接铜棒、锌棒、发光二极管，观察发光二级光能否发出亮光，如果不能，检查线路连接并思考需要怎么做才能使其发光。

10. 用镀锌钉、铜币（或铜导线）和柠檬制作一个简易的水果电池。在柠檬的一侧切开一个小口，将铜币（或铜导线）插进去，然后将镀锌的钉子插入到柠檬的另外一边。用万用表测量柠檬电池的电压。

上述操作示意图如图 1-10、图 1-11 所示。

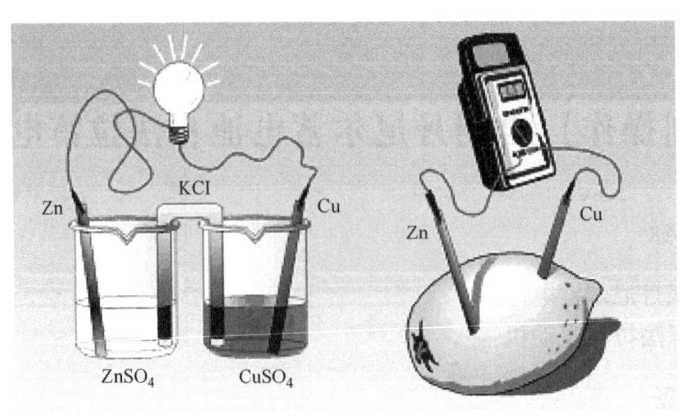

图 1-10 本实训操作所做的丹尼尔电池示意图

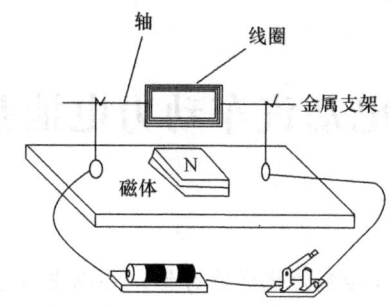

图1-11 本实训操作所做的简易电动机示意图

【本章小结】

　　本部分对动力电池和电动汽车的发展历史、现状和趋势作了详细讲解和分析。走进历史，让我们了解了电动汽车曲折的发展历程，放眼当前，我们看到了动力电池在电动汽车发展中的重要作用，展望未来，随着动力电池技术的不断发展，电动汽车技术也将不断进步，最终逐步普及。

　　不同类型的动力电池性能、价格具有明显差异，能适应不同的消费层次和满足不同的需要。铅酸电池、镍氢电池、锂离子电池和燃料电池在未来一段时间内仍将是国内外电动汽车用动力电池的主要类型，会共同占有电动汽车用动力电池的市场。动力电池必将逐步向高能量密度、高功率密度、高充电效率、长寿命、高安全性、低成本、智能化、高可靠性和低能耗的方向发展。

【复习题】

1. 电动汽车相比传统汽车仍存在哪些问题？
2. 哪些类型的动力电池适合电动汽车使用？
3. 电动汽车充电速度如何？如何提高电动汽车充电效率？
4. 未来电动汽车发展趋势如何？
5. 对比分析各类动力电池驱动的电动汽车，寻找最环保的汽车。

第二章　电动汽车动力电池基本知识

【引入】

电池应用的过程是电能输入转变为化学能存储，再以电能形式输出的能量转换过程。虽然不同的电池具有不同的正负极材料、电化学特性和应用特征，但其基本的概念、评价参数和电化学原理等有许多相同之处。在对不同电池特性的比较中，也需要根据这些基本概念采用各种性能参数指标进行比较研究。本章重点探讨动力电池储能的基本原理以及与动力电池和动力电池组相关的基本概念。

【学习目标】

1. 了解蓄电池的分类。
2. 了解化学能与电能转换基本原理。
3. 熟悉蓄电池的基本结构。
4. 熟悉蓄电池的基本参数。
5. 掌握动力电池性能的评价方法。

第一节　蓄电池的工作原理与结构类型

一、蓄电池的分类

蓄电池可根据电解液的种类、正负极材料不同进行分类。

1. 按电解液的种类

1）碱性电池。碱性电池的电解质主要是以氢氧化钾水溶液为主，如碱性锌锰电池（俗称碱锰电池或碱性电池）、镉镍电池、镍氢电池等。

2）酸性电池。酸性电池主要是以硫酸水溶液为介质，如铅酸蓄电池等。

3）中性电池。中性电池是以盐溶液为介质，如锌锰干电池、海水电池等。

4）有机电解液电池。有机电解液电池主要是以有机溶液为介质，如锂离子电池等。

2. 按电池所用正负极材料

1）锌系列电池，如锌锰电池、锌银电池等。

2）镍系列电池，如镍镉电池、镍氢电池等。

3）铅系列电池，如铅酸电池。

4）锂系列电池，如锂离子电池、锂聚合物电池和锂硫电池。

5）二氧化锰系列电池，如锌锰电池、碱锰电池等。

6）空气（氧气）系列电池，如锌空气电池、铝空气电池等。

二、化学能与电能转换基本原理

为了理解电池是怎样把化学能转化为电能的，以经典的丹尼尔原理电池单体化学反应为例进行介绍。

$$Cu^{2+} + Zn \rightarrow Cu + Zn^{2+} \tag{2-1}$$

在式（2-1）所示的化学反应中，Cu^{2+} 和 Zn^{2+} 在 25℃ 的标准自由能 $\triangle G$ 是 $-212kJ/mol$。根据热力学的知识，化学反应总是沿着自发的方向进行，所以如果把锌加入 Cu^{2+} 溶液中，铜就会沉淀出来了。该化学反应就是从含有锌的矿石中提取出铜的常用方法。在金属冶金应用中，化学反应包含的化学能是不可利用的，能量以热能的形式被消耗掉。

反应式（2-1）可以分解为两个电化学反应步骤完成：

$$Cu^{2+} + 2e^- \rightarrow Cu \tag{2-2}$$

$$Zn \rightarrow Zn^{2+} + 2e^- \tag{2-3}$$

在式（2-1）所示的从电解液中提取铜的反应过程中，两个反应在锌表面同时发生，然而，如果锌和铜处于独立的两个元件中，那么反应式（2-2）和反应式（2-3）就必须在两个不同的位置（电极）发生，而且只有在有电流连接两个电极的情况下反应才能继续进行。在这种情况下，电子的流动是可以利用的。这就是著名的丹尼尔电池单体反应，如图 2-1 所示，该反应可以通过控制正、负极的连接状态实现有效控制，使化学能按需转化为有用的电能。

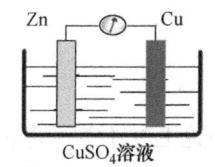

图 2-1 丹尼尔原理电池单体反应示意图

三、电池的基本构成

电池是一种把化学反应所释放的能量直接转变成直流电能的装置。

要实现化学能转变成电能的过程，必须满足如下条件：

1）必须让化学反应中失去电子的氧化过程（在负极进行）和得到电子的还原过程（在正极进行）分别在两个区域进行，这与一般的氧化还原反应存在区别。

2）两电极必须是有离子导电性的物质。

3）化学变化过程中电子的传递必须经过外线路。

为了满足构成电池的条件，电池需包含以下基本组成部分：

1）正极活性物质。它具有较高的电极电位，电池工作即放电时进行还原反应或阴极过程。为了与电解槽的阳极、阴极区别开，在电池中称作正极。

2）负极活性物质。它具有较低的电极电位，电池工作时进行氧化反应或阳极过程。为了与电解槽的阳极、阴极区别开，在电池中称作负极。

3）电解质。它拥有很高的、选择性的离子电导率，提供电池内部的离子导电的介质。大多数电解质为无机电解质水溶液，少部分电解质也有固体电解质、熔融盐电解质、非水溶液电解质和有机电解质。有的电解质也参加电极反应而被消耗。电池的基本构成如图 2-2 所示。

四、电池的基本参数

1. 电压参数

（1）电动势　电动势是电池在理论上输出能量大小的度量之一。如果其他条件相同，那么电动势越高，理论上能输出的能量就越大。电池的电动势是热力学的两极平衡电极电位之差。

实际上，电池中两个电极并非处于热力学的可逆状态，因此，电池在开路状态下的端电

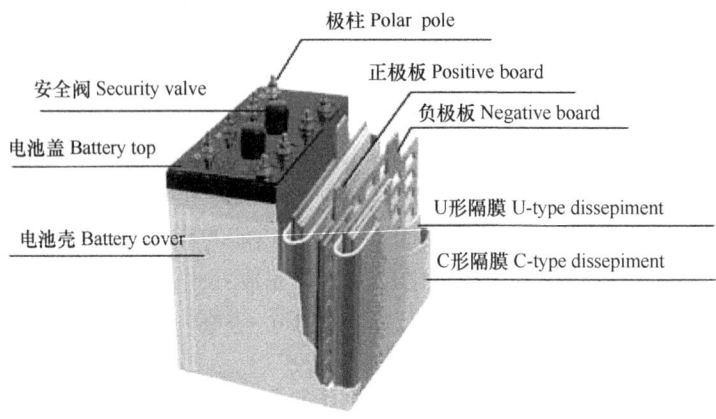

图 2-2 电池的基本构成

压理论上并不等于电池的电动势,但由于正极活性物质一般氧的过电位大,因此稳定电位接近正极活性物质的平衡电位,同理,负极材料氢的过电位大,因此稳定电位接近负极活性物质的平衡电位。结果在表征上电池的开路电压在数值上接近电池的电动势,所以在工程应用上,常常认为电池在开路条件下,正负极间的平衡电势之差,即为电池的电动势。

对于某些气体电极,电池的开路电压数值受催化剂的影响很大,与电动势在数值上不一定很接近。如燃料电池,其开路电压常常偏离电动势较大,而且随使用催化剂的品种和数量而变化。

(2)开路电压 开路电压是指在开路状态下(几乎没有电流通过时),电池两极之间的电势差,一般用 U_{oc} 表示。电池的开路电压取决于电池正负极材料的活性、电解质和温度条件等,而与电池的几何结构和尺寸大小无关。一般情况下,电池的开路电压均小于它的电动势。

(3)额定电压 额定电压也称公称电压或标称电压,指的是在规定条件下电池工作的标准电压。采用额定电压可以区分电池的化学体系,表 2-1 为常用不同电化学体系电池的单体额定电压值。

表 2-1 常用不同电化学体系电池的单体额定电压值

电池类型	单体额定电压/V
铅酸电池(VRLA)	2
镍镉电池(Ni-Cd)	1.2
镍锌电池(Ni-Zn)	1.6
镍氢电池(Ni-MH)	1.2
锌空气电池(Zn/Air)	1.2
铝空气电池(Al/Air)	1.4
钠氯化镍电池($Na/NiCl_2$)	2.5
钠硫电池(Na/S)	2.0
锰酸锂电池($LiMn_2O_4$)	3.7
磷酸铁锂电池($LiFePO_4$)	3.2

(4) 工作电压 工作电压是指电池接通负载后在放电过程中显示的电压，又称负荷（载）电压或放电电压。在电池放电初始时刻的（开始有工作电流）电压称为初始电压。

电池在接通负载后，由于欧姆内阻和极化内阻的存在，电池的工作电压低于开路电压，当然也必然低于电动势。

$$V = E - IR_{内} = E - I(R_\Omega + R_f) \tag{2-4}$$

式中 I——电池的工作电流；
E——电池的电动势；
R_f——极化内阻；
R_Ω——欧姆内阻。

(5) 放电终止电压 对于所有二次电池，放电终止电压都是必须严格规定的重要指标。放电终止电压也称为放电截止电压，是指电池放电时，电压下降到不宜再继续放电的最低工作电压值。根据电池的不同类型及不同的放电条件，对电池的容量和寿命的要求也不同，由此所规定的放电终止电压也不同。一般而言，在低温或大电流放电时，终止电压规定得低些；小电流长时间或间歇放电时，终止电压值规定得高些。

2. 容量参数

电池在一定的放电条件下所能放出的电量称为电池容量，以符号 C 表示。其单位常用 $A \cdot h$ 或 $mA \cdot h$ 表示。

(1) 理论容量（C_0） 理论容量是指假定活性物质全部参加电池的成流反应所能提供的电量。理论容量可根据电池反应式中电极活性物质的用量，按法拉第定律计算的活性物质的电化学当量求出。

(2) 额定容量（C_g） 额定容量是指按国家或有关部门规定的标准，保证电池在一定的放电条件（如温度、放电率、终止电压等）下应该放出的最低限度的容量。

(3) 实际容量（C） 实际容量指在实际工作情况下放电，电池实际放出的电量。它等于放电电流与放电时间的积分，实际放电容量受放电率的影响较大，所以常在字母 C 的右下角以阿拉伯数字标明放电率，如 $C_{20} = 50A \cdot h$，表明在 20 小时率下的容量为 $50A \cdot h$。实际容量的计算方法如下：

恒电流放电时

$$C = IT \tag{2-5}$$

变电流放电时

$$C = \int_0^T I(t) \, dt \tag{2-6}$$

式中 I——放电电流，是放电时间 t 的函数；
T——放电至终止电压的时间。

由于内阻的存在，以及其他各种原因，活性物质不可能完全被利用，即活性物质的利用率总是小于 1，因此化学电源的实际容量、额定容量总是低于理论容量。活性物质的利用率定义为

$$\eta = \frac{m_1}{m} \times 100\% \text{ 或 } \eta = \frac{C}{C_0} \times 100\% \tag{2-7}$$

式中 m——活性物质的质量；

m_1——放出实际容量时所应消耗的活性物质的质量。

电池的实际容量与放电电流密切相关,大电流放电时,电极的极化增强,内阻增大,放电电压下降很快,电池的能量效率降低,因此,实际放出的容量较低。相应地,在低倍率放电条件下,放电电压下降缓慢,电池实际放出的容量常常高于额定容量。

(4)剩余容量 剩余容量是指在一定放电倍率下放电后,电池剩余的可用容量。剩余容量的估计和计算受到电池前期应用的放电率、放电时间等因素以及电池老化程度、应用环境等多种因素影响,所以,在准确估算上存在一定的困难。

3. 内阻参数

电流通过电池内部时受到阻力,使电池的工作电压降低,该阻力称为电池内阻,由于电池内阻的作用,电池放电时端电压低于电动势和开路电压。充电时充电的端电压高于电动势和开路电压。电池内阻是化学电源的一个极为重要的参数,它直接影响电池的工作电压、工作电流、输出能量与功率等,对于一个实用的化学电源,其内阻越小越好。

电池内阻不是常数,它在放电过程中随活性物质的组成、电解液浓度和电池温度以及放电时间而变化。电池内阻包括欧姆内阻(R_Ω)和电极在化学反应时所表现出的极化内阻(R_f),两者之和称为电池的全内阻(R_w)。

$$R_w = R_\Omega + R_f \tag{2-8}$$

欧姆内阻主要是由电极材料、电解液、隔膜的内阻及各部分零件的接触电阻组成。它与电池的尺寸、结构、电极的成形方式(如铅酸蓄电池的涂膏式电极与管式电极,碱性蓄电池的有极盒式电极和烧结式电极)以及装配的松紧度有关。欧姆内阻遵守欧姆定律。

极化内阻是指化学电源的正极与负极在电化学反应进行时由于极化所引起的内阻。它是电化学极化和浓差极化所引起的电阻之和。极化内阻与活性物质的本性、电极的结构、电池的制造工艺有关,尤其是与电池的工作条件密切相关,放电电流和温度对其影响很大。在大电流密度下放电时,电化学极化和浓差极化均增加,甚至可能引起负极的钝化,极化内阻增加。低温对电化学极化、离子的扩散均有不利影响,故在低温条件下电池的极化内阻也增加。因此,极化内阻并非是一个常数,而是随放电率、温度等条件的改变而改变。

电池内阻较小,在许多情况下常常忽略不计,但电动汽车用动力电池常常处于大电流、深放电工作状态,内阻引起的压降较大,此时内阻对整个电路的影响不能忽略。

对应于电池内阻的构成,电池产生极化现象有3个方面的原因。

(1)欧姆极化 充放电过程中,为了克服欧姆内阻,外加电压就必须额外施加一定的电压,以克服阻力,推动离子迁移。该电压以热的方式转化给环境,出现所谓的欧姆极化。随着充电电流急剧加大,欧姆极化将造成蓄电池在充电过程中温度升高。

(2)浓差极化 电流流过蓄电池时,为了维持正常的反应,最理想的情况是电极表面的反应物能及时得到补充,生成物能及时离去。实际上,生成物和反应物的扩散速度远远比不上化学反应速度,从而造成极板附近电解质溶液浓度发生变化。也就是说,从电极表面到中部溶液,电解液浓度分布不均匀。这种现象称为浓差极化。

(3)电化学极化 这种极化是由于电极上进行的电化学反应的速度落后于电极上电子运动的速度造成的。例如,电池的负极在放电前,电极表面带有负电荷,其附近溶液带有正电荷,两者处于平衡状态。放电时,立即有电子释放给外电路。电极表面负电荷减少,而金属溶解的氧化反应进行缓慢($Me-e \rightarrow Me^+$),不能及时补充电极表面电子的减少,电极表面带电状态发生变化。这种表面负电荷减少的状态促进金属中电子离开电极,金属离子 Me^+ 转入溶液,加速 $Me\text{-}e \rightarrow Me^+$ 反应进行。总有一个时刻,达到新的动态平衡。与放电前相比,电极表面所带负电荷数目减少了,与此对应的电极电势变正,也就是电化学极化电压变高,从而严重阻碍了正常的充电电流。同理,电池正极放电时,电极表面所带正电荷数目减少,电极电势变负。

4. 能量与能量密度

电池的能量是指电池在一定放电制度下,电池所能释放出的能量,通常用 $W \cdot h$ 或 $kW \cdot h$ 表示。电池的能量分为理论能量和实际能量。

(1) 理论能量　假设电池在放电过程中始终处于平衡状态,其放电电压保持电动势 (E) 的数值,而且活性物质的利用率为 100%,即放电容量为理论容量,则在此条件下电池所输出的能量为理论能量 W_0,即

$$W_0 = C_0 E \tag{2-9}$$

(2) 实际能量　实际能量是指电池放电时实际输出的能量。它在数值上等于电池实际放电电压、放电电流与放电时间的积分,即

$$W = \int V(t) I(t) \mathrm{d}t \tag{2-10}$$

在实际工程应用中,作为实际能量的估算,也常采用电池组额定容量与电池放电平均电压乘积进行电池实际能量的计算。

$$W = CV_{平} \tag{2-11}$$

由于活性物质不可能完全被利用,电池的工作电压总是小于电动势,所以电池的实际能量总是小于理论能量。

电池的能量密度是指单位质量或单位体积的电池所能输出的能量,相应地称为质量能量密度 ($W \cdot h/kg$) 或体积能量密度 ($W \cdot h/L$),也称质量比能量或体积比能量。在电动汽车应用方面,蓄电池质量能量密度影响电动汽车的整车质量和续驶里程,而体积能量密度影响到蓄电池的布置空间。因而能量密度是评价动力电池能否满足电动汽车应用需要的重要指标。同时,能量密度也是比较不同种类和类型电池性能的一项重要指标。能量密度也分为理论能量密度 (W) 和实际能量密度 (W')。

理论能量密度对应于理论能量,是指单位质量或单位体积电池反应物质完全放电时理论上所能输出的能量。

实际能量密度对应于实际能量,是单位质量或单位体积电池反应物质所能输出的实际能量,由电池实际输出能量与电池质量(或体积)之比来表征

$$W' = \frac{W}{G} \tag{2-12}$$

或

$$W' = \frac{W}{V} \tag{2-13}$$

式中　G——电池的质量;
　　　V——电池的体积。

由于各种因素的影响,电池的实际能量密度远小于理论能量密度。实际能量密度与理论能量密度的关系可以表示如下

$$W' = W'_0 K_E K_R K_m \tag{2-14}$$

式中 K_E——电压效率；

K_R——反应效率；

K_m——质量效率。

动力电池在电动汽车的应用过程中，由于电池组安装需要相应的电池箱、连接线、电流电压保护装置等元器件，因此，实际的电池组比能量小于电池比能量，电池组比能量是在电动汽车应用中更加重要的参数之一。电池比能量与电池组比能量之间的差距越小，电池的成组设计水平越高，电池组的集成度越高。因此，电池组的质量比能量常常成为电池组性能的重要衡量指标。一般而言，电池组的质量比能量比电池比能量低 20% 以上。

5. 功率与功率密度

（1）功率 电池的功率是指电池在一定的放电制度下，单位时间内电池输出的能量，单位为瓦（W）或千瓦（kW）。理论上电池的功率可以表示为

$$P_0 \frac{W_0}{t} = \frac{C_0 E}{t} = IE \tag{2-15}$$

式中 t——放电时间；

C_0——电池的理论容量；

I——恒定的放电电流。

此时，电池的实际功率应当为

$$P_0 = IV = I(E - IR_W) = IE - I^2 R_W \tag{2-16}$$

式中 $I^2 R_W$——消耗于电池内阻上的功率，这部分功率对负载是无用的。

（2）功率密度 单位质量或单位体积电池输出的功率称为功率密度，又称比功率，单位为 kW/kg 或 W/g。功率密度的大小，表征电池所能承受的工作电流的大小，电池功率密度大，表示它可以承受大电流放电。功率密度是评价电池及电池组是否满足电动汽车加速和爬坡能力的重要指标。

对电化学蓄电池，功率和功率密度与蓄电池的放电深度（DOD）密切相关。因此，在表示蓄电池功率和功率密度时还应该指出蓄电池的放电深度。

6. 荷电状态

电池荷电状态（State of Charge，SOC）描述了电池的剩余电量，是电池使用过程中的重要参数，此参数与电池的充放电历史和充放电电流大小有关。

荷电状态值是个相对量，一般用百分比的方式来表示，SOC 的取值为 $0 \leqslant SOC \leqslant 100\%$。目前较统一的是从电量角度定义 SOC，如美国先进电池联合会（USABC）在其《电动汽车电池实验手册》中定义 SOC 为，电池在一定放电倍率下，剩余电量与相同条件下额定容量的比值。

$$SOC = \frac{C_\mu}{C_{额}} \tag{2-17}$$

式中 $C_{额}$——额定容量；

C_μ——电池剩余的按额定电流放电的可用容量。

由于 SOC 受充放电倍率、温度、自放电、老化等因素的影响，实际应用中要对 SOC 的定义进行调整。

例如，日本本田公司电动汽车 EV Plus 定义 SOC 为

$$SOC = \frac{剩余容量}{额定容量 \times 容量衰减因子} \tag{2-18}$$

其中，剩余容量等于额定容量减去净放电量、自放电量、温度补偿容量后的差值。

动力电池的充放电过程是个复杂的电化学变化过程，从式（2-18）也可以看出电池剩余电量受到动力电池的基本特征参数（端电压、工作电流、温度、容量、内部压强、内阻和充放电循环次数）和动力电池使用特性因素的影响，使得对电池组的荷电状态的测定很困难。目前关于电池组电量的研究，较简单的方法是将电池组等效为一个电池单体，通过测量电池组的电流、电压、内阻等外界参数，找出 SOC 与这些参数的关系，以间接地测试电池的 SOC 值。应用过程中，为确保电池组的使用安全和使用寿命，也常使用电池组中性能最差电池单体的 SOC 来定义电池组的 SOC。目前常用的 SOC 估算法有开路电压法、安时累积法、电化学测试法、电池模型法、神经网络法、阻抗频谱法以及卡尔曼滤波法等。关于 SOC 的估计计算方法在后面内容中将进行详细介绍。

7. 放电深度

放电深度（Depth of Discharge，DOD）是放电容量与额定容量之比的百分数，与 SOC 之间存在如下数学计算关系

$$DOD = 1 - SOC \tag{2-19}$$

放电深度的高低对二次电池的使用寿命有很大的影响，一般情况下，二次电池常用的放电深度越深，其使用寿命就越短，因此在电池使用过程中应尽量避免二次电池深度放电。

8. 使用寿命

（1）使用寿命的概念　动力电池单体在充放电循环使用过程中，由于一些不可避免的副反应的存在，电池可用活性物质逐步减少，性能逐步退化。其退化程度随着充放电循环次数的增加而加剧，其退化速度与动力电池单体充放电的工作状态和环境有着直接的联系。

循环寿命是评价蓄电池使用技术经济性的重要参数。蓄电池经历一次充电和放电，称为一次循环，或者一个周期。在一定放电制度下，二次电池的容量降至某一规定值之前，电池所能耐受的循环次数，称为蓄电池的循环寿命或使用周期。各类二次电池的循环寿命都有差异，即使同一系列、同一规格的产品，循环寿命也可能有很大差异，目前常用的蓄电池中，锌银蓄电池的循环寿命最短，一般只有 30~100 次；铅酸蓄电池的循环寿命为 300~500 次；锂离子电池的使用周期较长，循环寿命可达 1000 次以上。

（2）电池使用中的不可逆过程　随着充放电循环次数的增加，二次电池容量衰减是个必然的过程。这是因为在充放电循环过程中，电池内部会发生一些不可逆的过程，引起电池放电容量的衰减。这些不可逆的过程主要包括：

1）电极活性表面积在充放电循环过程中不断减小，使工作电流密度上升，极化增大。

2）电极上活性物质脱落或转移。

3）在电池工作过程中，某些电极材料发生腐蚀。

4）在循环过程中电极上生成枝晶，造成电池内部微短路。

5）隔膜的老化和损耗。

6）活性物质在充放电过程中发生不可逆晶形改变，因而使活性降低。

（3）电池使用寿命的影响因素　影响动力电池寿命的因素主要包括充放电速率、充放

电深度、环境温度、存储条件、电池维护过程、电流波纹以及过充电量和过充频度等。电池成组应用中，动力电池单体不一致性、单体所处温区不同、车辆的振动环境等都会对电池寿命产生影响。

1）充电截止电压。动力电池在充电过程中一般都伴随有副反应，提高充电截止电压，甚至超过电池电化学电位后进行充电一般会加剧副反应的发生，并导致电池使用寿命缩短，甚至可能导致内部短路、电池损坏、着火、爆炸等危险工况的出现。

2）放电深度（DOD）。深度放电会加速动力电池的衰退。循环寿命受蓄电池 DOD 影响，因此，循环寿命的表示还要同时指出放电深度（DOD）。比如，蓄电池循环寿命 400 次/100% DOD 或 1000 次/50% DOD。

3）充放电倍率。动力电池单体的充放电倍率是其在使用工况下最直接的外界环境特征参数，其大小直接影响着动力电池单体的衰减速度。充放电倍率越高，动力电池单体的容量衰减越快。动力电池单体大倍率的充放电都会加快其容量的退化速度，如果充放电倍率过大，动力电池单体还可能会出现直接损坏，甚至过热、短路起火等极端现象。

4）环境温度。不同的动力电池均有最佳的工作温度范围，过高或过低的温度都将对电池的使用寿命产生影响。

5）存储条件。在存储过程中，由于电池的自放电、正负极材料钝化、电解液分解蒸发、电化学副反应等因素，将导致电池产生不可逆的容量损失。

6）即使电动汽车行驶距离相同，因容量不同，电池的放电深度也不同。在大多数电池还属于浅放电情况下，容量不足的电池已经进入深放电阶段，并且在其他电池深放电时，低容量电池可能已经没有电量可以放出，成为电路中的负载。容量不一致导致的放电深度差异。

7）同一种电池都有相同的最佳放电率，容量不同，最佳放电电流就不同。在串联组中电流相同，所以有的电池在最佳放电电流工作，而有的电池达不到或超过了最佳放电电流。即由于容量不一致性导致在工作过程中的放电率差异。

8）在充电过程中，小容量电池将提前充满，为使电池组中其他电池充满，小容量电池必将过充电，充电后期充电电压偏高，甚至超出电池电压最高限，形成安全隐患，影响整个电池组充电过程，并且过充将严重影响电池的使用寿命。即容量不一致会导致安全隐患和影响电池的使用寿命。

由于各电池单体间的不一致性和串联动力电池组的短板效应，在动力电池组的使用过程中，电池组的最大可用容量与单体的可用容量下降速度不同步，也将导致各单体的 SOC 状态各不相同，使得电池组寿命和电池单体相比，明显降低。过充电或过放电都会对电池造成额外的损伤，致使动力电池的容量衰减加剧，此时的动力电池组寿命降低更加明显。

9. 自放电率

自放电率是电池在存放时间内，在没有负荷的条件下自身放电，使得电池的容量损失的速度，自放电率采用单位时间（月或年）内电池容量下降的百分数来表示。

$$自放电率 = \frac{Ah_a - Ah_b}{Ah_a t} \times 100\% \qquad (2\text{-}20)$$

式中　Ah_a——电池储存时的容量（A·h）；

　　　Ah_b——电池储存以后的容量（A·h）；

　　　t——电池储存的时间（天或月）。

自放电率通常与时间和环境温度有关，环境温度越高自放电现象越明显，所以电池久置时要定期补电，并在适宜的温度和湿度下储存。

10. 不一致性

（1）电池不一致性的概念　电池不一致性是指同一规格、同一型号的单体电池组成电池组后，在电压、内阻及其变化率、荷电量、容量、充电接受能力、循环寿命、温度影响、自放电率等参数方面存在的差别。在现有的电池技术水平下，电动汽车必须使用多块单体电池构成的电池组来满足使用要求。由于不一致性的影响，动力电池组在电动汽车上使用的性能指标往往达不到单体电池原有水平，使用寿命可能缩短数倍甚至十几倍，严重影响电动汽车的性能和应用。

（2）电池不一致性产生的原因

1）在制造过程中，由于工艺上的问题和材质的不均匀，使得电池极板活性物质的活化程度和厚度、微孔率、连条、隔板等存在很微小差别，这种电池内部结构和材质上的不完全一致性，就会使同一批次出厂的同一型号电池的容量、内阻等参数不可能完全一致。

2）在装车使用时，由于电池组中各个电池的温度、通风条件、自放电程度、电解液密度等差别的影响，在一定程度上增加了电池电压、内阻及容量等参数的不一致性。

（3）电池不一致性的分类　根据使用中电池组不一致性扩大的原因和对电池组性能的影响方式，可以把电池的不一致性分为容量不一致性、电压不一致性和电阻不一致性。

1）容量不一致性。容量不一致性主要包含起始容量不一致性和实际容量不一致性两个方面。起始容量不一致性是指电池组在出厂前的分选试验后单体初始容量不一致性，实际应用的容量不一致性是指电池在放电过程中所剩余的电量不相等。初始容量不一致可以在使用过程中通过电池单体单独充放电来调整单体初始容量，使之差异性减小。而实际容量不一致则有可能与电池单体内阻等参数有关。

电池起始容量受电池循环工作次数影响显著，越接近电池寿命周期后期，实际容量不一致就越明显。同时，电池起始容量还与电池容量衰减特性有关，受到电池储存温度、电池荷电状态（SOC）等因素影响。电池组实际放电容量不一致性还与电池放电电流有关。所以，在电池组实际使用过程中，容量不一致主要是电池起始容量不一致和放电电流不一致综合影响的结果。

2）电压不一致性。电压不一致性的主要影响因素在于并联组中电池的互充电（图2-3）。当并联组中一节电池电压低时，其他电池将给此电池充电。这种联结方式，低压电池容量小幅增加的同时高压电池容量急剧降低，能量将损耗在互充电过程中而达不到预期的对外输出。

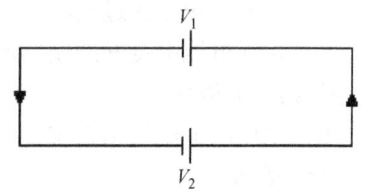

图2-3　并联电压不一致性

若低压电池和正常电池一起使用，将成为电池组的负载，影响其他电池的工作，进而影响整个电池组的寿命。所以，在电池组不一致明显增加的深放电阶段，不能再继续行车，否则会造成低容量电池过放电，影响电池组使用寿命。

3）内阻不一致性。电池内阻不一致使得电池组中每个单体在放电过程中热损失的能量各不一样，最终会影响电池单体能量状态。

串联组中电流相同，内阻大的电池，能量损失大，产生热量多，温度升高快。若电池组的散热条件不好,热量不能及时散失,电池温度将持续升高,可能导致电池变形甚至爆炸的严重后果。在充电过程中,由于内阻不同,分配到串联组每个电池的充电电压不同,将使电池充电电压不一致(图2-4)。随充电过程的进行,内阻大的电池电压可能提前到达充电的最高电压极限,因此,为了防止内阻大的电池过充电和保证充电安全,不得不在大多数电池还未充满的情况下停止充电。

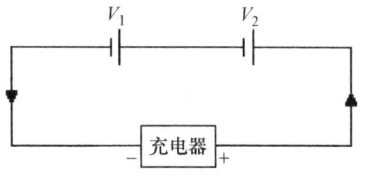

图2-4 串联电阻不一致性

在并联组中,放电过程中,内阻大的电池,电流小;反之,内阻小的电池,电流大。从而使电池在不同的放电率下工作,影响电池组的寿命。与此同时,在电流不等的情况下,电池放出的能量不同,致使在相同工作条件下,电池放电深度不同。

充电过程中,由于内阻不同,分配到并联组的充电电流不同,所以相同时间内充电量不同,即电池的充电速度不同,从而影响整个充电过程。在实际充电过程中,只能在防止充电快的电池过充电和防充电慢的电池不满之间采取折中的方案。

(4) 提高电池一致性的措施 电池组的一致性是相对的,不一致性是绝对的。电池的不一致性在生产阶段就已经产生了,在应用过程中,需要采取一定的措施,减缓电池不一致性扩大的趋势或速度。根据动力电池应用经验和试验研究,常采用如下8项措施,保证电池组寿命逐步趋于单体电池的使用寿命。

1) 提高电池制造工艺水平,保证电池出厂质量,尤其是初始电压的一致性。同一批次电池出厂前,以电压、内阻及电池化成数据为标准进行参数相关性分析,筛选相关性良好的电池,以此来保证同批电池的性能尽可能一致。

2) 在动力电池成组时,务必保证电池组采用同一类型、同一规格、同一型号的电池。

3) 在电池组使用过程中检测单电池参数,尤其是动、静态情况下(电动汽车停驶或行驶过程中)电压分布情况,掌握电池组中单电池不一致性发展规律,对极端参数电池及时进行调整或更换,以保证电池组参数不一致性不随使用时间而增大。

4) 对使用中发现的容量偏低的电池,进行单独维护性充电,使其性能恢复。

5) 间隔一定时间对电池组进行小电流维护性充电,促进电池组自身的均衡和性能恢复。

6) 尽量避免电池过充电,尽量防止电池深度放电。

7) 保证电池组良好的使用环境、尽量保证电池组温度场均匀,减小振动,避免水、尘土等污染电池极柱。

8) 采用电池组均衡系统,对电池组充放电进行智能管理。

11. 成本

电池的成本与电池的技术含量、材料、制作方法和生产规模有关,目前新开发的高比能量、高比功率的电池,如锂离子电池成本较高,使得电动汽车的造价也较高。开发和研制高效、低成本的电池是电动汽车发展的关键。

电池成本一般以电池单位容量或能量的成本进行表示,单位为元/A·h或元/kW·h,以方便对于不同类型或同类型不同生产厂家、不同型号的电池进行比较。

12. 放电制度

放电制度就是电池放电时所规定的各种条件,主要包括放电速率(电流)、终止电压和温度等。

(1) 放电电流　放电电流是指电池放电时的电流大小。放电电流的大小直接影响到电池的各项性能指标，因此，介绍电池的容量或能量时，必须说明放电电流的大小，指出放电的条件。放电电流通常用放电率表示，放电率是指电池放电时的速率，有时率和倍率两种表示形式。

时率是以放电时间（h）表示的放电速率，即以一定的放电电流放完额定容量所需的时间（h），常用 C/n 来表示，其中，C 为额定容量，n 为一定的放电电流。时率也叫做小时率，例如，电池的额定容量为 50A·h，以 5A 电流放电，则时率为 50A·h/5A = 10h，称电池以 10 小时率放电。从计算方法可见，放电率所表示的时间越短，所用的放电电流越大；放电率所表示的时间越长，所用的放电电流越小。

倍率实际上是指电池在规定的时间内放出其额定容量所输出的电流值，它在数值上等于额定容量的倍数。例如，3 倍率（3C）放电，其表示放电电流的数值是额定容量数值的 3 倍，若电池的容量为 15A·h，那么放电电流应为

$$3 \times 15 = 45A$$

习惯上称放电率在 $\frac{1}{3}C$ 以下为低倍率，$\frac{1}{3}C \sim 3C$ 为中倍率，$3C$ 以上则为高倍率。

(2) 放电终止电压　终止电压值与电池材料直接相关，并受到电池结构、放电率、环境温度等多种因素影响。一般来说，由于低温大电流放电时，电极的极化大，活性物质不能充分利用，电池的电压下降较快。因此，在低温或大电流（高倍率）放电时，终止电压可规定得低些。

小电流放电时，电极的极化小，活性物质能够得到充分利用，终止电压可规定得高些。

除上述主要性能指标外，还要求电池无毒性，不对周围环境造成污染或腐蚀，使用安全，有良好的充电性能和充电操作方便，耐振动，无记忆性，对环境温度变化不敏感，易于调整和维护等。

第二节　动力电池的性能评价

一、动力电池的应用特点

电动汽车对动力电池的性能要求

动力电池最重要的特点就是高功率和高能量。高功率意味着更大的充放电强度，高能量表示更高的质量比能量和体积比能量。这两个指标的要求其实是矛盾的，为了提高功率也就要提高充放电电流，电池结构要求设计为增大等效的反应面积和减少接触阻抗，要求增大体积和质量，从而降低了比能量。动力电池系统设计需要按照最优化的整车设计应用指标设计电池系统。

从使用角度而言，动力电池的应用可以总结为以下 7 个特点。

(1) 高能量　高能量对于电动车辆而言，意味着更长的纯电动续驶里程。作为交通工具，续驶里程的延长可有效提升车辆应用的方便性和适用范围，因此，电动汽车对动力电池的高能量密度的追求是永不会停下的。锂离子动力电池能够在电动车辆上广泛推广和应用，主要原因就是其能量密度是铅酸动力电池的 3 倍，并且还有继续提高的可能性。在技术发展

上,现在的锂-硫电池、镁电池也主要是因其在能量密度方面的优势,成为研究人员开发的新热点。

(2) 高功率　车辆作为交通工具,追求高速化,也就是对于车辆动力性提出了高的要求;实现良好的动力性要求驱动电动机有较大的功率,进而要求动力电池组能够提供驱动电动机高功率输出,满足车辆驱动的要求。长期大电流、高功率放电对于电池的使用寿命和充放电效率会产生负面影响,甚至影响电池使用的安全性,因此,在功率方面还需要一定的功率储备,避免让动力电池在全功率工况下工作。

(3) 长寿命　现有铅酸动力电池使用寿命在深充深放工况下可以达到400次,锂离子动力电池可以达到1000次以上,据日本丰田公司报告,混合动力汽车用镍氢电池现在的使用寿命已经可以达到10年以上。动力电池长寿命,直接关系到动力电池的成本。车辆应用过程中电池更换的费用,是电动汽车使用成本的重要组成部分。现有的电池电化学体系研究提高动力电池的使用寿命是重点问题之一。在动力电池成组集成应用方面,考虑动力电池单体寿命的一致性以保证电池组的使用寿命与单体电池相近也是研究的主要内容之一。

(4) 低成本　动力电池的成本与电池的新技术含量、材料、制作方法和生产规模有关,目前新开发的高比能量的电池成本较高,使得电动汽车的造价也较高,开发和研制高效、低成本的动力电池是电动汽车发展的关键。

(5) 安全性好　动力电池为电动汽车提供了高达300V以上的驱动供电电压,可能危及人身安全和车载电器的使用安全。电安全是电动汽车区别于传统内燃机汽车的重要特点之一。除此之外,动力电池作为高能量密度的储能载体,自身也存在一定的安全隐患。以锂离子电池为例:

1) 充放电过程如果发生热失控反应,可能导致电池短路起火,甚至产生爆炸现象。

2) 锂离子电池采用的有机电解质,在4.6V左右易发生氧化,并且溶剂易燃,若出现泄漏等情况,也会引起电池着火燃烧、甚至爆炸。

3) 发生碰撞、挤压、跌落等极端的状况,导致电池内部短路,也会引起危险状况的出现。

基于上述原因,对于车用动力电池的检验标准非常严格,我国已经制定了动力电池及电池模块进行安全性检验的标准。对动力电池在高温、高湿、穿刺、挤压、跌落等极端状况进行检验,要求在这些状况下不发生动力电池的燃烧、起火现象。

(6) 工作温度适应性强　车辆应用一般不应受地域的限制,不同的空间和时间应用,需要车辆适应不同的温度,仅以北京地区的车辆应用为例,北京夏季地表温度可达50℃以上,冬季可低至-15℃以下,在该温度变化范围内,动力电池应可以正常工作,因此,对于动力电池而言,需要动力电池具有良好的温度适应性。现在的动力电池系统设计,考虑到电池的温度适应性问题,一般都需要设计相应的冷却系统或加热系统来达到动力电池的最佳工作温度。

(7) 可回收性好　按照动力电池使用寿命的标准定义,电池在其容量衰减到额定容量的80%时,确定为动力电池寿命终结。随着电动汽车的大量应用,必然出现大量废旧动力电池的回收问题。对于动力电池的可回收性,在电化学性能方面,首先要求做到电池正负极及电解液等材料无毒,对环境无污染。其次是研究电池内部各种材料的回收再利用。对于动力电池的再利用,还存在梯次利用问题,即按照动力电池寿命标准,将达到额定容量80%

以下而被淘汰的电池转移到对电池容量和功率要求相对较低的领域继续使用。

二、动力电池的测试

动力电池测试是电池研制、出厂检测、产品评估等的必要手段。作为电动汽车的能量源，从保证交通工具必要的性能和安全性角度出发，汽车行业管理部门也对动力电池、动力电池组甚至动力电池系统的测试制订了详细的测试规程和检验标准。虽然电动汽车产业尚处于初级阶段，标准也会随着应用及对动力电池的认识逐步修改完善，但对于性能和安全性测试的基本方法和要求应该相对稳定。化学电源的电化学基本性能包括容量、电压、内阻、自放电、存储性能、高低温性能等，动力电池作为典型的二次化学电源还包括充放电性能、循环性能、内压等。因此，对于动力电池单体而言，主要性能测试内容包括：充电性能测试、放电性能测试、放电容量及倍率性能测试、高低温性能测试、能量和比能量测试、功率和比功率测试、存储性能及自放电测试、寿命测试、内阻测试、内压测试和安全性测试等。从车辆实际应用角度出发，应用于电动汽车的动力电池需要以动力电池组作为测试对象进行适合于车用的一系列测试，如：静态容量检测、峰值功率检测、动态容量检测、部分放电检测、静置试验、持续爬坡功率测试、热性能、起动功率测试、电池振动测试、充电优化和快速充电能力测试、循环寿命测试以及安全性测试等。

1. 动力电池基本测试内容

（1）静态容量检测　该测试的主要目的是确定车辆在实际使用时，动力电池组具有充足的电量和能量，满足各种预定放电倍率和温度下正常工作。主要的试验方法为恒温条件下恒流放电测试，放电终止以动力电池组电压降低到设定值或动力电池组内的单体一致性（电压差）达到设定的数值为准。

（2）动态容量检测　电动汽车行驶过程中，动力电池的使用温度、放电倍率都是动态变化的，该测试主要检测动力电池组在动态放电条件下的能力，主要表现为不同温度和不同放电倍率下的能量和容量。其主要测试方法为采用设定的变电流工况或实际采集的车辆应用电流变化曲线，进行动力电池组的放电性能测试，试验终止条件根据试验工况以及动力电池的特性有所调整，基本也是遵循电压降低到一定的数值为标准。该方法可以更加直接和准确地反应电动汽车的实际应用需求。

（3）静置试验　该测试目的是检测动力电池组在一段时间未使用时的容量损失，用来模拟电动汽车一段时间没有行驶而电池开路静置时的情况。静置试验也称自放电及存储性能测试，它是指在开路状态下，电池存储的电量在一定环境条件下的保持能力。

（4）起动功率测试　由于汽车起动功率较大，为适应不同温度条件下的汽车起动需要，对动力电池组进行低温（-18℃）起动功率和高温（50℃）起动功率测试。该项测试除了在设定温度下进行以外，为了能够确定电池在不同荷电状态的放电能力，一般还设定 SOC 值。常见的测试是 SOC 为 90%、50% 和 20% 时进行功率测试。

（5）快速充电能力　该测试的目的是通过对动力电池组进行高倍率充电来检测电池的快速充电能力，并考察其效率、发热及对其他性能的影响。对于快速充电，USABC 的目标是 15min 内电池 SOC 从 40% 恢复到 80%。目前日本的 CHADeMO 协会制定标准要求达到电动汽车动力电池组充电 10min 左右可保证车辆行驶 50km，充电时间超过 30min 可保证车辆行驶 100km。

(6) 循环寿命测试 电池的循环寿命直接影响电池的使用经济性。当电池的实际容量低于初始容量或是额定容量的 80% 时，即视为动力电池寿命终止。该测试采用的主要测试方法是在一定的条件下进行充放电循环，以循环的次数作为其寿命的指标。由于动力电池的寿命测试周期比较长，一般试验下来需要数月甚至一年的时间，因此，在实际操作中，经常采用确定测试循环数量，测定容量衰减情况，并据此数据进行线性外推的方法进行测试。在研究领域，为了缩短动力电池的寿命测试时间，也在研究通过增加测试的温度、充放电倍率等加速电池老化的方式进行动力电池及动力电池组寿命测试。

(7) 安全性测试 电池的安全性能是指电池在使用及搁置期间对人和装备可能造成伤害的评估。尤其是电池在滥用时，由于特定的能量输入，导致电池内部组成物质发生物理或化学反应而产生大量的热量，如热量不能及时散逸，可能导致电池热失控。热失控会使电池发生毁坏，如猛烈的泄气、破裂并伴随起火，造成安全事故。在众多化学电源中，锂离子电池的安全性尤为重要。通用的动力电池安全测试项目见表 2-2。

表 2-2 通用的动力电池安全测试项目

类　　别	主要测试方法
电性能测试	过充电、过放电、外部短路、强制放电等
机械测试	自落体、冲击、针刺、振动、挤压等
热测试	焚烧、热成像、热冲击、油浴、微波加热等
环境测试	高空模拟、浸泡、耐菌性等

(8) 电池振动测试 该测试的目的是检测由于道路引起的频繁振动和撞击对动力电池及动力电池组性能和寿命的影响。电池振动测试主要考察动力电池（组）对振动的耐久性，并以此作为指导改正动力电池（组）在结构设计上不足的依据。振动试验中的振动模式一般使用正弦振动或随机振动两种。由于动力电池（组）主要是装载于车辆上使用，为更好地模拟电池的使用工况，一般采用随机振动。

上面仅是对动力电池（组）进行测试的一些通用要求，根据动力电池的不同类型，测试的具体参数与要求会有所差异。表 2-3 是常用的锂离子动力电池标准主要测试项目及指标。

表 2-3 常用锂离子电池主要测试项目及指标

项　　目		检测方法	指标要求
外观		检查标志、外观	
常温放电性能		20℃ ±5℃，终止电压 3.0V，$1I_3$（A）放电	>110%
高温性能		55℃ ±2℃恒温 5h，$1I_3$（A）放电	>95%
低温性能		-20℃ ±2℃恒温 20h，$1I_3$（A）放电，终止电压 2.8V	>70%
荷电保持能力		20℃ ±5℃搁置 28 天，$1I_3$（A）放电，终止电压 3.0V	>80%
环境适应性	恒定湿热性能	40℃ ±2℃，湿度 90% ~95%，搁置 48h，20℃ ±5℃搁置 2h，$1I_3$（A）放电，终止电压 3.0V	无明显变形、锈蚀、冒烟式爆炸

(续)

项　目		检测方法	指标要求
环境适应性	振动	三维方向从 10～55Hz 循环扫频振动 30min，扫频速率 1cot/min 振动频率：10～30Hz，位移幅值（单振幅）：0.38mm 振动频率：30～55Hz，位移幅值（单振幅）：0.19mm	不出现放电电流锐变、电压异常等
	碰撞	三维方向固定，脉冲峰值加速度：$100m/s^2$ 每分钟碰撞次数：40～80 脉冲持续时间：16ms 碰撞次数：(1000±10)次	无明显变形、锈蚀、冒烟式爆炸
	自由跌落	最低点高度：1000mm；厚度 18～20mm 硬木板置于水泥地面 3 维 6 个方向各个自由跌落 1 次 $1I_3$（A）放电，终止电压 3.0V 可充电循环次数不多于 3 次	不漏液、不冒烟、不爆炸
安全保护性能	过充电保护性能	恒流：$3I_3$（A）外接电流，充电至蓄电池电压达到 5V 或充电时间达到 90min	不漏液、不冒烟、不爆炸或起火
	过放电保护性能	20℃±5℃，$1I_3$（A）充电，终止电压 0V	不漏液、不冒烟、不爆炸或起火
	短路保护性能	外部短路 10min，外部电路电阻应小于 5mΩ	不漏液、不冒烟、不爆炸或起火
电池安全性能	重物冲击	10kg 重锤自 1m 高度自由落下，冲击电池	不爆炸、不起火
	热冲击	(5℃±2℃)/min 的速率升温至 130℃±2℃，保温 30min	不爆炸、不起火
循环寿命		充电：20℃±5℃下以 $1I_3$（A）放电至电压达 4.2V，转恒压充电，至电流小于 $0.1I_3$（A） 放电：在 20℃±2℃下以 $1.5I_3$（A）放电，直到剩余容量达到额定容量 80%	>500 次
储存		样品电池生产日期至试验日期，在 3 个月内 20℃±5℃，$0.2I_5$（A）充电至 40%～50% 容量 搁置 12 个月，20℃±5℃，相对湿度 45%～85%，$0.2I_5$（A）充电至限压，转恒压充电至电流 $<0.01I_5$（A） 20℃±5℃，$0.2I_5$（A）放电，终止电压 2.75V/节	>4h

2. 动力电池的典型测试设备

电池检测仪器主要包括电池充放电性能试验台（充放电设备、温度测量设备、内阻检测设备）、环境模拟试验系统（温度、湿度、振动、温度冲击）、电池安全性检验设备（挤压试验机、针刺试验机、冲击试验机、跌落试验机）。

（1）充放电性能试验台

1）充放电性能检测设备。电池充放电性能检测是最基本的性能检测，一般由充放电单元和控制程序单元组成,可以通过计算机远程控制动力电池恒压、恒流或设定功率曲线进行充放电。通过电压、电流、温度传感器可进行相应的参数测量以及实现动力电池容量、能量、电池组一致性等评价。

一般试验设备按照功率和电压等级分类,来适应于不同电压等级和功率等级的动力电池及电池组性能测试需要。

例如,通用的电池单体测试设备,一般选择工作电压范围 0~5V,工作电流范围 0~100A,可满足多数车辆用动力电池基本性能测试的基本要求。对于大功率电池组的基本性能测试,电压范围需要根据电池组的电压范围进行选择,常用的通用测试设备要求电压范围为 0~500V,功率上限在 150~200kW。

图 2-5 为某公司研制的大型动力电池组测试设备。

图 2-5 动力电池组测试设备

2) 内阻检测设备。电池内阻作为二次测量参数,测试方法包括方波电流法、交流电桥法、交流阻抗法、直流伏安法、短路电流法和脉冲电流法等。直流放电法比较简单,并且在工程实践中比较常用,该方法是通过对电池进行瞬间大电流(一般为几十安培到上百安培)放电,测量电池上的瞬间电压降,通过欧姆定律计算出电池内阻。交流法通过对电池输入一个低频交流电流信号,测出蓄电池两端的低频电压和流过的低频电流以及两者的相位差,从而计算出电池的内阻。现在设备厂家研制生产的电池内阻测试设备多是采用交流法为基础进行的测试。图 2-6 和表 2-4 是典型的内阻测试仪及其参数。

表 2-4 内阻测试仪参数

参 数 名 称	内 阻	电 池 电 压
测量范围	0~999.99mΩ	0~9.99V
最小测量分辨率	0.001mΩ	0.01V
测量精度	±1.5% ±5dgt	±1.0% ±5dgt

第二章 电动汽车动力电池基本知识

图 2-6 内阻测试仪

3) 温度测量设备。电池在充放电过程中的温度升高是重要的参数之一，但一般的测试只能测量电池壳体的典型位置参数，一般在充放电的设备上带有相应的温度采集系统，具有进行充放电过程温度数据同步的功能。除此之外，专业的温度测试设备还包括非接触式测温仪以及热成像仪。热成像仪可以采集电池一个或多个表面温度的变化历程，并可以提取典型的测量点的温度变化数据，是进行电池温度场分析的专业测量设备。非接触式测温仪以及热成像仪如图 2-7 和图 2-8 所示。

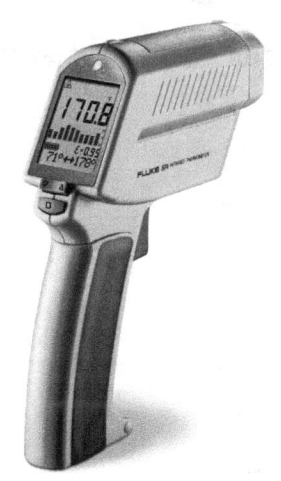

图 2-7 福禄克非接触式红外测温仪 F574　　　　图 2-8 HY-G90 红外热成像仪

（2）环境模拟试验系统　动力电池常用的应用环境模拟包括温度、湿度以及在车辆上应用时随道路情况变化而出现的振动环境。因此，在环境试验方面主要考虑这 3 个方面。可采用独立的温度试验箱、湿度调节试验箱、振动试验台进行相关的单一因素影响的动力电池环境模拟试验。但在实际的动力电池应用工况下，是 3 种环境参数的耦合，因此，在环境模拟方面有温、湿度综合试验箱以及温度、湿度和振动三综合试验台。为考核电池对温度变化的适应性，还需要设计温度冲击试验台，进行快速变温情况下电池的适应性试验。电池温度冲击试验箱及三综合试验台如图 2-9 和图 2-10 所示。

（3）电池滥用试验设备　电池滥用试验设备是模拟电池在车辆碰撞、正负极短路、限压限流失效等条件下，是否会出现着火、爆炸等危险状况的试验设备。针刺试验机、冲击试验机、跌落试验机、挤压试验机等可以模拟车辆发生碰撞事故时，电池可能出现的损伤形式；短路试验机、被动燃烧试验平台等可以模拟电池被极端滥用情况下可能出现的损伤形式；采用充放电试验平台可以进行电池过充或过放等滥用测试。电池滥用试验设备如图 2-11 所示。

图 2-9　温度冲击试验箱

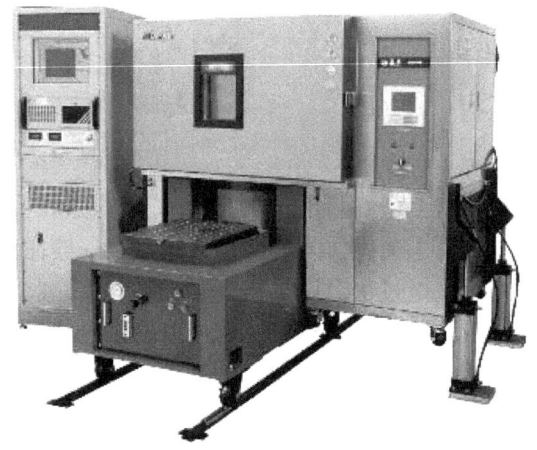

图 2-10　温湿度振动综合式试验台

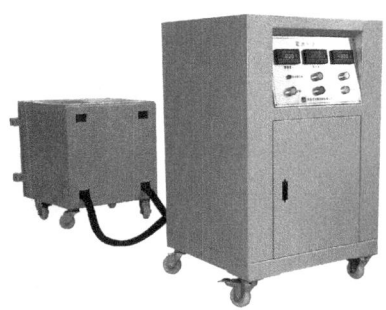

a) 电池短路试验机

b) 电池冲击试验机

图 2-11　电池滥用试验设备

c）电池被动燃烧试验平台

图 2-11　电池滥用试验设备（续）

第三节　动力电池的充放电方法及充电基础设施

一、动力电池充电功能

电池充电通常应该完成 3 个功能：

1）尽快使电池恢复额定容量，即在恢复电池容量的前提下，充电时间越短越好。

2）消除电池在放电使用过程中引起的不良后果，即修复由于深放电、极化等导致的电池性能被破坏。

3）对电池补充充电，克服电池自放电引起的不良影响。

电动汽车充电方法

二、典型的动力电池充电方法

1. 常规充电方法

（1）恒流充电法　恒流充电方法是通过调整充电装置输出电压或改变与蓄电池串联电阻的方式使充电电流强度保持不变的充电方法。该方法控制简单，但由于电池的可接受电流能力是随着充电过程的进行而逐渐下降的，到充电后期，充电电流多用于电解水，产生气体，此时电能不能有效转化为化学能，多变为热能消耗掉了。恒流充电曲线如图 2-12 所示。

（2）恒压充电法　在蓄电池充电过程中，充电电源电压始终保持一定，叫做恒压充电。

$$I = \frac{U - E}{R}$$

(2-21)

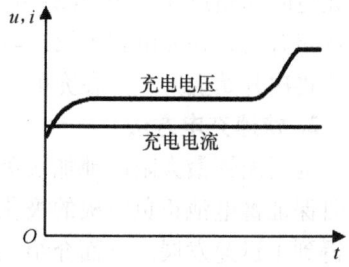

图 2-12　恒流充电曲线

式中　U——电池的端电压；
　　　E——电池电动势；
　　　I——充电电流；
　　　R——充电电路中内阻。

由式（2-21）可知，充电开始时，电池电动势小，所以充电电流很大，对蓄电池的寿命造成很大影响，且容易使蓄电池极板弯曲，造成电池报废；充电中期和后期，由于电池极化作用的影响，正极电位变得更高，负极电位变得更低，所以电动势增大，充电电流过小，形成长期充电不足，影响电池的使用寿命。鉴于这种缺点，恒压充电很少使用，只有在充电电源电压低、工作电流大时才采用。

恒压充电曲线如图 2-13 所示。

（3）阶段充电法　该方法包含多种充电方法的组合，如先恒流后恒压充电法、多段恒流充电法、先恒流再恒压最后恒流充电法等。常用的为先恒流再恒压的充电方式，如铅酸电池、锂离子电池常采用该种方式充电。下面举例对该种充电方法进行介绍。

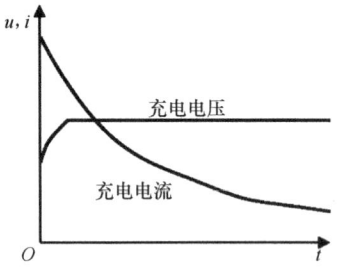

图 2-13　恒压充电曲线

某额定容量 150A·h 铅酸电池，其参数见表 2-5。

表 2-5　铅酸电池参数表

额定电压/V	12	额定容量/A·h	150
最大放电电流/A	4C	最佳充电电流/A	0.4C
外形尺寸/mm³	503×180×257	质量/kg	49.0±1.0

此电池组充电采取两阶段恒流。第一阶段恒流 60A，第二阶段恒流 14A，图 2-7 中曲线为该铅酸电池充电参数变化情况。第一阶段充电结束，充电终止电压随温度调整按式（2-22）进行。

$$V = 14.7 - 0.03(T - T_r) \tag{2-22}$$

式中　V——单电池电压；
　　　T——环境温度；
　　　T_r——室温，一般采用 20℃。

第二阶段终止采用时间和电池电压两方面独立控制：①单电池电压超过 17.0V；②此阶段充电时间超过 6h。从图 2-14 电池组中单体电池充电曲线可以看出，在第一阶段，电池电压逐步升高，在充电转入第二阶段时，电池电压有所下降，但之后随充电过程的进行，电池电压再次开始上升，并在充电后期升高到 15.5V 以上。

2. 快速充电方法

为了能够最大限度地加快蓄电池的化学反应速度，缩短蓄电池达到充满电状态的时间，同时保证蓄电池正负极板的极化现象尽量少或轻，提高蓄电池使用效率，快速充电技术近年来得到了迅速发展。下面介绍几种常用的快速充电方法，这些方法都是围绕着最佳充电曲线进行设计的，目的就是使充电曲线尽可能地逼近最佳充电曲线。

（1）脉冲式充电法　该方法是首先用脉冲电流对电池充电，然后停充一段时间，再用脉冲电流对电池充电，如此循环，如图 2-15 所示。充电脉冲使蓄电池充满电量，而间歇期使蓄电池经化学反应产生的氧气和氢气有时间重新化合而被吸收掉，使浓差极化和欧姆极化

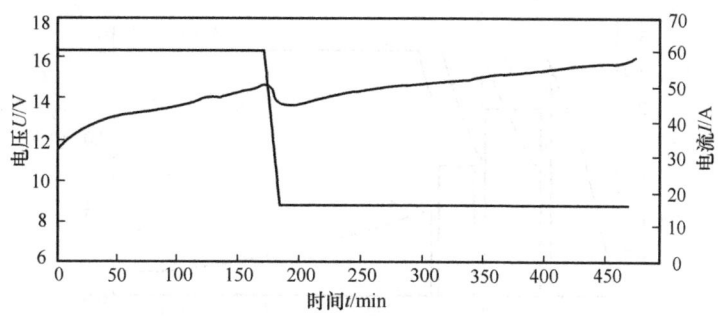

图 2-14 单体电池充电曲线

自然而然地得到消除,从而减轻了蓄电池的内压,使下一轮的恒流充电能够更加顺利地进行,使蓄电池可以吸收更多的电量。间歇脉冲使蓄电池有较充分的反应时间,减少了析气量,提高了蓄电池的充电电流接受率。

（2）ReflexTM 快速充电法　这种技术是美国的一项专利技术,最早主要面对的充电对象是镍镉电池。这种充电方法缓解了镍镉电池的记忆效应问题,并大大降低了蓄电池快速充电的时间。如图 2-16 所示,ReflexTM 充电法的一个工作周期包括正向充电脉冲、反向瞬间放电脉冲和停充维持 3 个阶段。与脉冲式充电相比,加入了负脉冲的思想。这种充电方法在其他类型的电池上的应用近年也大量开展,用于提高充电速度并降低充电过程中的极化。

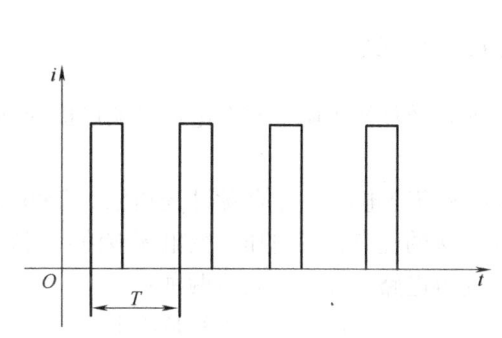

图 2-15　脉冲式充电曲线

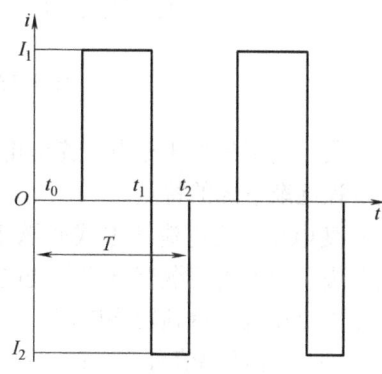

图 2-16　ReflexTM 快速充电法

（3）变电流间歇充电法　这种充电方法建立在恒流充电和脉冲充电的基础上,如图 2-17 所示。其特点是将恒流充电段改为限压变电流间歇充电段。充电前期的各段采用变电流间歇充电的方法,保证加大充电电流,获得绝大部分充电量。充电后期采用定电压充电段,获得过充电量,将电池恢复至完全充电状态。通过间歇停充,使蓄电池经化学反应产生的氧气和氢气有时间重新化合而被吸收掉,使浓差极化和欧姆极化自然而然地得到消除,从而减轻了蓄电池的内压,使下一轮的恒流充电能够更加顺利地进行,使蓄电池可以吸收更多的电量。

（4）变电压间歇充电法　在变电流间歇充电法的基础上又有人提出了变电压间歇充电法,如图 2-18 所示。变电压间歇充电法与变电流间歇充电方法不同之处在于第一阶段的不是间歇恒流,而是间歇恒压。

比较图 2-17 和图 2-18 可以看出,图 2-18 更加符合最佳充电的充电曲线;在每个恒电

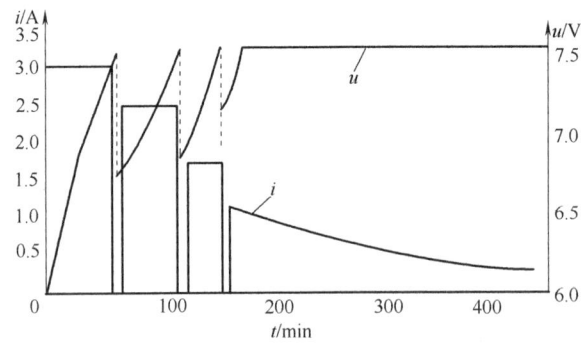

图 2-17 变电流间歇充电曲线

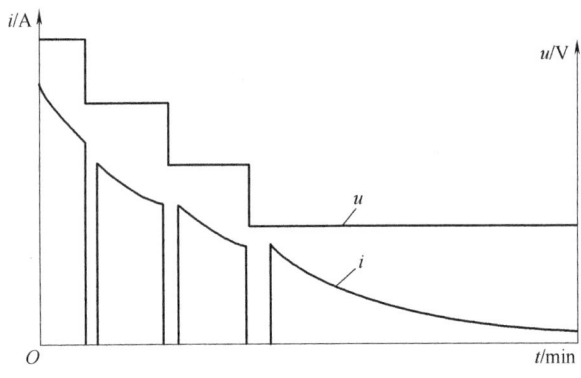

图 2-18 变电压间歇充电曲线

压充电阶段,由于是恒压充电,充电电流自然按照指数规律下降,符合电池电流可接受率随着充电过程逐渐下降的特点。

(5)变电压、变电流波浪式间歇正负零脉冲快速充电法　综合脉冲充电法、ReflexTM快速充电法、变电流间歇充电法及变电压间歇充电法的优点,变电压、变电流波浪式间歇正负零脉冲快速充电法得到发展应用。脉冲充电法充电电路的控制一般有两种:

1)脉冲电流的幅值可变,而驱动充放电开关管(PWM)信号的频率是固定的。

2)脉冲电流幅值固定不变,PWM 信号的频率可调。

图 2-19 采用了一种不同于这两者的控制模式,脉冲电流幅值和 PWM 信号的频率均固定,PWM 占空比可调,在此基础上加入间歇停充阶段,能够在较短的时间内充进更多的电量,提高蓄电池的充电接受能力。

三、动力电池成组充电方式

根据运营方式的不同,电动车辆动力电池组充电又可分为地面充电和车载充电两种充电情况。

1. 地面充电方式

当车辆进行补充充电时,将需要充电的电池从车辆上卸下,安装已充满电的电池,车辆即离开继续运营或应用,对卸载下的电池采用地面充电系统进行补充充电。采取地面充电方式有利于电池维护,提高电池使用寿命和车辆使用效率,但对车辆及电池更换设备提出了更

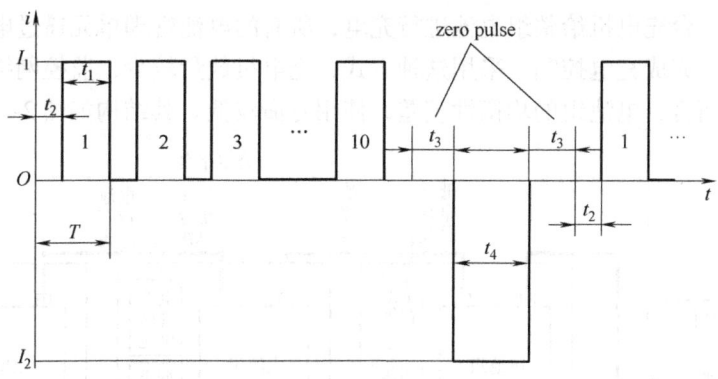

图 2-19 波浪式间歇正负零脉冲快递充电

高的要求。地面充电又有分箱充电或者整组充电。

（1）分箱充电　分箱充电时，每台充电机对电池组中一箱电池充电，并和该箱的电池管理单元通信，完成充电控制。采用这种方式，有利于提高电池组的均衡性，延长电池组使用寿命，但充电机数量多，电池组与充电机间的连线多，监控网络复杂，成本较高。其结构如图 2-20 所示。

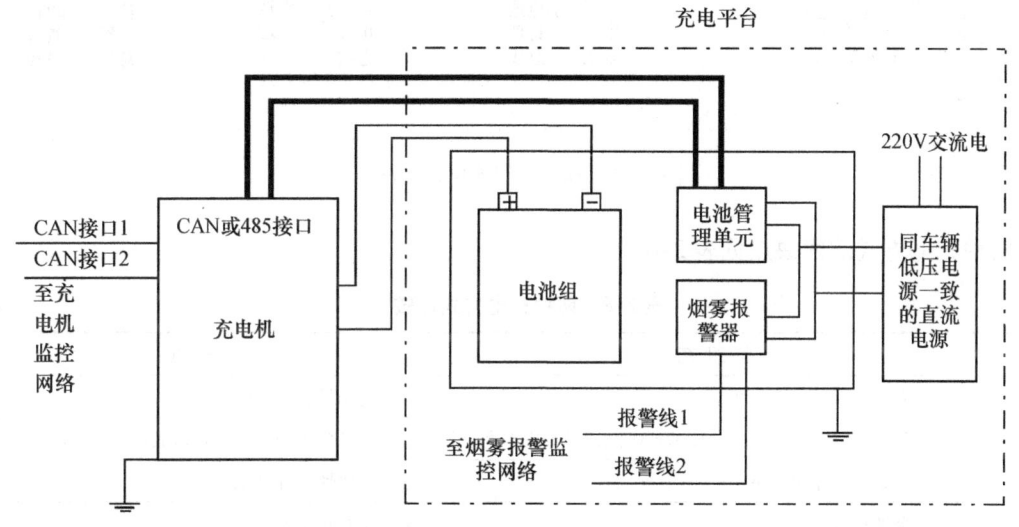

图 2-20　地面单箱充电结构图

其中，充电平台包括与车辆低压电源一致的直流电源、电池存储架、充电机通信接口连接器、充电机输出连接器、烟雾传感器。当单箱电池放置在充电平台上，低压电源为电池管理单元提供供电电源，充电机和电池管理单元通信实现充电控制，能量通过充电机输出连接器从充电机传输到电池。烟雾传感器、温度传感器等实现在充电过程中的现场监视。

当采用单箱充电时，需要电池调度系统对所有的电池实时进行数量、质量和状态的监控和管理，完成电池存储、更换、重新配组和电池组均衡、实际容量测试及电池故障的应急处理等功能。

（2）整组充电　采用整组充电，则将从电动车辆上卸下的各箱电池按照车辆上的应用方式连接，通过一台充电机给整组电池进行充电，所有的电池管理单元通过电池管理主机与充电机进行通信，完成充电控制。采用这种方式，充电机数量较少，监控网络简单，但是相对单箱充电方式而言，电池组的均衡性较差，使用寿命较低。其结构如图 2-21 所示。

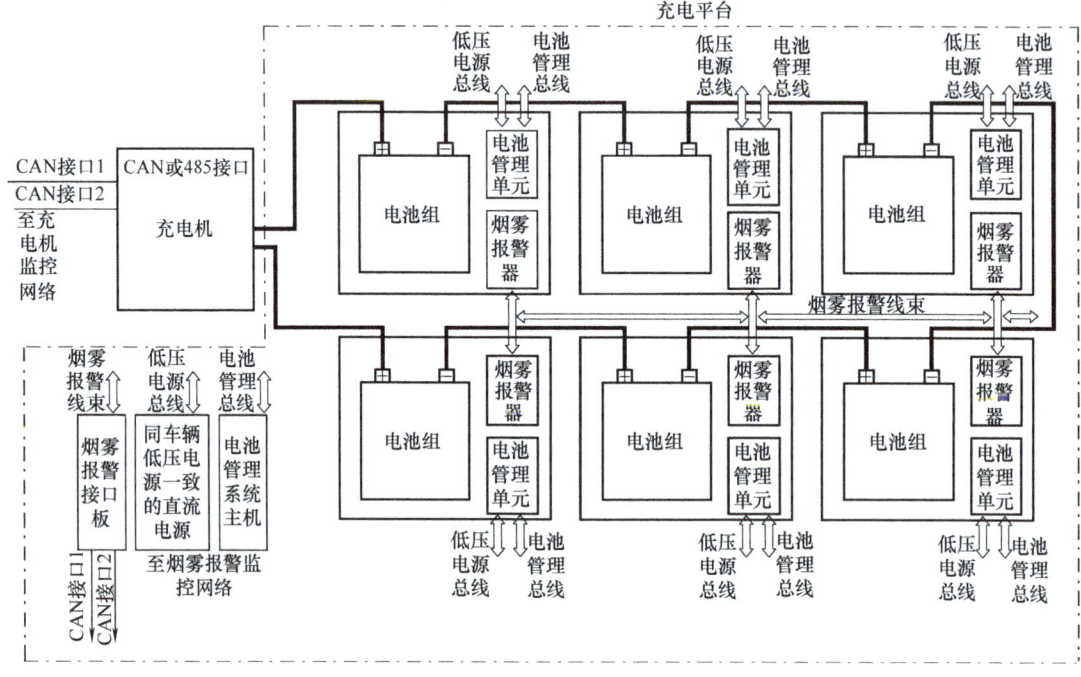

图 2-21 地面整组充电结构图

两种充电方式的优缺点见表 2-6。

表 2-6 两种充电方式比较

序 号	整 组 充 电	分 箱 充 电
1	充电电压高、安全性差	充电电压低、安全性好
2	单台充电设备功率大，技术不成熟，设备成本高	充电设备单机功率小；技术成熟，总体成本低
3	一致性差异增加快	减缓一致性差异增加
4	谐波相对较大	谐波相对较小
5	不适于更换模式下电池对称布置	适于更换模式下电池对称布置
6	电池使用寿命短	兼顾一致性，有效提高了电池使用寿命

2. 车载充电方式

当车辆进行补充充电时，充电机与充电车辆通过充电插头进行连接，电池无需从车辆上卸下可直接进行充电，如图 2-22 所示。其优点是充电操作过程简单，不涉及电池存储、电池更换等过程。但车辆充电时间占用了车辆的运营或应用时间，车辆利用率较低，不利于保持电池组的均衡性以及延长电池组的使用寿命。图 2-23、图 2-24 和表 2-7 是一种充电接头的端子功能定义。

图 2-22 充电机与充电车辆通过充电插头进行连接充电

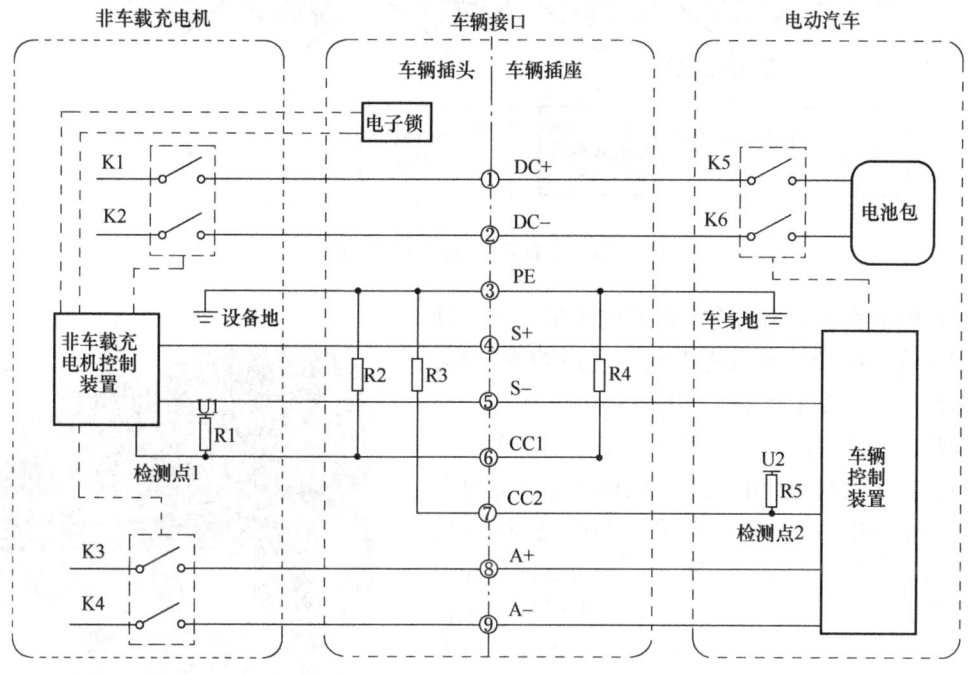

图 2-23 一种充电接头的端子功能

表 2-7 充电接头端子功能

DC +	750V 125A	直流电源总正
DC -	750V 125A	直流电源总负
PE		保护接地
S +	30V 2A	充电通信 CANH
S -	30V 2A	充电通信 CANL
CC1	30V 2A	充电连接确认 1
CC2	30V 2A	充电连接确认 2
A +	30V 20A	低压辅助电源正
A -	30V 20A	低压辅助电源负

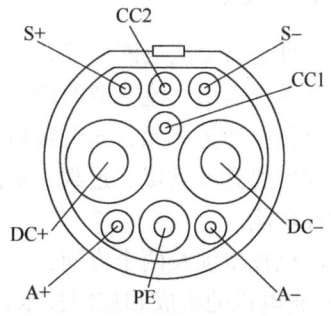

图 2-24 充电接头端子布局图

该系统通过充电插头上的 CAN 网络连接线与电动汽车内部 CAN 网络进行连接，与车载电池管理主机进行通信，完成充电控制，系统拓扑结构如图 2-25 所示。

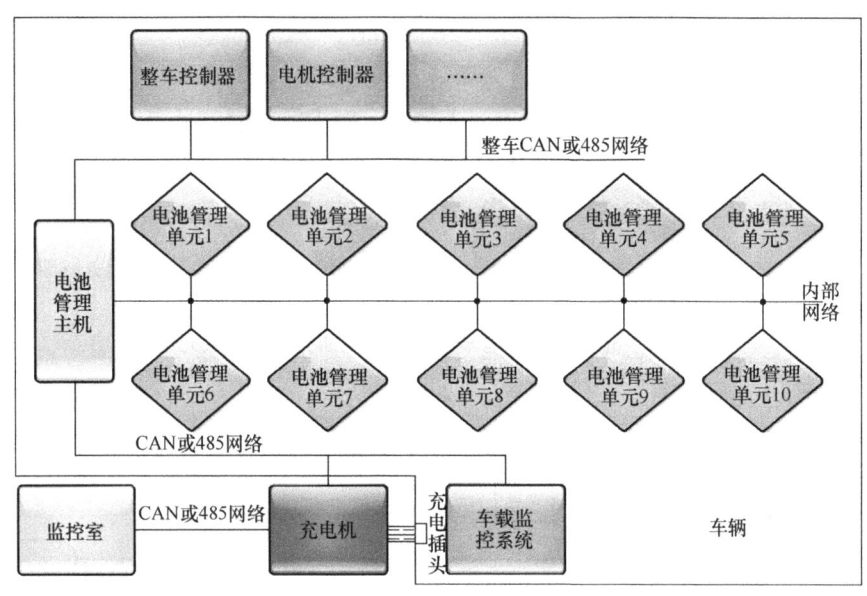

图 2-25 车载充电通信网络结构图

车载电池充电采用的充电机有两种形式，一种是随车安装、携带的车载充电机，一般功率较小，对于电动汽车多数在 5kW 以下，充电电流小，充电时间长。适于晚间充电、白天使用的电动车辆工况。另有非车载快速充电机，一般保证车辆充电在 30min 以内，可以充入保证车辆行驶超过 50km 的电量。已经产品化的电动轿车为了满足这两种充电机的应用，需要在车辆上设置车载充电机接口和快速充电接口。图 2-26 为日产公司 LEAF 电动汽车的充电接口，为两个接口并列的形式。

四、充电机

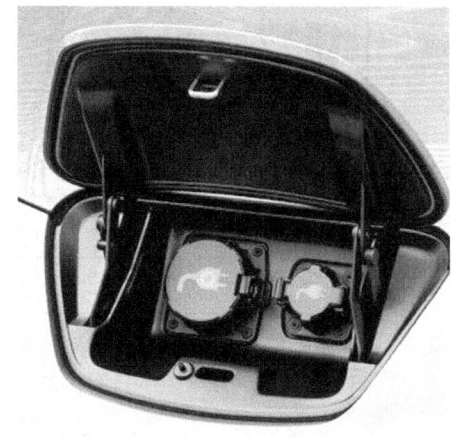

图 2-26 日产公司 LEAF 电动汽车的充电接口

充电机是与交流电网连接，为动力电池等可充电的储能系统提供直流电能的设备。它一般可由功率控制单元、计量单元、充电接口、供电接口及人机交互界面等部分组成，实现充电计量等功能，并扩展具有反接、过载、短路、过热等多重保护功能及延时起动、软起动、断电记忆自起动等功能。

充电机技术涉及两个方面：

1）充电机的集成和控制技术，主要是通过研究充电过程对电池使用寿命、温度、安全性等方面的影响，选择合理的拓扑结构，采取合适的充电方式，实现充电过程的动态优化及智能化控制，从而实现最优充电。

2) 充电监控技术,主要是规范充电机和充电站监控系统之间的通信协议,实现对多台充电机状态和充电过程的实时监控,并达到和其他监控系统、运营收费系统通信的功能。

1. 充电机的类型

电动车辆充电机根据不同的分类标准,可分为多种类型,见表2-8。

表2-8 电动车辆充电机的类型

分类标准	充电机类型	
安装位置	车载充电机	非车载充电机
输入电源	单相充电机	三相充电机
连接方式	传导式充电机(接触式)	感应式充电机(非接触式)

(1)车载充电机 车载充电机安装于电动车辆上,通过插头和电缆与交流插座连接。车载充电机的优点是在蓄电池需要充电的任何时候,只要有可用的供电插座,就可以进行充电。其缺点是受车上安装空间和重量限制,功率小,只能提供小电流慢速充电,充电时间一般较长。图2-27为电动轿车安装的3kW车载充电机。

(2)非车载充电机 非车载充电机一般安装于固定的地点,与交流输入电源连接,直流输出端与需要充电的电动汽车充电接口相连接。非车载充电机可以提供大功率电流输出,不受车辆安装空间的限制,可以满足电动车辆大功率快速充电的要求。图2-28所示为向电动轿车提供快速充电的50kW充电机。

图2-27 某电动轿车安装的3kW车载充电机

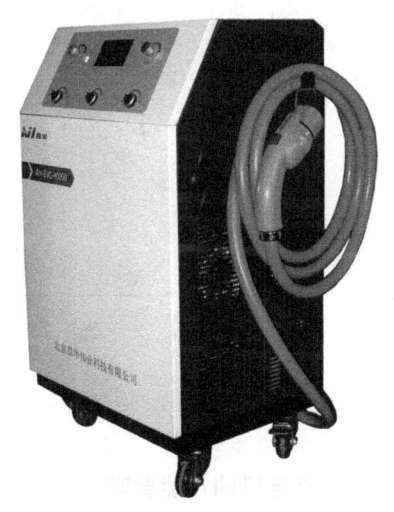

图2-28 非车载充电机

(3)传导式充电机和感应式充电机 传导式充电机的供电部分与受电部分有着机械式的连接,即输出通过电力电缆直接连接到电动汽车充电接口上,如图2-29所示,电动汽车上不装备电力电子电路。这种充电器结构相对简单,容易实现,但操作人员不可避免地要接触到强电,所以容易发生危险。

感应式充电机利用了电磁能量传递原理,以电磁感应耦合方式向电动汽车传输电能,供电部分和受电部分之间没有直接的机械连接,如图2-30所示,两者的能量传递只是依靠电

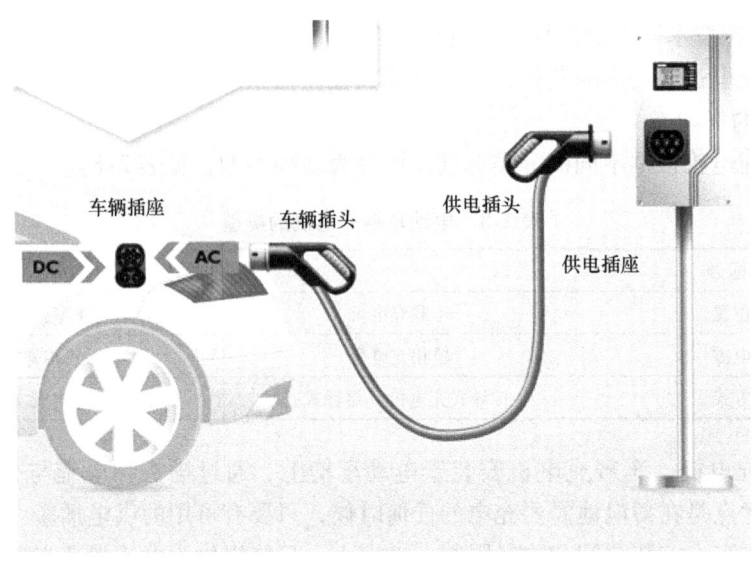

图 2-29 传导式充电

磁能量的转换,这种结构设计比较复杂,受电部分安装在电动车辆上,受到车辆安装空间的制约,功率受到一定的限制,但由于不需要充电人员直接接触高压部件,安全性高。

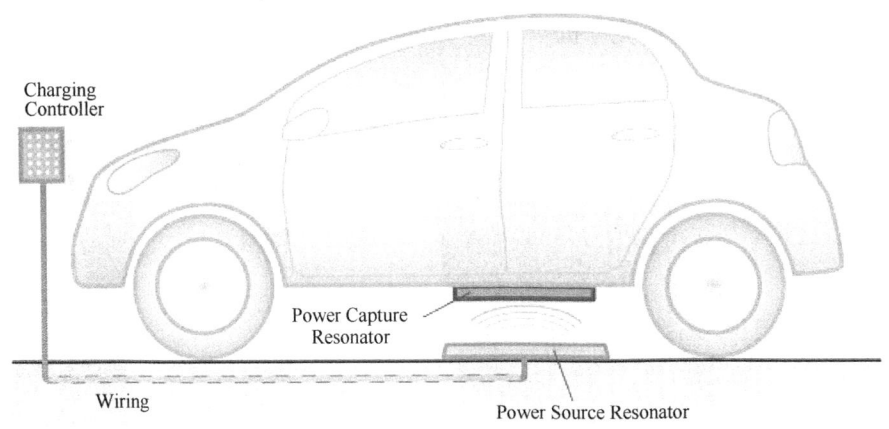

图 2-30 感应式充电

2. 充电机的性能要求

为实现安全、可靠、高效的动力电池组充电,充电机需要达到如下的基本性能要求:

1)安全性。保证电动汽车充电时,操作人员的人身安全和蓄电池组充电安全。

2)易用性。充电机要具有较高的智能性,不需要操作人员对充电过程进行过多的干预。

3)经济性。充电机的成本降低,对降低整个电动汽车使用成本,提高运行效益,促进电动汽车的商业化推广有重要的作用。

4)高效性。保证充电机在充电全功率范围内高效率,在长期的使用中可以节约大量的电能。提高充电机能量转换效率对电动汽车全寿命经济性有重要作用。

5) 对电网的低污染性。由于充电机是一种高度非线性设备，在使用中会产生对电网及其他用电设备有害的谐波污染，需要采用相应的滤波措施降低充电过程对电网的污染。

3. 充电技术发展趋势

由于电动汽车技术的不断发展，对于充电系统的要求也越来越高，为了适应电动汽车的快速发展，充电系统需要尽量向以下目标靠近：

1) 快速化。在目前动力电池比能量不能大幅度提高，续驶里程有限的情况下，提高充电速度，从某种意义上可以缓解电动汽车续驶里程短导致的使用不方便的问题。

2) 通用性。电动汽车应用的动力电池具有多样性，在同种类电池中由于材料、加工工艺的差异也存在各自的特点。为了节约充电设备投入，增加设备应用的方便性，就需要充电机具有充电适用的广泛性和通用性，能够针对不同种类的动力电池组进行充电。

3) 智能化。充电系统应该能够自动识别电池类型、充电方式、电池故障等信息，以降低充电人员工作强度，提高充电安全性和充电工作效率。

4) 集成化。目前电动汽车充电系统是作为一个独立的辅助子系统而存在的，但是随着电动汽车技术的不断成熟，本着子系统小型化和多功能化的要求，充电系统将会和电动汽车能量管理系统以及其他子系统集成为一个整体，从而为电动汽车其余部件节约出布置空间并降低电动汽车的生产成本。

5) 网络化。对于一些公共场合，例如，大型市场的停车场、公交车总站等，为了适用数量巨大的电动汽车充电要求，就必须配备相当数量的充电器，如何对这些充电器进行有效的协调管理是一个不可忽视的问题。基于网络化的管理体制，可以使用中央控制主机来监控分散的充电器，从而实现集中管理，统一标准，降低使用和管理成本的目的。

五、充电管理模式

充电策略的实现，需要电池系统与充电机间实现有效的数据传输和参数实时判断。电池管理系统完成了电池系统中参数的采集工作，在现有的智能充电中，通过实现与充电机的通信，保证充电安全性，实现充电过程的有效控制。

其基本系统结构如图 2-31 所示。

BMS 的作用是实现对电池状态的在线监测（电池的温度、单体电池电压、工作电流、电池和电池箱之间的绝缘）、SOC 估算、状态分析（SOC 是否过高、电池温度是否过高/低、单体电池电压是否超高/低、电池的温升是否过快、绝缘是否故障、是否过电流、电池的一致性分析、电池组是否存在故障以及是否通信故障等）以及实施必要的热管理。充电机的主要任务是电源变换、输出电压和电流的闭环控制、必要的保护以及与 BMS 通信，实现对电池状态的全面了解和对输出电流的动态调节。当电池组需要充电的时候，除了充电机的输出总正和总负动力线需要与电池组相连以外，BMS 和充电机之间还增加了用于实现

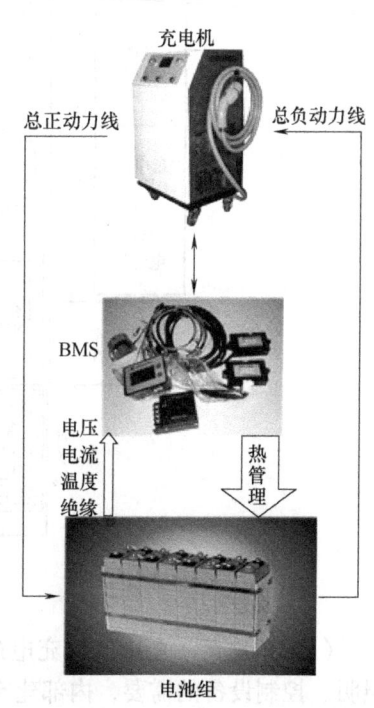

图 2-31 充电管理系统基本结构

数据共享的通信线。

该充电模式通过在电池管理系统和充电机系统之间建立通信链路，实现了数据共享，使得在整个充电过程中电池的电压、温度以及绝缘性能等安全性相关的参数都能参与电池的充电控制和管理，使得充电机能充分地了解电池的状态和信息，并据此改变充电电流，有效地防止了电池组中所有电池发生过充电和温度过高情况，提高了串联成组电池充电的安全性。另外，该充电模式既完善了 BMS 的管理和控制功能，提高了充电安全性和智能化水平，还简化了充电工作人员设置充电参数等繁琐的工作，使得充电机具有了更好的适应性。通过这一模式，充电机不需要区分电池的类型，只需要得到 BMS 提供的电流指令就能实现安全充电。

六、充电站

充电站（Charge Station）主要是指快速高效、经济安全地为各种电动车辆提供运行中所需电能的服务性基础设施。为提高车辆的使用率和使用方便性，除采用动力电池车载充电以外，还可采取电动汽车动力电池系统与备用电池系统更换的方案使电动汽车获得行驶必需的电能。

1. 主要功能与布局

充电站的主要功能决定其总体布局。一般来说，一个功能完备的充电站由配电区、监控区、充电区、更换电池区和电池维护区 5 个基本部分组成，如图 2-32 所示。根据充电站的规模和服务功能差异，在功能区设置上存在一定的差异。例如，不需要对电池进行更换的充电站将不需要设置更换区以及配备电池更换设备和大量电池的存储设备。

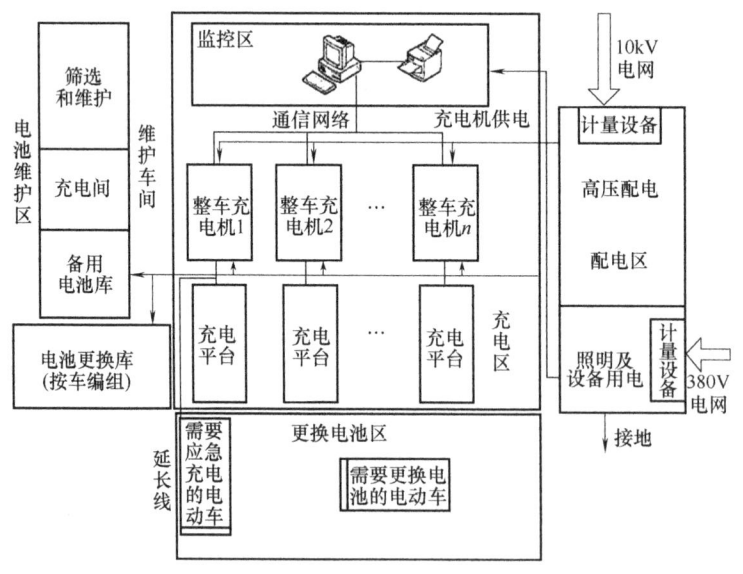

图 2-32 充电站总体结构

（1）配电区 配电区为充电站提供所需的电源，不仅给充电机提供电能，而且要满足照明、控制设备的需要，内部建有变配电所有设备、配电监控系统，相关的控制和补偿设备也需要加以考虑。配电室是整个充电站正常运行的基础。根据配电功率的需要，一般采用充电用负荷、监控和办公负荷分开供电的形式。

（2）充电区　充电区完成动力电池组电能的补给，是整个充电站的核心部分，配备各种形式的充电机，建设充电平台以及充电站监控系统网络接口，满足多种形式的充电需求，提供方便、安全和快捷的全方位充电服务。

（3）更换电池区　更换电池区是车辆更换电池和电池调度的场所，需要配备电池更换设备，同时应建设电池存储区域用于存放备用动力电池组。

（4）电池维护区　对所有的电池实时进行数量、质量和状态管理，开展电池重新配组、电池组均衡、电池组实际容量测试、电池故障的应急处理和日常维护等工作。

（5）监控区　监控区用于监控整个充电站的运行情况，包括充电参数监控、烟雾监控、配电监控等，并可以扩展具备车辆运行参数监控、场站安保监控等功能，并完成管理情况的报表打印等。各监控子系统可通过局域网和TCP/IP协议与中央监控室以及上一级的监控中心进行连接，实现数据汇总、统计、故障显示以及监控功能。充电站监控系统构架如图2-33所示，一般采用分级并行结构。

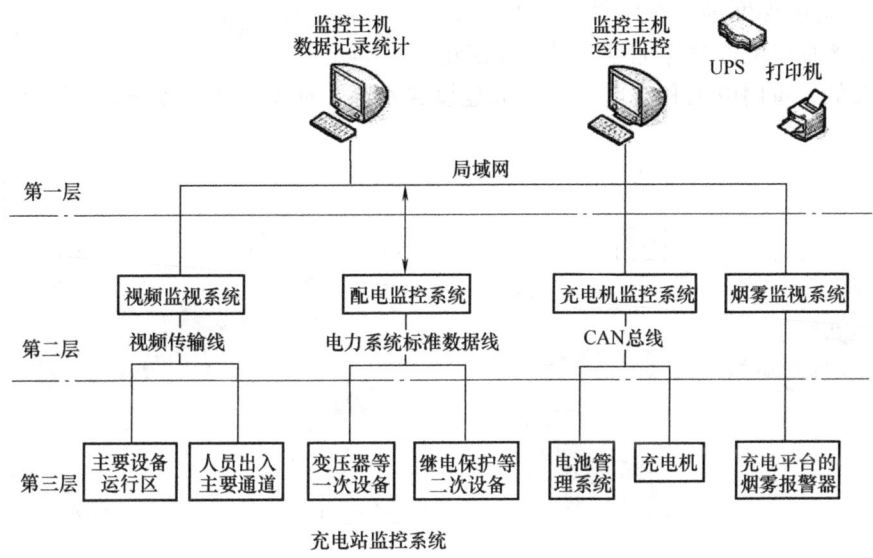

图2-33　充电站监控系统架构

配电监控系统要通过现场总线实现配电站供电系统信息的交换和管理，除实现常规的二次设备继电保护、安全自动装置、测量仪表、操作控制、信号系统等功能之外，该系统需要和监控系统实现通信，保证当充电系统出现故障时，配电系统能够采取适当的措施进行处理。

烟雾报警监视系统主要监视充电平台上的电池状态，当电池发生冒烟、燃烧等危险情况时发出警报。该系统独立于电池管理系统，是电池安全措施的一部分。

充电机监控系统完成充电过程的监控，充电机数据以及电池数据通过通信传输到监控计算机，监控计算机完成数据分析以及报表打印等。监控计算机也可以用过通信对充电机的起停以及输出电流、电压实现控制。

视频监视系统对整个充电站的主要设备运转以及人员进行安全监视。

2. 建设形式

由于电动汽车可以采用整车充电和更换电池的方式来进行电能补充，故充电站的建设形式较加油站有很大的灵活性。按建设和结构形式来划分，充电站可分为一体式充换电站、子母式电池更换站、停车式整车充电站。

（1）一体式充换电站　一体式充换电站根据作业车间布局的相对位置可分为地面一体式充换电站、地下一体式充换电站以及立体式充换电站等，如图2-34、图2-35和图2-36所示。该类充换电站以采用电池更换设备提供电池更换服务为主，也可提供少量整车应急充电服务。更换下的动力电池在站内实现电能补充。具有电动车辆能量补给速度快（一般在5min即可完成电池更换服务），服务能力强，自动化和专业化程度高，对电池性能要求较低，有利于增加电池寿命等优点，但也存在建站灵活性较低，备用电池和充电设备造成建设成本高，成本回收周期长，配电容量较大等缺点。

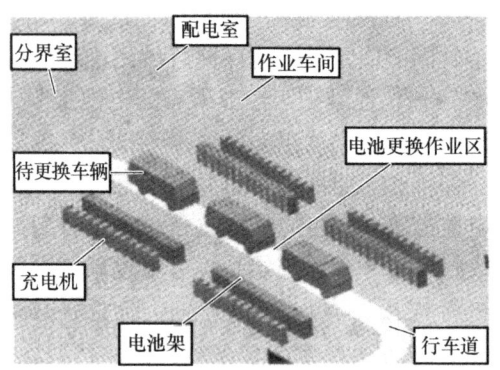

图2-34　地面一体式充换电站示意图

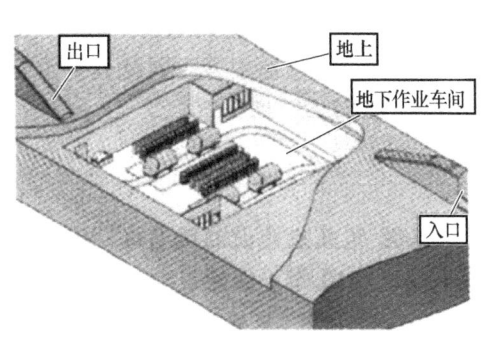

图2-35　地下一体式充换电站示意图

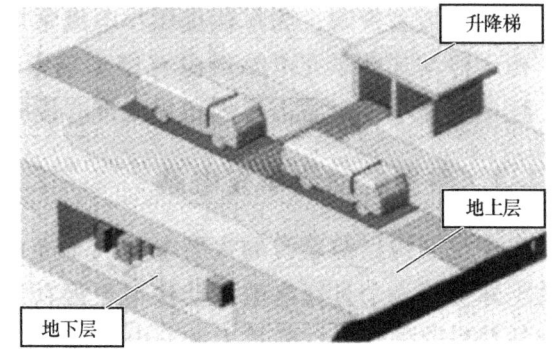

图2-36　立体式充换电站示意图

（2）子母式电池更换站　子母式电池更换站（图2-37）是指动力电池在母站集中充电，电池的更换作业在母站和各子站进行，通过配送体系将母站充满电的电池配送到各子站并将更换下的电池运送回母站集中充电，母站和子站也可提供少量应急充电服务的充电站。

子母式电池更换站由一个母站和若干子站构成，母站主要建立在城市中土地资源充裕、交通便利、离大型配电站近的地区，主要进行规模大、专业化程度高的集中充电作业；子站建立在城市中交通流量较大、电动车辆充电和电池更换需求旺盛、土地资源紧张的地区，主要提供电池更换服务。

子母站形式的充电站电池大规模集中充电，专业化、自动化程度高，有利于更好地监控电池的性能并作出专业化的处理，充分发挥电池的潜能，延长电池寿命，提高电池的充电安全性，也增强了辐射服务范围，缓解了充电站用地紧张的问题。但其也存在需要建立专用的配送服务体系，增加了系统复杂性，电池的利用率相对有一定程度的降低。母站作为高能储存场所，配电容量巨大，需要更加严格的措施来保证母站的安全性。

（3）停车式整车充电站 停车式整车充电站（图2-38）是指车辆提供整车常规充电和应急快速充电的充电站，其本质就是一个配有一定数量充电机的停车场。

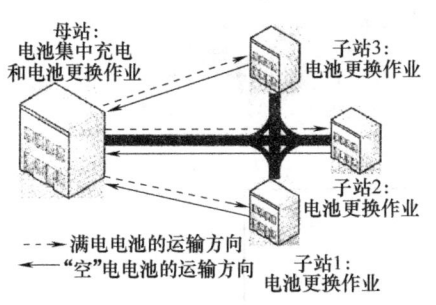

图2-37 子母式电池更换站示意图

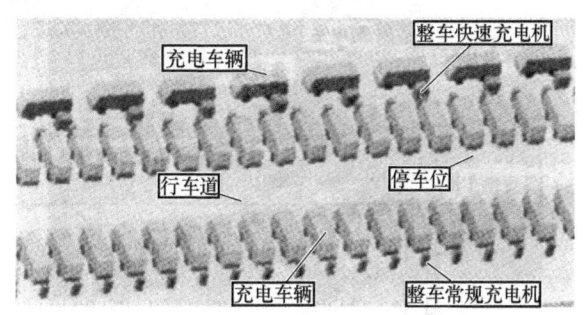

图2-38 停车式整车充电站示意图

这种充电站依托现有的飞机场、火车站、酒店、医院、学校、购物场、超市、会议中心、旅游胜地和社区等停车场，在停车位附近设置常规充电机或快速充电机，利用车辆的停车间隙时间或者夜晚，为车辆提供小电流常规充电或大电流、短时快速充电服务。

由于停车式整车充电站对已有停车场影响小，可以利用的场地很多，因此，具有灵活性大，配电容量小，对城市规划布局或现有设施影响小，服务范围广等优点。

3. 典型实例：奥运电动汽车充电站

在中国国内目前建设的大型电动汽车充电站中，2008年北京建设的奥运电动客车充电站是国际上第一个具有电池自动快速更换功能的充电站，2010年上海建设的世博电动客车充电站是目前国际上规模最大的充电站。这两个充电站功能完善，充换电兼容，在设计和功能实现上具有典型性。下面以奥运电动客车充电站为例，进行充电站设计的介绍。

奥运电动汽车充电站总占地面积为5000m^2，建设面积约2600m^2 在奥运期间为50辆电动客车提供24h充电、动力电池更换服务以及相应的整车和电池维护保养服务。电动汽车充电站建设充分考虑了功能性、技术要求、经济效益和社会效益等多方面因素。充电站主体为一个封闭式充电间，主要组成部分有配电站、充电车间、停车区、办公区、车辆调度区，布置方式如图2-39示。中央通道是需更换电池车辆通道，沿车道中心线对称为电池自动更换设备，自动更换设备后是对称工作链，实现车上电量耗尽电池与充完电电池的更换操作。车辆在快速更换区域通过自动更换机械实施电池分箱组合式快速更换，10min内可以完成一辆车的电池更换工作。

具体过程如图2-40所示。电动车辆进站停到指定位置后，手动或机械自动打开电池仓门，更换设备通过激光定位，自动循迹找到电池箱位置，通过液力驱动直线导轨将电池搁置平台伸出与车体实现搭桥连接，电磁吸取装置动作实现电池箱解锁并拖出到电池搁置平台。电池拖出过程中，升降臂将根据车体刚度变化调整搁置平台高度，保持电池箱拖出过程平稳。另一侧更换设备从电池存储架上取电池的过程与从车上取电池类似。之后回转平台旋转180°，实现电池换位。再次调整定位后，按照拖出电池过程的逆过程将电池分别推入电动客车电池仓和电池存储架，完成一组电池的更换工作。

电池存储平台再向外对称拓展为充电机，通过电力电缆和通信电缆实现与电池存储平台

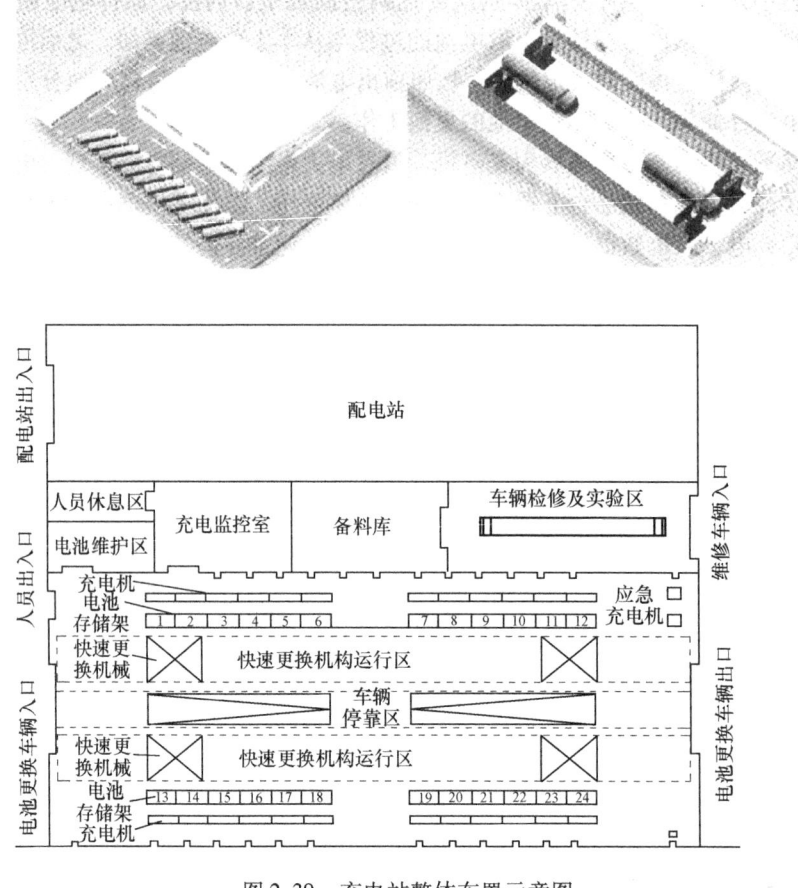

图 2-39 充电站整体布置示意图

上的电池连接，对电池存储平台上待充电电池在单体电压、温度等极端单体参数监测条件下实施电池分箱充电。充电数据通过充电监控系统传输并记录在监控终端。

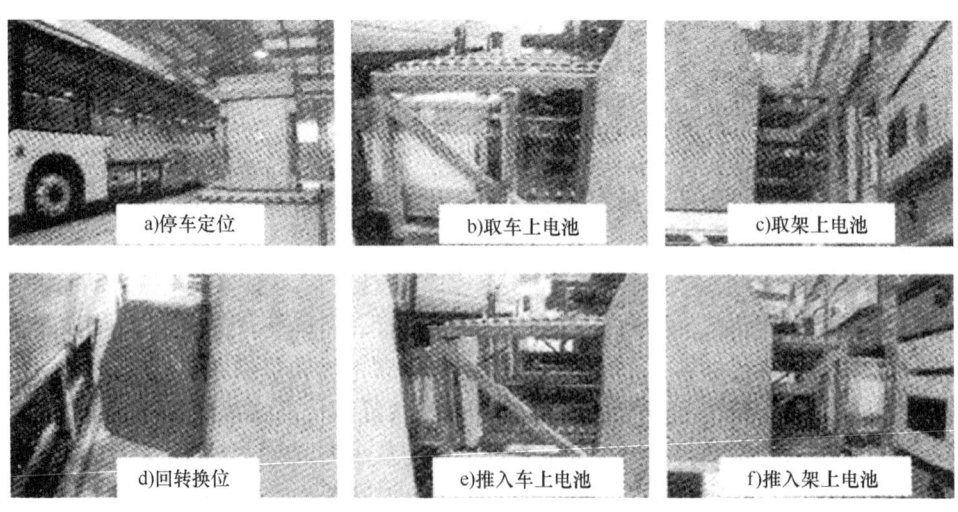

图 2-40 更换设备电池更换过程

其他配电区、监控区、电池维护区等独立区域根据功能要求和安全要求进行统一布局。为保证电动客车在不同线路高效、有序运行,综合集成通信、计算机网络、GPS、GIS 等多项技术,根据电动汽车的特点和奥运应用工况需要,在充电站设置了电动客车远程监控与调度系统,在充电站设置了电动汽车调度监控中心,进行车辆运行状态全方位控制和管理。

该站至今在为北京电动公交客车提供运行充电保障服务,由该站建设创建的对称式布局、充换电兼容的总体布局结构对国内外更换式充电站的设计和建设产生了深远的影响。

【实训操作】充电机的使用

一、实训目标

1. 掌握充电机的使用方法。
2. 掌握电池充电方法。

二、实训设备

1. 快速充电机。
2. 电源管理系统。
3. 车用动力电池组。
4. 车用动力电池管理系统。
5. 绝缘手套、绝缘扳手、绝缘螺钉旋具、万用表等。

部分实训设备如图 2-41 ~ 图 2-44 所示。

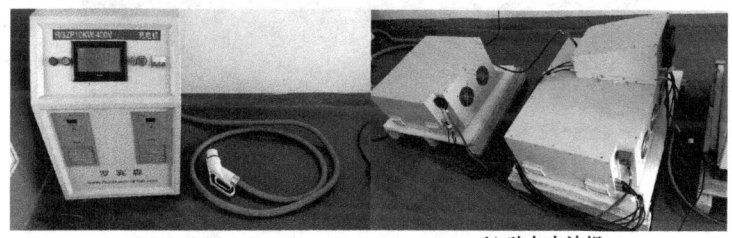

a) 充电机　　　　　　　　b) 动力电池组

图 2-41　本实训操作中所用设备

三、操作步骤及工作要点

1. 连接 1 号和 2 号动力电池组之间的动力线、通信线和辅助电源线。
2. 连接动力电池组与主控箱之间的动力线、通信线和辅助电源线。
3. 连接主控箱与电源管理触摸显示屏。
4. 连接主控箱与辅助电源,接通辅助电源后可听到主控箱中接触器动作的声音。
5. 将充电机充电插头与动力电池主控箱充电插座连接牢靠。
6. 将充电机三相四线电源线插头与电源插座连接牢靠。
7. 打开充电机开关,上电后,充电机触摸屏显示界面如图 2-45 所示。

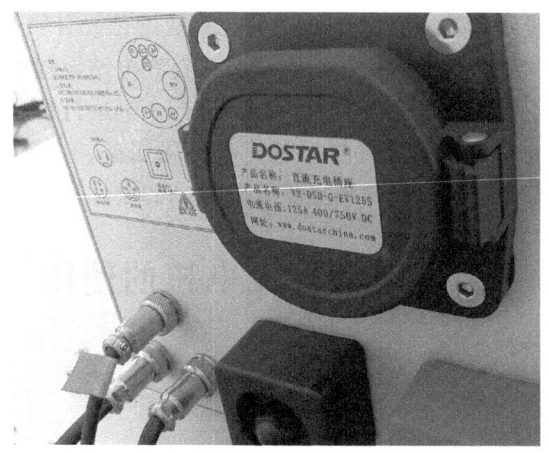

图 2-42　动力电池组的充电插座

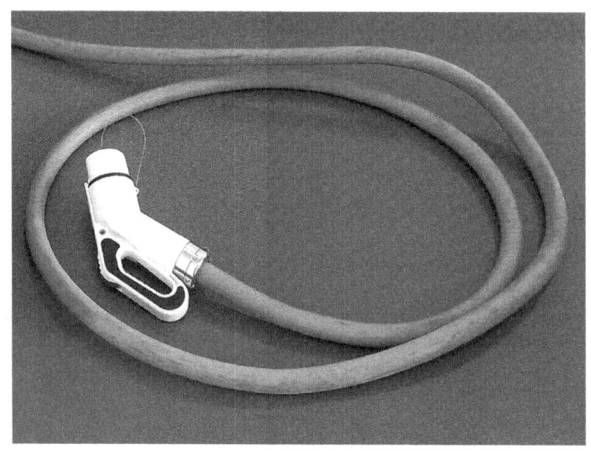

图 2-43　充电机的充电插头

图 2-44　电源管理触摸显示屏

图 2-45　充电机触摸屏显示界面

此画面包括"参数设置""数据微调""电量累计""充电记录""报警信息""模块信息""充电信息"等。

8. 触摸"参数设置",对充电机进行设置,包括模块数量、最高/低输出电压、最高/低输出电流、交流上下限、电压偏差上下限等,如图 2-46 所示。

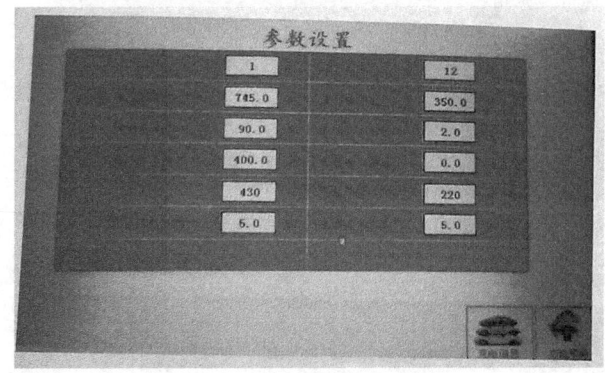

图 2-46　参数设置对话框

9. 触摸"电量累计",可对本月及上月的信息进行查询,如图 2-47 所示。

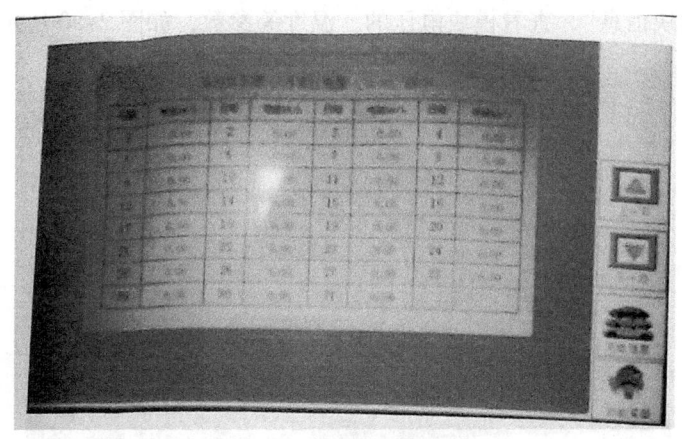

图 2-47　电量累计信息查询

10. 触摸"数据微调",可对电压、电流进行校准,如图 2-48 所示。

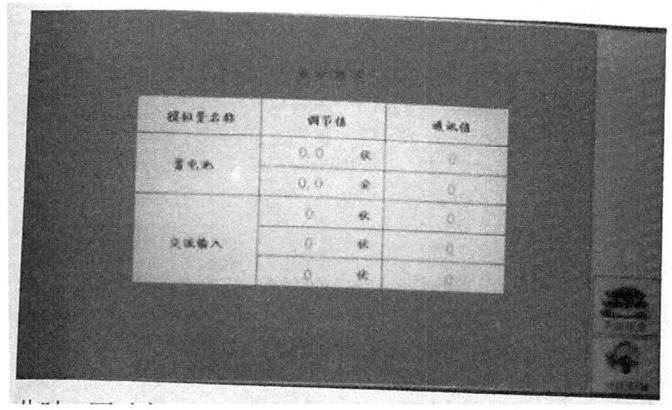

图 2-48　数据微调对话框

11. 触摸"充电记录",可查看充电时间、结束时间、控制方式等信息,如图 2-49 所示。

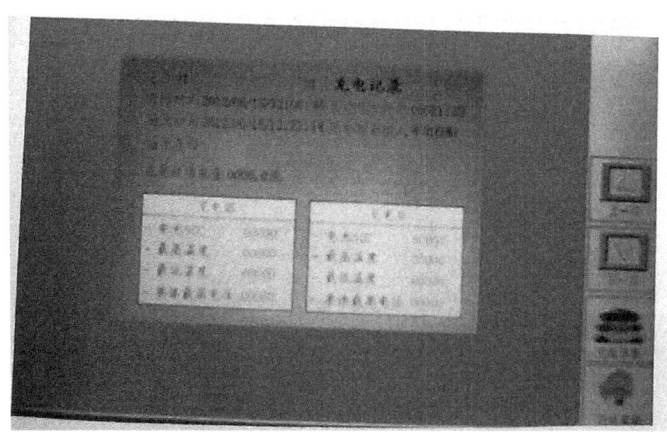

图 2-49　充电记录查看

12. 触摸"报警信息",查看报警事件。
13. 触摸"模块信息",查看模块电压的、温度等参数,如图 2-50 所示。

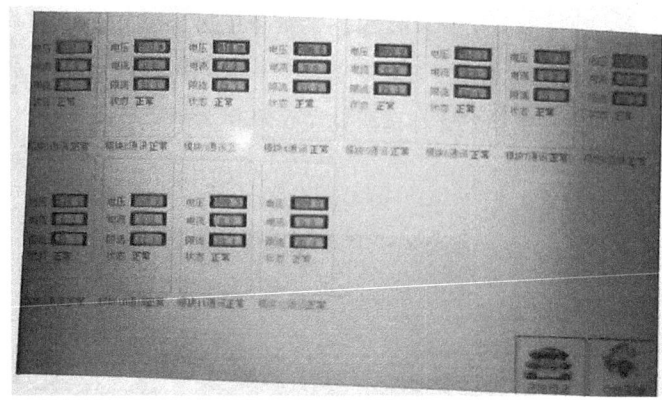

图 2-50　模块信息查看界面

14. 触摸"报警声音",查看报警的声音。
15. 触摸"充电信息",查看充电相关参数。
16. 选择手动或 BMS 充电方式,如图 2-51 所示。

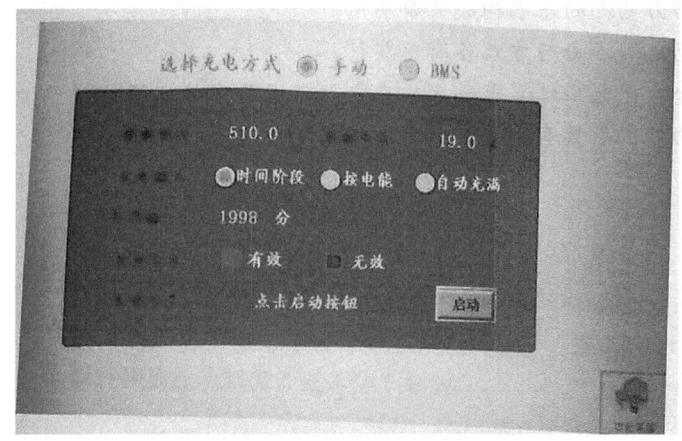

图 2-51 充电方式选择对话框

17. 点击"起动"按钮,开始充电,如图 2-52 所示。

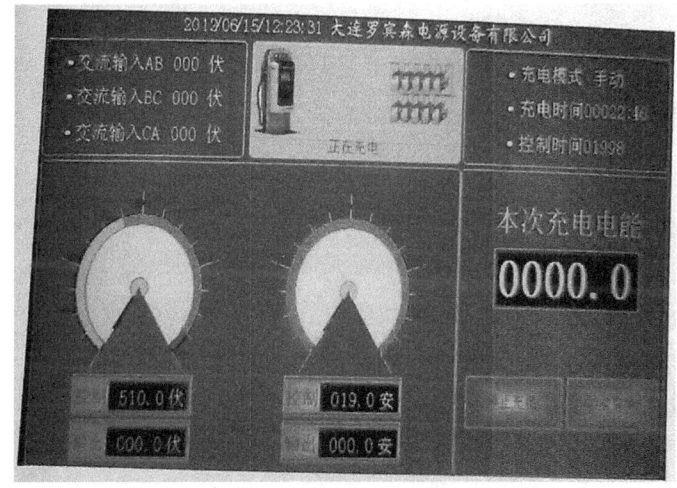

图 2-52 开始充电时触摸屏界面

18. 充电结束,按下停止按钮,停止充电。

【本章小结】

本部分对动力电池基本知识进行了介绍。

动力电池的类型很多,但充放电时的电化学基本原理和基本结构组成相似,相关的评价参数也基本相同。通过本部分的学习,我们对动力电池的参数与评价方法、动力电池的充放电方法、动力电池的充电基础设施情况有了基本的了解,为后续内容的学习打下了基础。

【复习题】

1. 电动汽车动力电池的基本构成有哪些？
2. 动力电池充电的方法与方式各有哪些？
3. 什么是传导式充电？什么是感应式充电？二者各有什么特点？
4. 动力电池的评价参数有哪些？怎么评价某动力电池的性能优劣？

第三章 铅酸动力电池及其应用

【引入】

铅酸电池的发明距今已有 50 年,由于其可靠性好、成本低、瞬间输出功率大、使用安全、维修方便,在当前所有化学电源中,铅酸电池的生产规模最大,单就起动蓄电池而言,全世界年产量达 10 亿只之多,每年生产铅酸电池消耗的铅约 200 万 t,占全年全球铅总产量的一半以上。作为发展历史最悠久的动力电池,铅酸电池技术成熟、性能可靠、成本低廉、维护方便,在储能电源、起动电源、车载电源等领域仍然应用广泛。本部分将重点介绍铅酸电池的基本工作原理、充放电特性及其影响因素以及板栅合金、电解液、隔板等内部功能部件的结构特点。

【学习目标】

1. 了解铅酸蓄电池的特点。
2. 了解阀控密封铅酸蓄电池的优点。
3. 熟悉蓄电池的充、放电的原理及蓄电池的结构。
4. 了解铅酸蓄电池的性能。
5. 了解铅酸蓄电池的应用。
6. 熟悉铅酸蓄电池的回收。

铅酸电池的工作原理

第一节 铅酸动力电池的储能原理与结构

一、铅酸蓄电池的类型

根据铅酸电池的作用可将其分为 3 种类型:起动式铅酸蓄电池(Starter Batteries)、牵引式铅酸蓄电池(Traction Batteries)、固定式铅酸蓄电池(Stationary Batteries)。

这三类电池的性能差异见表 3-1。

表 3-1 三类电池性能差异

类 型	常用容量/A·h	正极板	负极板	特 点
起动式铅酸蓄电池	5~200	涂膏式	涂膏式	比功率高、比能量高
牵引式铅酸蓄电池	40~1200	管状	涂膏式	可深度充放电
固定式铅酸蓄电池	40~5000	板状	涂膏式	比能量较低、自放电率小

上述三类铅酸蓄电池中,起动式铅酸蓄电池由于不能深度充放电,不能用于电动汽车的主电源,一般仅作为低压辅助电源使用;而固定式铅酸蓄电池虽然容量可以做到很大,但是比能量较低,体积和质量很大,不适合车用,一般仅用于不间断电源等位置相对固定的场

合。牵引式铅酸蓄电池容量相对较大，可深度充放电，比能量较高，可用于电动汽车主动力电源。

随着铅酸蓄电池技术的不断发展，目前牵引式铅酸动力电池已有很多种类型，如开口式铅酸蓄电池、阀控密封铅酸蓄电池（VRLA）、胶体蓄电池、双极性密封铅酸蓄电池、水平式密封铅酸蓄电池、卷绕式圆柱形铅酸蓄电池、超级蓄电池等。

铅酸蓄电池作为电动汽车的动力源，虽有许多不足，但由于其技术成熟，可大电流放电，适用温度范围宽和无记忆效应等性能上的优点，以及原材料的易于获取和价格远低于镍氢和锂离子等高能电池，目前仍然是在电动汽车中非常实用的动力电池。电动车辆上应用的铅酸电池主要是阀控式密封铅酸电池（VRLA）。

二、铅酸电池的储能原理

铅酸电池放电时的电化学反应被称为双硫化反应，正极成流反应为

$$PbO_2 + 3H^+ + HSO_4^- + 2e^- \rightarrow PbSO_4 + 2H_2O \qquad (3-1)$$

负极成流反应为

$$Pb + HSO_4^- \rightarrow PbSO_4 + 2e^- + H^+ \qquad (3-2)$$

电池总反应

$$PbSO_4 + Pb + 2H_2SO_4 \rightarrow 2PbSO_4 + 2H_2O \qquad (3-3)$$

在充电时，铅酸电池内部发生如下反应

正极

$$PbSO_4 + 2H_2O \rightarrow PbO_2 + 2H^+ + H_2SO_4 + 2e^- \qquad (3-4)$$

$$H_2O \rightarrow 2H^+ + \frac{1}{2}O_2 + 2e^- \qquad (3-5)$$

负极

$$PbSO_4 + 2e^- + 2H^+ \rightarrow Pb + H_2SO_4 \qquad (3-6)$$

$$2H^+ + 2e^- \rightarrow H_2 \qquad (3-7)$$

其中，式（3-4）和式（3-6）是蓄电池的充电反应，而式（3-5）和式（3-7）则是电解水的副反应，图3-1为铅酸电池反应原理。在充电过程中，可以根据两种反应的激烈程度将充电分为3个阶段：高效阶段、混合阶段和气体析出阶段。

1) 高效阶段。高效阶段的主要反应是 $PbSO_4$ 转换成为 Pb 和 PbO_2，充电接受率约为100%。充电接受率是转化为电化学储备的电能与来自充电机输出端电能之比。这一阶段在电池电压达到2.39V/单元（取决于温度和充电率）时结束。

2) 混合阶段。水的电解反应与主反应同时发生，充电接受率逐渐下降。当电池电压和酸液的浓度不再上升时，电池单元被认为是充满了。

3) 气体析出阶段。电池已充满，电池中进行水的电解和自放电反应。由于在密封的阀控免维护铅酸电池中，具有氧循环的设计，即正极板上析出的氧在负极板上被还原重新生成水而消失，因此析气量很小，不需要补充水。

铅酸电池的放电反应为上述过程的逆反应，在此不再赘述。

三、铅酸电池的结构

铅酸电池在外形上各异，但主要构成部件相似。

正负极板是蓄电池的核心部件，是蓄电池的"心脏"，分为正极和负极。正极活性物质

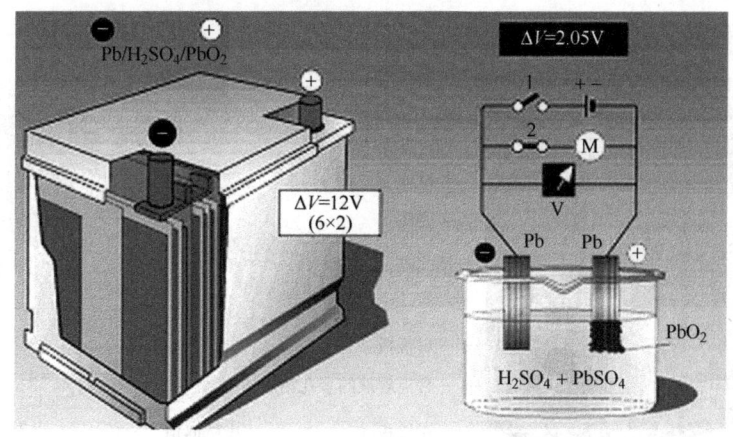

图 3-1　铅酸电池反应原理

主要成分为二氧化铅，负极活性物质主要成分为铅。

隔板是由微孔橡胶、玻璃纤维等材料制成的，新型隔板由聚丙烯、聚乙烯等制成，其主要作用是防止正、负极板短路，使电解液中正、负离子顺利通过，延缓正、负极板活性物质的脱落，防止正、负极板因振动而损伤。因此，要求隔板要孔率高、孔径小、耐酸、不分泌有害物质、在电解液中电阻小、具有化学稳定性。

电解液是蓄电池的重要组成部分，是由浓硫酸和净化水配置而成的，它的作用是传导电流和参加电化学反应。电解液的纯度和密度对电池容量和寿命有重要影响。

电池壳、盖是安装正、负极板和电解液的容器，应该耐酸、耐热、耐振。壳体多采用硬橡胶或聚丙烯塑料材料制成，为整体式结构，底部有凸起的肋条以搁置极板组。

排气栓一般由塑料材料制成，对电池起密封作用，阻止空气进入，防止极板氧化。同时可以将充电时电池内产生的气体排出电池，避免电池产生危险。

除上述部件外，铅酸电池单体内还有连条、极柱、液面指示器等零部件。

上述电池构造构成一个电池单体（Cell）。为了增加铅酸电池的容量，一般由多块极板组成极群，即多块正极板和多块负极板分别用连接条（汇流排）焊接在一起，共同组成电池（Battery）。传统内燃机汽车用的 12V 铅酸起动电池就是 6 个独立的铅酸电池单体组成的。

阀控密封铅酸蓄电池构造如图 3-2 所示。

【课堂活动】

阀控密封铅酸蓄电池的优缺点剖析

活动目的：探索阀控式密封铅酸电池是否具有无酸雾逸出、无需定期补水、自放电小、浮充寿命长等优点，巩固铅酸蓄电池结构与原理知识。

所需材料：阀控铅酸蓄电池结构与原理挂图、纸、笔等。

活动方式：小组讨论。

活动过程：认真分析阀控密封铅酸蓄电池的结构与工作原理，探索阀控密封铅酸蓄电池的优缺点。

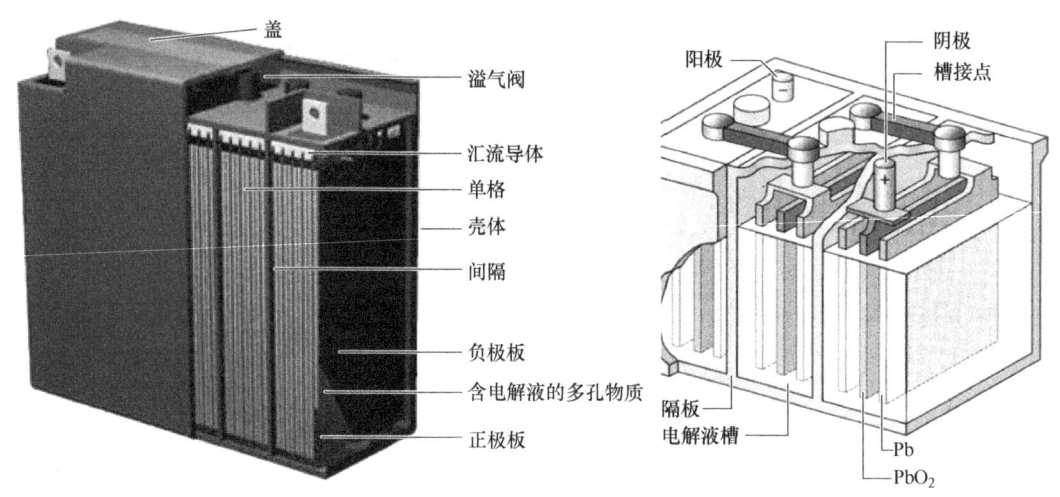

图 3-2 阀控密封铅酸蓄电池构造

第二节 铅酸动力电池的性能及影响因素

一、铅酸蓄电池的性能

1. 充电特性

恒流限压法作为铅酸电池最为常用的充电方法，无论是对于铅酸电池单体还是铅酸电池构成的电池组，在工程实践中都有最为广泛的应用。下面以某额定容量 85A·h 铅酸电池为例进行说明，电池性能参数见表 3-2。

表 3-2 额定容量 85A·h 铅酸电池性能参数

额定电压	额定容量	外形尺寸	质 量	功率密度
12V	85A·h	768mm × 128mm × 121mm	26kg	380W/kg

充电分为 3 个阶段，分别见表 3-3。电池组中单电池充电曲线如图 3-3 所示：在充电第二阶段完成后，电池已经基本达到 $SOC = 100\%$，第三段充电属于对电池的维护性充电，以提高电池组的使用性能为目的。

表 3-3 额定容量 85A·h 电池组充电参数

序 号	充电模式	充电电流/A	单电池电压/A	备 注
1	恒流限压	60	15	—
2	恒压限流	>3	15	—
3	恒流定时	3	不限压	定时 <5h

将该实际充电过程用电压变化曲线进行抽象，如图 3-4 所示。

可以看出，充电初期电池的端电压上升很快，如图中曲线 oa 段。这是因为充电开始时电池两极的硫酸铅分别转变为二氧化铅和铅，同时生成硫酸，极板表面和活性物质微孔内的

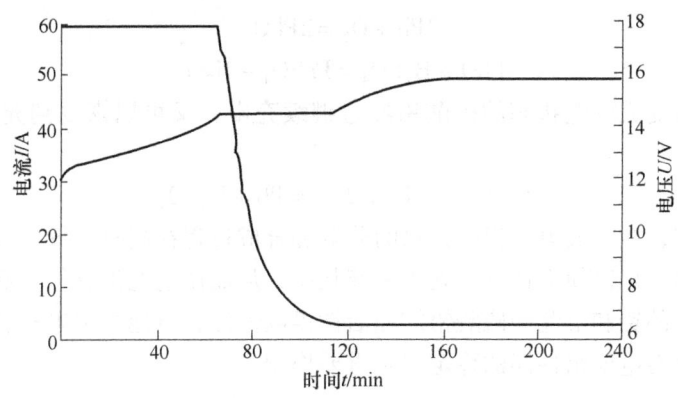

图3-3 电池组中单电池充电曲线

硫酸浓度骤增,又来不及向极板外扩散,电池的电动势迅速升高,所以端电压也急剧上升。充电中期,如图中曲线 ab 段,由于电解液的相互扩散,极板表面和活性物质微孔内硫酸浓度增加的速度和向外扩散的速度逐渐趋于平衡,极板表面和微孔内的电解液浓度不再急剧上升,端电压比较缓慢地上升。

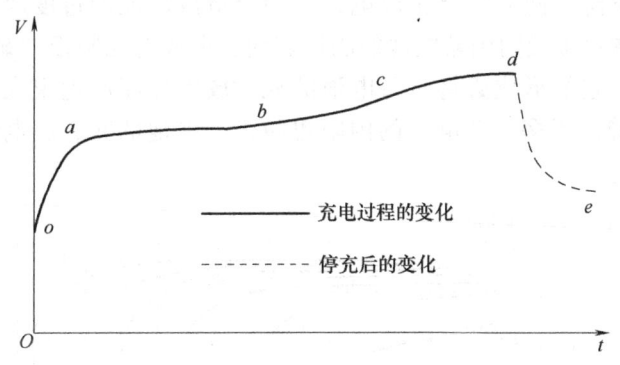

图3-4 电压变化曲线

这样,随着充电的进行,活性物质逐步转化为二氧化铅和铅,孔隙逐渐扩大,孔率增加。至曲线的 b 点(此时单体端电压约2.3V左右)时,活性物质已大部分转化为二氧化铅和铅,极板上所余硫酸铅不多,如果继续充电,则会大量电解水,开始析出气体。由于部分气体吸附在极板表面来不及释放,增加了内阻并造成正极电极电位升高,因此,电池端电压又迅速上升,如曲线中 bc 段。当充电达到 cd 段时,因为活性物质已全部还原为充足电时的状态,水的分解也渐趋饱和,电解液剧烈沸腾,而电压则稳定在2.7V左右,所以充电至 d 点即应结束。以后无论怎样延长充电时间,端电压也不再升高,只是无谓地消耗电能进行水的电解。如果 d 点停止充电,端电压迅速降低至2.3V。

在铅酸电池充电后期,即到达 b 点以后,电解水的化学反应为

$$2H_2O = O_2 + 4H^+ + 4e^- \tag{3-8}$$

但在密封铅酸电池中,气体在达到一定压力之前,不会从电池放气阀析出。氧气在负极可以与活性物质海绵状铅(充电状态)及硫酸反应,使部分活性物质转变成硫酸铅(放电状态),同时抑制了氢气的产生。反应方程式如下

$$2Pb + O_2 = 2PbO \tag{3-9}$$
$$PbO + H_2SO_4 = PbSO_4 + H_2O \tag{3-10}$$

与氧气反应而变成放电状态的硫酸铅经过继续充电，又可以恢复到充电状态（海绵状铅）。

$$PbSO_4 + 2H^+ + 2e^- = Pb + H_2SO_4 \tag{3-11}$$

综合上述反应，在充放电过程中，水的分解和合成过程在同时进行，若控制充电电流在一个恰当的范围内，可以使上述反应处于平衡状态，从而使电池没有气体析出。在这个过程的进行中，被氧化的铅和电池中硫酸铅结晶活性得以恢复，电池组中未充满电，电池充电过程得以继续，因此对电池组性能的稳定起到重要作用。

2. 放电特性

图 3-5 是固定放电电流下电池端电压与放电时间的示意图。从图 3-5 中可以看出，在大部分放电过程中，电池端电压是稳定下降的，说明电池释放的能量与电池端电压的降低量间存在一定的关系。但到了放电末期，出现一个转折电压，此时电池端电压急剧下降，表现为放电曲线斜率显著增加。这是因为电解液中，硫酸的浓度已经很低，电解液扩散到极板的速度不及放电的速度，在电解质不足的情况下，极板的电动势急剧降低，造成电池端电压的下降，此时应停止放电，否则会造成电池的过度放电。过放电会致使电池内部大量的硫酸铅被吸附到蓄电池的阴极表面，造成电池阴极"硫酸盐化"。由于硫酸铅是一种绝缘体，它的形成必将对蓄电池的充、放电性能产生很大的负面影响，因此在阴极上形成的硫酸盐越多，蓄电池的内阻也越大，电池的充、放电性能就越差，从而使蓄电池的寿命缩短。

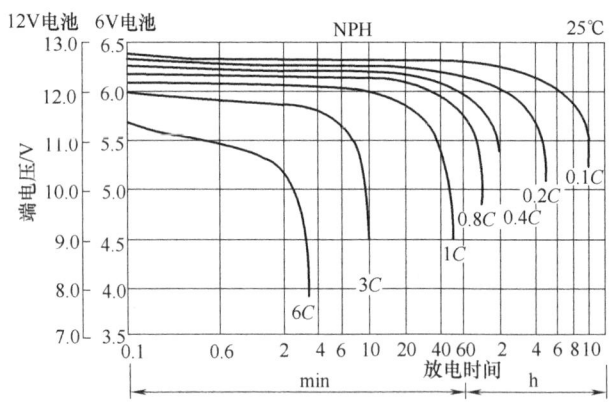

图 3-5 铅酸电池端电压与放电时间示意图

3. 自放电性能

1）正极自放电。正极自放电是由于在放置期间，正极活性物质发生分解，形成硫酸铅并伴随着氧气析出，发生下面一对逆反应

$$PbSO_4 + 2H^+ + H_2SO_4 + 2e^- \rightarrow PbSO_4 + 2H_2O \tag{3-12}$$

$$H_2O \rightarrow 2H^+ + \frac{1}{2}O_2 + 2e^- \tag{3-13}$$

总反应：

$$PbO_2 + H_2SO_4 \rightarrow PbSO_4 + H_2O + \frac{1}{2}O_2 \tag{3-14}$$

同时，如果正极板栅中含有锑或银，正极的自放电也有可能由下述几种局部电池反应引起

$$5PbO_2 + 2Sb + 6H_2SO_4 \rightarrow Sb_2SO_4 + 5PbSO_4 + 6H_2O \tag{3-15}$$

$$PbO_2 + 2Ag + 2H_2SO_4 \rightarrow PbSO_4 + 2H_2O + Ag_2SO_4 \tag{3-16}$$

在电极的上端和下端以及电极的孔隙和电极的表面处酸的浓度不同，因而电极内外和上下形成了浓差电池。处在较稀硫酸区域的二氧化铅为负极，进行氧化过程而析出氧气；处在较浓硫酸区域的二氧化铅为正极，进行还原过程，二氧化铅还原为硫酸铅。这种浓差电池在充电终了的正极和放电终了的正极都可形成，因此都有氧气析出。但是在电解液浓度趋于均匀后，浓差消失，由此引起的自放电也就停止了。

正极自放电的速度受板栅合金组成和电解液浓度的影响，对应于硫酸浓度出现不同的极大值。一些可变价态的盐类，如铁、铬、锰盐等，它们的低价态可以在正极被氧化，同时二氧化铅被还原；被氧化的高价态可通过扩散到达负极，在负极上进行还原过程；同时负极活性物质铅被氧化，还原态的离子又通过扩散、对流达到正极重新被氧化。如此反复循环。因此，可变价态的少量物质的存在可使正极和负极的自放电连续进行，举例如下

$$PbO_2 + 3H^+ + HSO_4^- + 2Fe^{2+} \rightarrow PbSO_4 + 2H_2O + 2Fe^{3+} \tag{3-17}$$

$$Pb + HSO_4^- + 2Fe^{3+} \rightarrow PbSO_4 + 2Fe^{2+} + H^+ \tag{3-18}$$

因此，在电解液中一定要防止其他盐类杂质的存在。

2）负极自放电。蓄电池在开路状态下，铅的溶解导致容量损失，与铅溶解的共轭反应通常是溶液中 H^+ 的还原过程，即

$$Pb + H_2SO_4 \rightarrow PbSO_4 + H_2 \tag{3-19}$$

该过程的速度与硫酸的浓度、储存温度、所含杂质和膨胀剂的类型有关。

溶解于硫酸中的氧也可以发生铅自溶的共轭反应，即

$$Pb + \frac{1}{2}O_2 + H_2SO_4 \rightarrow PbSO_4 + H_2O \tag{3-20}$$

在电池中负极自放电一般以式（3-19）为主，式（3-20）的反应过程受限于氧的溶解与扩散。

二、温度对铅酸电池性能的影响

铅酸电池在充电和放电时都伴随有热效应。电池热效应可以分为两部分。

一部分是产生焦耳热，为克服电池极化和欧姆内阻而产生的电压降，损失的电能将全部转化为热量。如式（3-21）所示

$$Q = \int I(V-E)\,dt \tag{3-21}$$

式中　Q——热量（J）；

$(V-E)$——克服极化和欧姆内阻的电压降（V）；

　　I——充、放电电流（A）；

　　t——充放电时间（s）。

另一部分是根据热力学第二定律的 Gibbs-Helmholz 方程式放热或吸热。由此理论，电池

放电时为吸热,充电时为放热。由于有焦耳热存在,在放电时电解液温度并不会真正降低,并且随放电过程的进行,电池内阻增加,电池温度会逐步增加;充电时两种热效应叠加,电池温度也会升高。

温度对蓄电池的容量和电动势影响很大,电解液温度高时扩散速度增加、电阻降低,其电池电动势也略有增加,因此铅酸电池的容量及活化物质利用率随温度的增加而增加。反之,电解液温度降低时,其粘度增大,使离子运动受到较大阻力,扩散能力降低。在低温下电解液的电阻也增大,电化学反应的阻力增加,结果导致蓄电池容量下降。在一般情况下,铅酸电池容量与温度的关系如式(3-22)所示

$$C_{t_1} = \frac{C_{t_2}}{1 + K(t_2 - t_1)} \tag{3-22}$$

式中　C_{t_1}——电池在温度 t_1 时的容量(A·h);

　　　C_{t_2}——在温度为 t_2 时的容量(A·h);

　　　K——容量的温度系数;

　　　t_1、t_2——电解液的温度(℃)。

图 3-6 是表 3-2 所示的 85A·h 铅酸电池在不同温度下以 0.3C 放电的放电曲线。从中可以验证,随温度降低,电池可放出容量降低,0℃与25℃相比,电池可放出能量降低约10%。

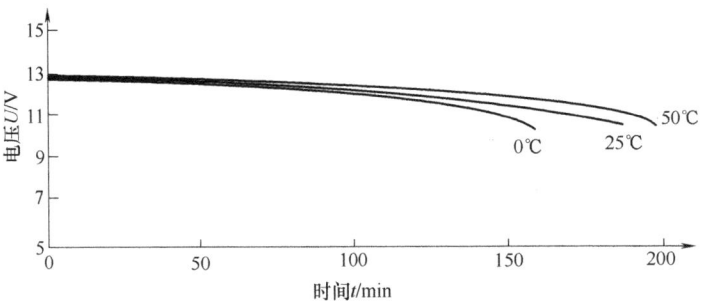

图 3-6　85A·h 铅酸电池在不同温度下以 0.3C 放电的放电曲线

三、放电深度对性能的影响

铅酸电池在不同放电深度下,电池充电接受能力有很大的差别。这种差别直接反映为充电过程中恒流充电时间的变化。

表 3-2 所示的 85A·h 铅酸电池在放电深度分别为 100%、80% 和 60% 时以 0.8C 充电,电流—充电时间曲线如图 3-7 所示。可以看出充电曲线形状基本相同,仅在恒流充电时间上存在差别。放电深度大,恒流充电时间长,反之放电深度小,恒流充电时间短。

在电池不同的放电深度反映电池使用性能的参数主要有电池放电功率和内阻两项,分别代表电池的输出能力和自身能量消耗情况。按照电池内阻构成情况分析,电池内阻随电池状态的改变而改变。图 3-8 是 85A·h 铅酸电池在环境温度 25℃情况下,测量的电池最大放电功率和内阻随放电深度的变化情况。可以看出,电池内阻在放电深度小于 80% 时,内阻处于逐步上升趋势,但总体变化不大;放电深度大于 80% 时,内阻急剧增加。最大放电功率

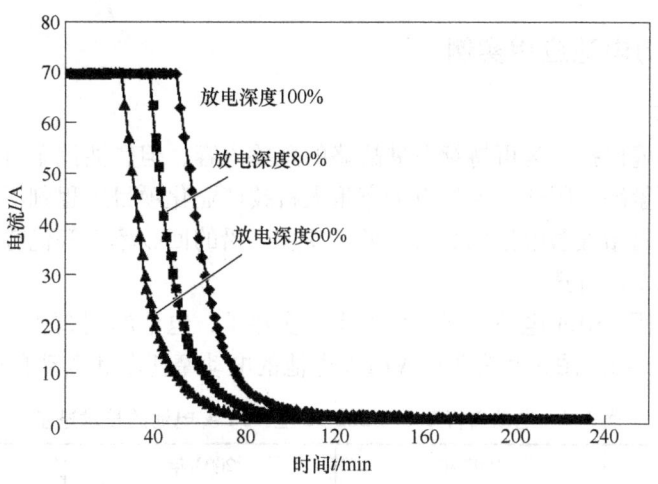

图3-7　85A·h铅酸电池在不同放电深度下电流充电时间曲线

在放电深度10%时达到最大值，相应电池内阻为最小值。因为此时电池放电电压没有明显降低，但放电过程使电池温度升高，内阻减小，电池处于最佳放电状态。之后随放电过程的进行，电池存储能量降低，电池最大放电功率随之降低，在放电深度大于80%后，最大放电功率降低明显。

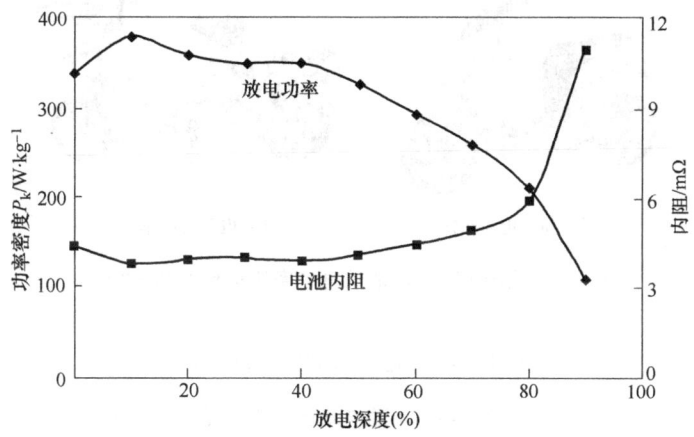

图3-8　不同放电深度铅酸电池性能参数的变化

第三节　铅酸动力电池的应用

铅酸电池发明100多年来，广泛应用于人类生产和生活的各个方面。作为起动、点火、照明电池，主要用于汽车、摩托车、内燃机车和电力机车；作为工业用铅酸蓄电池，主要用于邮电、通信、发电厂和变电所开关控制设备以及计算机备用电源等；阀控密封式铅酸蓄电池可用于应急灯、UPS、电信、广电、铁路和航标等；作为动力电池，主要用于电动汽车、高尔夫车、电动叉车等。

一、铅酸动力电池应用实例

1. 电动自行车

中国政府将环境保护作为可持续发展战略的重要内容,但燃油汽车对环境造成污染,并导致世界性的能源紧缺,因此,实施电动车重大科技产业化项目工程刻不容缓。铅酸电池尤其是 VRLA 阀控密封铅酸蓄电池以其价格低、安全、铅的回收率高等优势,成为电动自行车和低速短途纯电动车的首选。

电动自行车应用 VRLA 电池在我国已经有十多年了,电池的制造技术和产品质量都有了巨大的提高,见表3-4。图3-9 为采用 VRLA 电池的电动摩托车和电动自行车。

表3-4 电动自行车 6-DZM-10 型 VRLA 电池的技术进步

性　　能	1997 年	2003 年	2007 年
2h 率放电容量	<10A·h	11~13A·h	14A·h
2h 率能量密度	<30W·h/kg	33~36W·h/kg	38W·h/kg
100%深循环寿命	50~60 次	250~300 次	400 次(最高 600 次)
使用寿命	3~5 个月	1 年	1~2 年 1800km [4km/A·h]

a) 电动摩托车　　b) 电动自行车

图3-9 采用 VRLA 电池的电动摩托车和电动自行车

中国电动自行车生产厂家近200家,近几年的产量见表3-5。

表3-5 中国电动自行车产量

年份	电动自行车产量	增长率(%)	年份	电动自行车产量	增长率(%)
1998 年	5.8 万辆	—	2006 年	1950 万辆	95%
1999 年	14.8 万辆	155%	2007 年	2138 万辆	9.6%
2000 年	29 万辆	96%	2008 年	2188 万辆	2.3%
2001 年	58 万辆	100%	2009 年	2369 万辆	8.3%
2002 年	100 万辆	72%	2010 年	2954 万辆	24.7%
2003 年	400 万辆	300%	2011 年	2600 万辆	-12%
2004 年	650 万辆	60%	2012 年	2028 万辆	-22%
2005 年	1000 万辆	60%	2013 年	2528.7 万辆	24.7%

电动自行车一般配置 3~5 只 12V/10A·h 的 VRLA 电池,平均寿命 1 年左右。2006 年

电动自行车电池的销售额已达 100 亿元人民币,约 10^7 kW·h,已超过电信用 VRLA 电池用量。2007 年我国电动自行车保有量 6600 多万辆,电池的替换市场是很大的。表 3-6 为电动自行车电池需求量。

表 3-6　电动自行车电池需求量

年　份	电动车保有量/万辆	配套电池数量/万套	配套电池容量 /×10^4kW·h	年　份	电动车保有量/万辆	配套电池数量/万套	配套电池容量 /×10^4kW·h
1998 年	6	6	2.592	2003 年	672.6	672.6	290.5632
1999 年	20.6	20.6	8.8992	2004 年	1348.3	1348.3	582.4656
2000 年	49.6	49.6	21.4272	2005 年	2557.3	2557.3	1104.754
2001 年	107.6	107.6	46.4832	2006 年	4507.3	4507.3	1947.154
2002 年	272.6	272.6	117.7632	2007 年	6645.5	6645.5	2870.856

目前,虽然国产装配设备有很大进步,但是我国动力 VRLA 电池生产的自动化程度仍然较低,手工组装操作较多,和国外先进设备相比仍然有很大差距。

2. 电动牵引车

电动牵引车是制造工厂、物流中心等搬运产品的常用运输工具,主要采用富液管式铅酸蓄电池或胶体 VRLA 电池作为动力电源,具有无污染、无噪声的优点,尤其是在需要举升重物时,铅酸动力电池还可以起到配重的作用。图 3-10 为采用胶体铅酸蓄电池的电动牵引车。

图 3-10　胶体铅酸蓄电池及电动牵引车

3. 低速纯电动车

在二、三线城市和农村地区,以阀控密封铅酸蓄电池为动力电源的低速纯电动汽车,凭借其购车成本和使用成本低、环保低噪、驾驶技术要求低、安全等优点得到人们的欢迎,在我国许多省份,如山东、广东、河南等地有许多低速电动车企业受益于这种需求快速发展起来。

例如,图 3-11 所示的山东时风电动汽车,其主要采用铅酸电池作为动力电源,所用的铅酸蓄电池容量为 260A·h,额定电压 60V,由 10 块 GD04B 铅酸动力电池串联组成,是山东低速电动汽车的代表之一,因其价格低廉,目前在山东省内得到用户的广泛认可。

图 3-11　时风电动汽车

4. 纯电动乘用车

总部设在美国的先进铅酸电池联合会（ALABC）一直致力于铅酸蓄电池在 EV 和 HEV 上的应用研究，并取得突破性进展。

采用铅酸动力电池作为电源的纯电动乘用车的典型代表是风靡一时的美国通用汽车公司（GM）的纯电动汽车 EV-1，该车在 1997 年推出，到 1999 年共制造 1117 辆。当时的 EV-1 的时速为 100km/h，一次充电的续驶里程为 112km，电池重量 500kg，电池容量 60A·h，售价为 33995 美元。1999 年还推出了第二代 EV-1，但由于种种原因，到 2004 年 GM 公司终止了 EV-1 计划。图 3-12 为 EV-1 电动车。

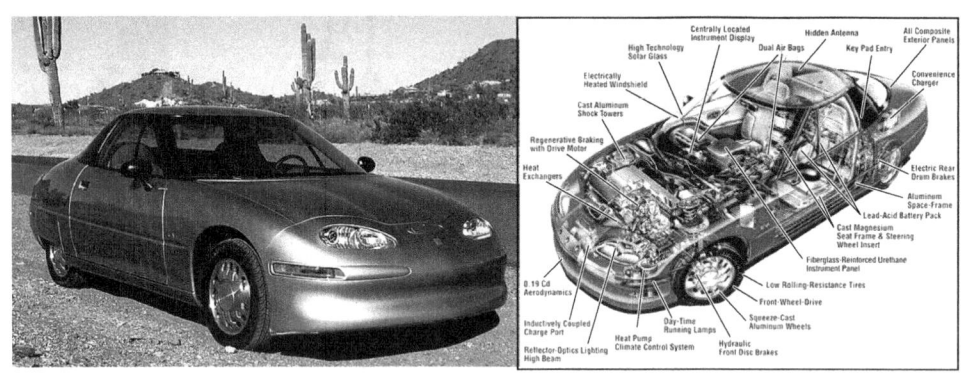

图 3-12　EV-1 电动车

5. 电动大客车

株洲时代集团公司研发的 TEG6120EV-2 型电动大客车采用水平铅酸电池为动力电源，工作电压 384V。该车最高车速 70km/h，实际工况续驶里程达 90km，车内有 38 个座位，可承载 64 名乘客。

二、铅酸电池的回收

随着社会各界对环境问题的重视，铅酸电池中的硫酸以及铅、锑、砷、镍等重金属会对环境产生污染，这成为限制其发展和应用的一个重要因素。如铅主要作用于神经系统、造血系统、消化系统和肝、肾等器官，能抑制血红蛋白的合成代谢，还能直接作用于成熟红细胞，对婴、幼儿的毒害很大，它将导致儿童身体发育迟缓，慢性铅中毒的儿童智力低下。

在铅酸电池回收方面已经形成了完善的工艺，常用的有火法冶金、湿法冶炼、固相电解还原等方法。现在在铅酸电池处理中的核心问题是铅酸电池的回收网络问题，需要建立从用户到回收厂的物流体系，使散落在用户的废旧铅酸电池回流到回收厂。

例如，美国 East Penn 公司投资 8000 万美元建立了年处理 8 万 t 废旧电池的庞大体系，每天要处理将近 20 个 40t 集装箱内装载的废旧电池，使之变成合金铅锭、塑料粒子和纯净的硫酸溶液，全部可回用到电池中去。该公司废旧电池的回收处理得到了政府的大力支持，政府发文规定在出售新电池的同时务必回收旧电池，在区域内形成庞大的回收网络，以保证源源不断的货源。此举不仅变废为宝、治理环境，也为公司本身提供了物美价廉的原材料。

【实训操作】 铅酸电池充放电性能测试

一、实训目标

1. 掌握车用电池检测设备的功能、原理和组成。
2. 掌握电池充放电性能的检测方法。

二、实训设备

1. HT-VCD 系列动力电池性能检测装置。
2. 单体电池信号采集线缆转接箱。
3. 车用铅酸动力电池。
4. 车用铅酸动力电池管理系统。
5. 快速充电机。
6. 万用表、绝缘扳手、绝缘手套等工具及护具若干。
7. 上位机电脑。

部分实训设备如图 3-13 所示。

三、操作步骤及工作要点

1. COM 口连接。关闭计算机和设备电源，通信电缆一端与设备的串行输出口相连，另一端连接一个 RS232-RS485 的转换接口，然后与计算机的某个串行通信口相连，若有不止一台设备，通信电缆采用并接的方式相连，然后再与计算机相连。
2. 网线连接。关闭计算机和设备电源，用网线将设备和交换机连接，再接到计算机。
3. 通信调试。打开计算机和设备的电源，进入 Windows 操作系统，按以下步骤操作：
（1）单击"开始"→"程序"→HT-VCD，或者直接在电脑桌面上双击控制软件图标，进入测控软件主界面，如图 3-14 所示。

绝缘扳手　　　　绝缘手套　　　　铅酸蓄电池

HT-VCD系列动力电池性能检测装置

图 3-13　本实训操作所用到的设备

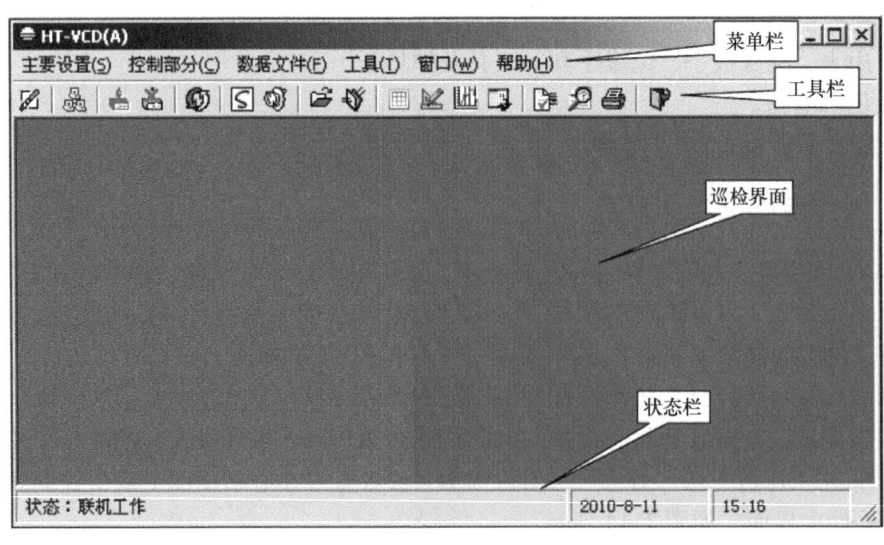

图 3-14　软件主界面

第三章　铅酸动力电池及其应用

（2）初始设置。单击"主要设置"→"初始设置"→"通讯设置"，选择好与设备连接的通信端口或者设置电脑 IP。如果是首次安装并第一次运行本程序或重新安装后第一次运行本程序，在操作设备前必须进行初始设置。如果不是这两种情况，可以跳过此步骤。但如果通信端口改变或者被占用，会提示"通信端口已被占用，请重新设置"，确定后自动进入初始设置的通信设置窗口（图 3-15），根据实际修改通信端口。初始化通信参数、设备型号参数、颜色设置、打印设置、用户信息等。

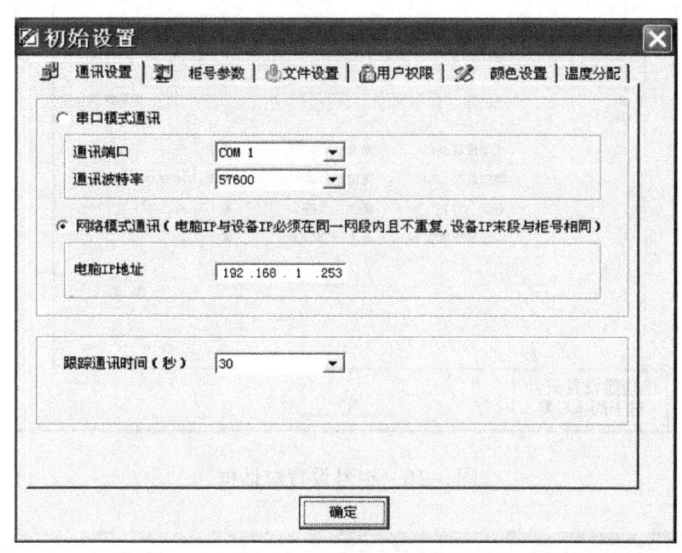

图 3-15　通信设置窗口

（3）单击"柜号参数"，选择好柜参数后，点击中间的"参数拷贝"按钮，把设置拷贝至所有通道。如果有多于 1 个相同型号的检测柜，可以利用参数拷贝把柜号参数拷贝到其他柜号，并点击"现有柜号"中相应的列表项，如果型号不同，则在"柜号"下拉框中单击某柜号，选择设备名称并按回车键。单击"确定"，再单击"确定"，退出程序使通信及柜号参数生效。如图 3-16 所示。

（4）重新打开本程序，"主要设置"→"跟踪巡检设置"，确保正在联机的柜号处于被选中状态（打√），按"确定"后，单击"控制部分"→"联机"，计算机将读所有巡检柜号的工作状态，如果某柜通信不成功，将提示"未联机"，此时需要检查通信通道，排除存在的问题。网络模式下，可打开电脑"开始"菜单下的"运行"命令，输入 ping 命令，检测电脑与设备网络的接通情况，（例如：ping 192.168.1.1），如果网络通信正常，将会看到 reply from 设备 IP。如果一台电脑带多台设备，则必须设置跟踪柜号和巡检柜号。

（5）如果通信正常，在电池检测窗口显示的每个通道都是在复位状态。

（6）启动工作，设定每通道的工作参数并发送到下位机。进入工步设置窗口，如图 3-17 所示，窗口状态已被锁定，无法更改，需要点击左上角的 设置流程 选项开锁，才能对流程进行修改。每台设备分若干个通道，每通道独立控制，可以设置完全独立的工作流程和数据文件。每种工作状态称为一个"工步"。启动工作后，该通道就会按照工步顺序进行充放电检测，直至结束。可选的工步状态包括恒流恒压充电、恒流充电、搁置、恒流放电、直流内阻测试、恒功率充电、恒功率放电、恒阻值放电、脉冲充电、脉冲放电、脉冲搁置、循环和结束。每个工作流程可以设置最多 64 或者 75 个工步。在设备工作的时候，也可在不复位的情况下修改工步参数再次发送（特殊要求的软件版本除外），以在"历史记录"里的"设定值信息"查看发送过的信息。

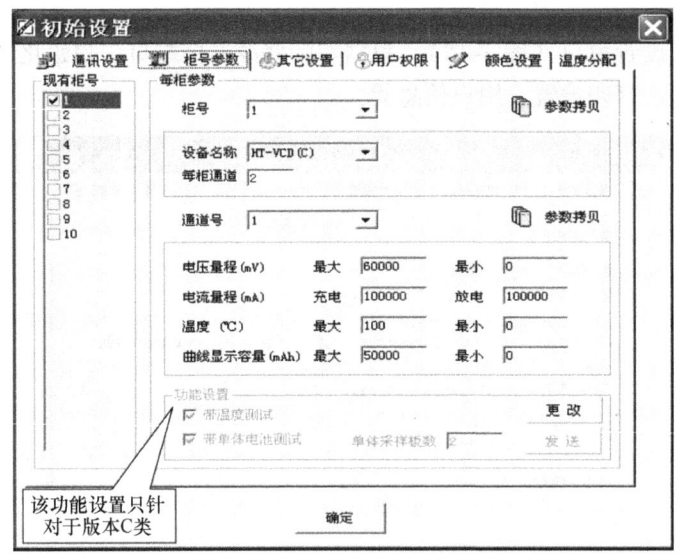

图 3-16　柜号设置对话框

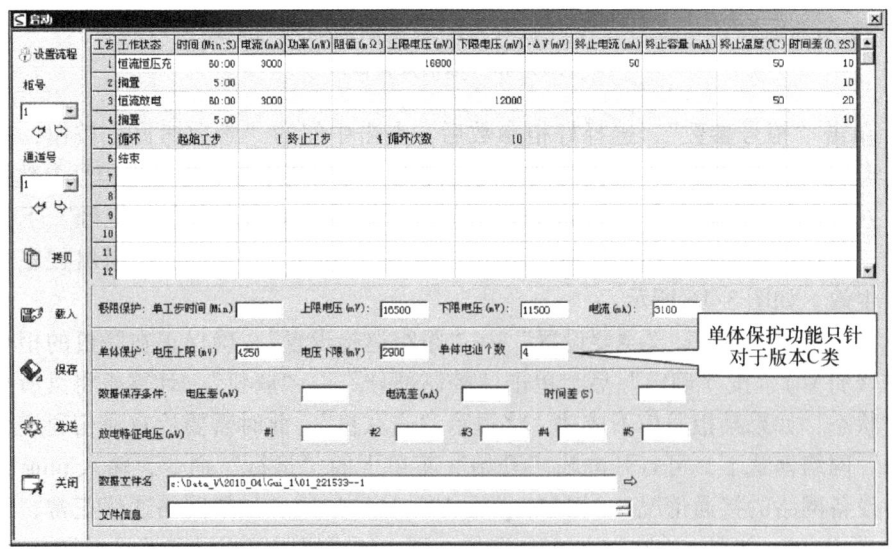

图 3-17　工步设置对话框

提示 1　工步状态说明

每个状态即一个工步，点击"工作状态"下面的单元格，将弹出工作下拉菜单，可选择的工步状态包括：

1) 结束——工作流程的最后必须设置结束工步。如果没有设置结束工步，程序会自动生成"结束"工步。

2) 恒流充电——以恒定的电流对电池进行充电,适用于镉镍电池和镍氢电池的充电方式。必须设置工作电流;必须设置至少一个终止条件,包括:时间、上限电压、-△V、终止容量。

3) 恒流恒压充电——先以恒定的电流充电,达到上限电压时改为恒压充电,电压恒定,电流渐降,适用于锂离子电池和铅酸电池的充电方式。必须设置工作电流、上限电压;必须设置至少一个终止条件,包括时间、终止电流、终止容量。

4) 搁置——电池暂停充放电工作,一般用于两个充放电工步之间的静置设置,只需要而且必须设置工作时间。

5) 恒流放电——以恒定的电流对电池进行放电,必须设置工作电流、下限电压;必须设置至少一个终止条件,包括时间、下限电压、终止容量。

6) 恒功率放电——以恒定的功率对电池进行放电,功率=电流×电压,放电电流随着电压的减小而增大,必须设置功率、下限电压;必须设置至少一个终止条件,包括时间、下限电压、终止电流、终止容量。

7) 恒功率充电——以恒定的功率对电池进行充电,功率=电流×电压,充电电流随着电压的增大而减小,必须设置功率、上限电压;必须设置至少一个终止条件,包括时间、终止电流、终止容量。

8) 恒阻值放电——以恒定的阻值对电池进行放电,电流=电压/阻值,放电电流随着电压的减小而减小,必须设置阻值;必须设置至少一个终止条件,包括:时间、下限电压、终止容量。

9) 脉冲充电——以脉冲电流对电池进行充电,必须设置电流、上限电压;必须设置至少一个终止条件,包括时间、终止容量;允许设置的最小工作时间为100ms。

10) 脉冲放电——以脉冲电流对电池进行放电,必须设置电流、下限电压,必须设置至少一个终止条件,包括时间、下限电压、终止容量;允许设置的最小工作时间为100ms。

11) 脉冲搁置——电池暂停脉冲充、放电工作,一般用于两个脉冲充、放电工步之间的静置设置,只需要而且必须设置时间。允许设置的最小工作时间为100ms。

12) 结束——工作流程的最后必须设置结束工步。如果没有设置结束工步,程序会自动生成"结束"工步。

13) 循环——循环工步的限制条件为起始工步、终止工步、循环次数。用户需要输入的是循环起始工步和循环次数,程序将自动设置循环终止工步为循环工步的上一工步。用户也可在单元格中直接修改循环条件。

14) 直流内阻测试——只需要而且必须设置额定容量C,测试时设备自动先以所设电流值$0.2C$放电10s,电压为U_1,再用电流值$2C$放电3s,此时电压值为U_2,测量的内阻值为$R=(U_1-U_2)/(2C-0.2C)$。

注意:任何一个工步都可以设置其中任何一个或几个条件作为终止条件,若同时设置多个终止条件,则以"或"的关系进行控制,即达到任何一个有效条件即终止。工作电流、电压不能超出"初始设置"中的"电流范围"和"电压范围"。脉冲测试功能只适用于版本HT-VCD(B-2),即对应于低压设备。脉冲工作时,由于设备高速采样,并且数据通信量巨大,所以建议一台电脑同一时间只进行一个通道的脉冲实验。脉冲工步的时间格式为

s、ms，最小间隔可设置0.01s，其他工步最小可设置0.1s。如果不设置时间差或者设置为0，则系统默认为脉冲工步3s，其他工步30s。直流内阻测试工步有一阶段是以2C的电流值放电，所设的电流值不能超过设备的放电电流值的二分之一。若每个工步的电流、上下限电压、功率等值是针对于整个电池包（针对于版本C类），例如有4个单体电池组成的电池包，每个单体电池的充电上限电压为4.2V，则充电工步的上限电压应设置为4.2×4=16.8V。

点击某个条件对应的单元格，输入数值后，按回车键（否则输入不生效），利用〈←〉、〈↑〉、〈→〉、〈↓〉键可以在表格中移动到不同单元格；按回车键可以编辑某单元格内容，相当于用鼠标单击该单元格。点击某工步号，或选中某些工步号，按鼠标右键，将弹出工步编辑菜单：利用这个菜单，可以进行插入、删除、剪切、复制、粘贴工步等操作。

提示2　整柜参数设置

1）最长保护时间、保护电流、电压上限、电压下限。

① 最长保护时间是每个工步的最长保护时间，若某工步工作时间超过所设置时间而没有跳转则视为异常，所以请根据您设置的工步具体参数设置保护值，以免发生异常。

② 保护电流是每个工步的最大电流，如果某工步工作的电流值大于该保护电流，则设备会电流异常报警。

③ 电压上限是电压的最大保护值，如果某工步的电压大于该值，则电压异常报警。

④ 电压下限是电压的最小保护值，如果某工步的电压小于该值，则电压异常报警。

⑤ 以锂离子电池为例，通常锂电放电电压为2.75V，充电电压为4.20V，保护参数上、下限电压可参考设置为2.5~4.3V。

2）针对于版本C类，用于测试电池包，需设置单体电池的保护值。

① 电压上限：设置单体电池的上限保护电压，超出该范围后该工步结束，转到下一工步。

② 电压下限：设置单体电池的下限保护电压，超出该范围后该工步结束，转到下一工步。

③ 单体电池个数：按实际的单体电池个数来设，不能超过单体采样板数×12个。

3）采样电压间隔、电流间隔、采样时间差。

① 用户可根据需要设置保存曲线点的电压差、时间差、电流差，因为本系列设备下位机采样速度可以达到每秒钟2~20组数据，在高速采样中当两个采样点之间满足三者之中的任何一个条件时，设备即保存这个数据点。

② 这两个"时间差"的区别在于：前者（工步里的时间差）具体在每个工步里起作用，两个都设置是以前者为准；如果不对前者进行设置则自动以后者为准保存数据；如果两个都不设置，则以最小间隔进行保存。

③ 如果不需要密集记录数据，请适当进行设置，以免数据量过大。

4）放电特征电压：用户可以设置最多5个（从大到小排列）放电曲线特征电压点，程序将保存第一次到达该电压的时间、容量和效率。可以根据该条件的时间范围等来进行电池分选，如果不需要的话，可以清空该单元格。

5）数据文件名：设置检测结果保存到哪个文件。注意：每通道的每次检测对应一个独立的文件名。

(7) 暂停工作。在工作过程中，用户可对某个通道或者某柜设备发送"暂停"命令，暂停后发送"接续"命令即可接续暂停前的工作状态继续工作。

（8）停止某通道工作和跳转工步。完成所有的设定工步后，该通道会自动停止，进入结束状态。同时，用户也可以通过软件的"复位"功能强制停止某通道或整柜的工作，或者通过"强制跳转工步"功能使该通道跳转到用户所选择的工步。

（9）实时监控（电池巡检）。软件具有完备的实时监控功能，提供了灵活快捷的控制方式和直观清晰的监控界面，使用户方便地对设备进行操作，如图3-18所示。

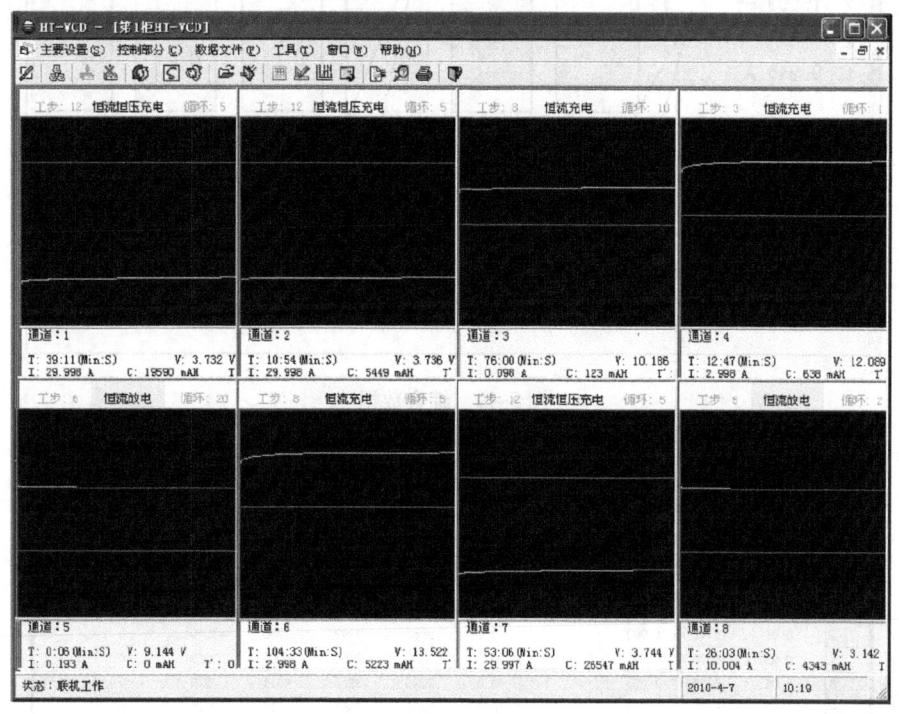

图 3-18　电池巡检

1）实时显示设备所有通道的工作状态，包括当前工步号、循环号、充放电状态、工作时间、设定值信息等。

2）实时显示所有通道的实时电压、电流、时间、容量和充放电曲线等并实时记录。

3）记录下位机状态日志，如对下位机的复位、发送工作、来电接续运行等信息。

（10）数据处理和打印输出。软件的数据处理功能包括以下几点：

1）显示工步列表。显示工步常规数据，包括时间、电流、容量、电量、开路电压、平均电压、中值电压、终止电压、终止电流、恒流充电的最高电压、到达最高电压的时间和容量、充放电效率、恒流放电时到达5个指定电压的时间、容量、效率，放电效率、损失比、容质比等（显示的内容可以选择）。

综合数据显示了整个电池包的工作电流、电压、容量值，曲线界面上则显示了每个单体电池的工作电压值，如图3-19所示。

双击该通道界面后出现曲线界面，可双击曲线界面或者点击曲线界面的"数据"按钮查看数据，查看每个单体电池的电池值时需按下"分点电压"按钮，单位为mV，如图3-20所示，Cell-V1是指第一个单点电池的电压值，Cell-V2是指第二个单体电池的电压值。

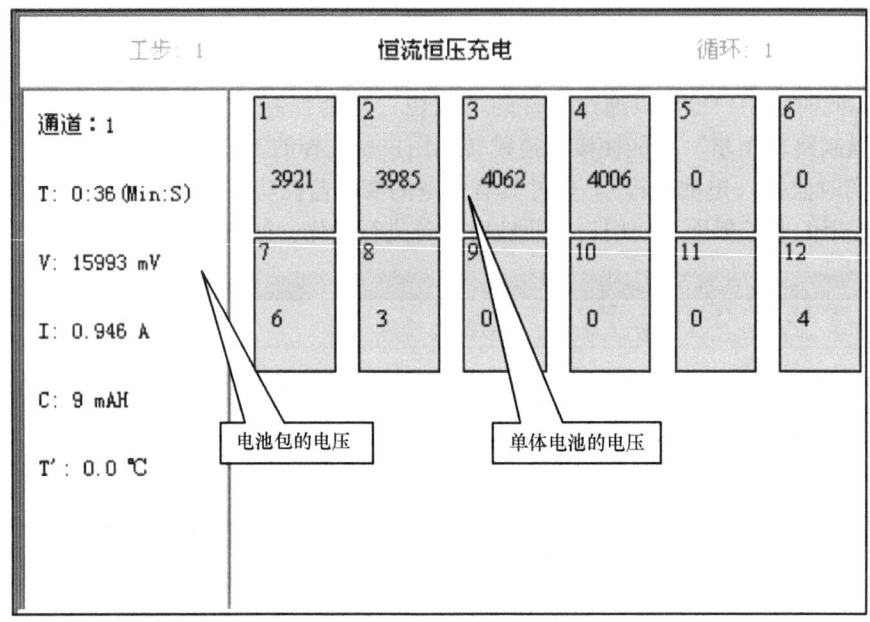

图 3-19 综合数据

Num	Time(Min)	Voltage(m)	Current(	Capacity(m	Temperat	Cell-V1	Cell-V2	Cell-V3	Cell-V4	Cell-V5	Cell-V6
	1 (1)	恒流恒压充电									
1	0:00	15134	1.000	0	0.0	3702	3831	3789	3807	0	
2	0:00	15495	1.000	0	0.0	3868	3942	3978	3949	0	
3	0:01	15776	1.000	0	0.0	3882	3949	3988	3960	0	
4	0:03	15836	0.993	0	0.0	3892	3958	4002	3969	0	
5	0:05	15855	0.993	1	0.0	3898	3963	4011	3975	0	
6	0:07	15872	0.994	1	0.0	3901	3964	4015	3976	0	
7	0:09	15887	0.994	2	0.0	3904	3967	4021	3979	0	
8	0:11	15899	0.996	3	0.0	3906	3970	4027	3982	0	
9	0:13	15910	0.994	3	0.0	3909	3972	4030	3985	0	
10	0:15	15921	0.994	4	0.0	3912	3973	4036	3987	0	
11	0:17	15930	0.994	4	0.0	3915	3976	4041	3990	0	
12	0:19	15938	0.996	5	0.0	3916	3978	4044	3991	0	
13	0:21	15948	0.996	5	0.0	3918	3979	4047	3993	0	
14	0:23	15957	0.994	6	0.0	3919	3979	4051	3994	0	
15	0:25	15980	0.996	6	0.0	3921	3982	4054	4008	0	
16	0:27	15991	0.996	7	0.0	3924	3985	4068	4011	0	
17	0:29	15993	0.983	8	0.0	3925	3985	4060	4009	0	
18	0:31	15992	0.973	8	0.0	3925	3985	4062	4008	0	
19	0:33	15992	0.964	9	0.0	3924	3985	4062	4008	0	

图 3-20 曲线数据

点击控制菜单"工步数据"显示电池历史工步数据界面,如图 3-21 所示。窗口显示了已经完成了的工步数据信息,如时间、电流、容量和终止条件,用户可以查看每个工步的工作情况,如终止是否正常。

2)显示电池充放电曲线。显示用户选择的电池充放电曲线,包括电压 – 时间曲线、电流 – 时间曲线、容量 – 时间曲线、电量 – 时间曲线、电压 – 容量曲线等,如图 3-22 所示。

工步	循环	工作状态	时间 (Min:S)	电流 (mA)	容量 (mAh)	终止条件
1	1	搁置	1.00			搁置时间到
2	1	恒流放电	60.00	5000.00	5006.00	放电时间到
3	1	搁置	1.00			搁置时间到
4	1	恒流恒压充电	60.00	5000.00	5006.00	充电时间到
1	2	搁置	1.00			搁置时间到
2	2	恒流放电	60.00	5000.00	5009.00	放电时间到
3	2	搁置	1.00			搁置时间到
4	2	恒流恒压充电	60.00	5000.00	5006.00	充电时间到
1	3	搁置	1.00			搁置时间到
2	3	恒流放电	60.00	5000.00	5008.00	放电时间到
3	3	搁置	1.00			搁置时间到
4	3	恒流恒压充电	60.00	5000.00	5006.00	充电时间到
1	4	搁置	1.00			搁置时间到
2	4	恒流放电	60.00	5000.00	5006.00	放电时间到
3	4	搁置	1.00			搁置时间到
4	4	恒流恒压充电	60.00	5000.00	5006.00	充电时间到
1	5	搁置	1.00			搁置时间到
2	5	恒流放电	60.00	5000.00	5006.00	放电时间到
3	5	搁置	1.00			搁置时间到
4	5	恒流恒压充电	60.00	5000.00	5006.00	充电时间到
1	6	搁置	1.00			搁置时间到

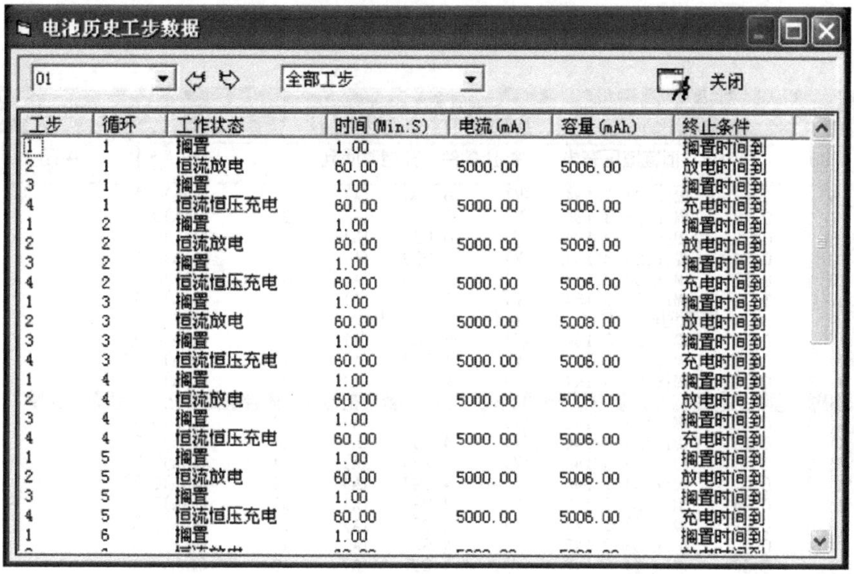

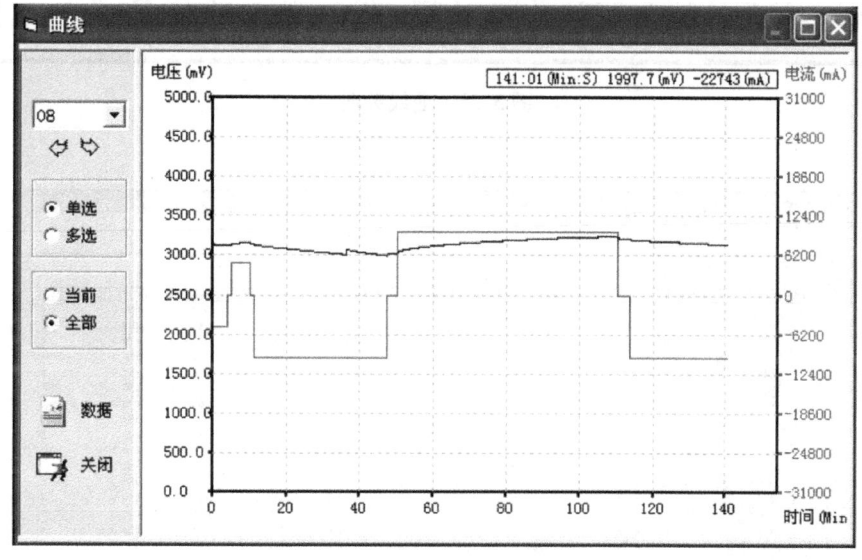

图 3-21　历史工步数据

图 3-22　显示曲线

3）显示循环寿命图。显示用户选择的电池循环曲线数据，包括电压、时间、容量、电量等参数相对于循环次数的循环图，如图 3-23 所示。

4）数据和图表输出。数据和图表转换到 Excel 或 Word 文档中，也可复制到粘贴板，便于在其他程序使用，如图 3-24 和图 3-25 所示。

5）打印输出。上述数据和图表均支持打印预览和打印输出，并自适应纸张大小。

6）数据文件对接。可以把两个或两个以上的文件进行数据对接。

7）数据修改。在工步列表界面和曲线数据界面中，表格中的数据可以编辑修改，并把修改结果保存到数据文件中。此操作需要输入密码。

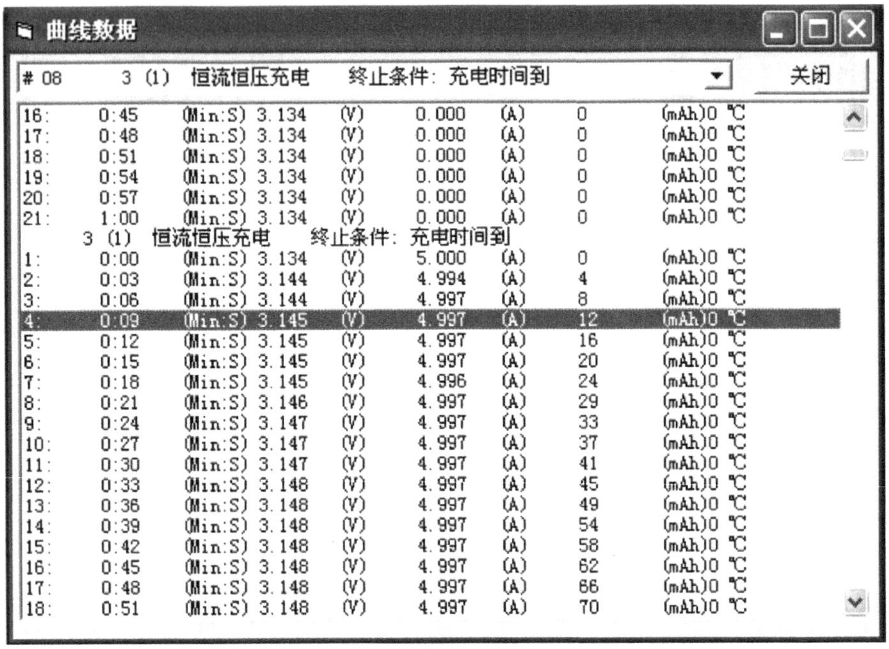

图 3-23 曲线数据

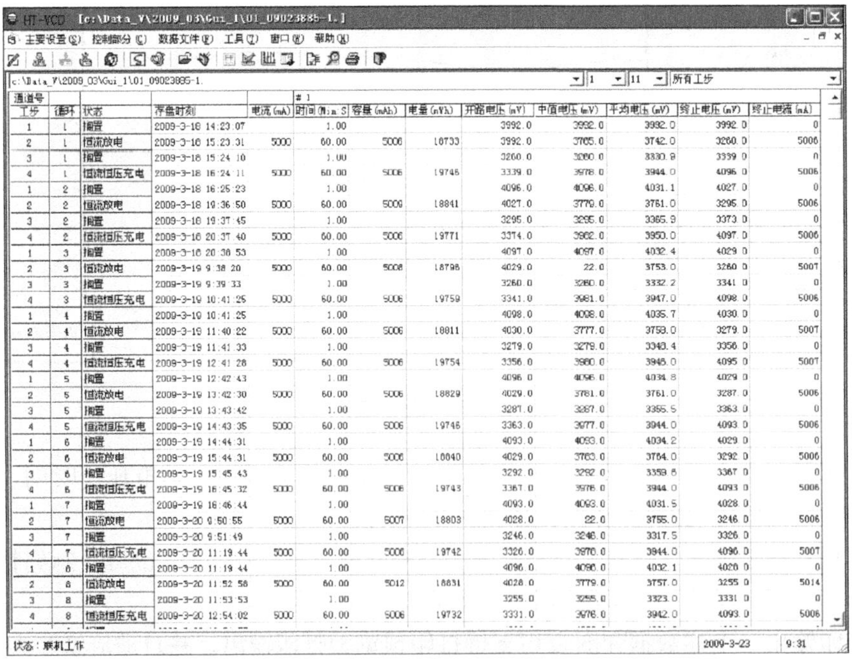

工步	循环	状态	存盘时刻	电流(mA)	时间(Min:S)	容量(mAh)	电量(mWh)	开路电压(mV)	中值电压(mV)	平均电压(mV)	终止电压(mV)	终止电流(mA)
1	1	搁置	2009-3-18 14:23:07		1.00			3992.0	3992.0	3992.0	3992.0	0
2	1	恒流放电	2009-3-18 15:23:31	5000	60.00	5006	18733	3992.0	3765.0	3742.0	3260.0	5006
3	1	搁置	2009-3-18 15:24:10		1.00			3260.0	3260.0	3330.8	3339.0	0
4	1	恒流恒压充电	2009-3-18 16:24:11	5000	60.00	5006	19746	3339.0	3978.0	3944.0	4096.0	5006
1	2	搁置	2009-3-18 16:25:23		1.00			4096.0	4096.0	4031.1	4027.0	0
2	2	恒流放电	2009-3-18 19:36:50	5000	60.00	5009	18841	4027.0	3779.0	3761.0	3295.0	5006
3	2	搁置	2009-3-18 19:37:45		1.00			3295.0	3295.0	3365.9	3373.0	0
4	2	恒流恒压充电	2009-3-18 20:37:40	5000	60.00	5006	19771	3374.0	3982.0	3950.0	4097.0	5006
1	3	搁置	2009-3-18 20:38:53		1.00			4097.0	4097.0	4032.4	4029.0	0
2	3	恒流放电	2009-3-19 9:38:20	5000	60.00	5008	18798	4029.0	22.0	3753.0	3260.0	5007
3	3	搁置	2009-3-19 9:39:33		1.00			3260.0	3260.0	3332.2	3341.0	0
4	3	恒流恒压充电	2009-3-19 10:41:25	5000	60.00	5006	19759	3341.0	3981.0	3947.0	4098.0	5006
1	4	搁置	2009-3-19 10:41:25		1.00			4098.0	4098.0	4035.7	4030.0	0
2	4	恒流放电	2009-3-19 11:40:22	5000	60.00	5006	18811	4030.0	3777.0	3758.0	3279.0	5007
3	4	搁置	2009-3-19 11:41:33		1.00			3279.0	3279.0	3348.4	3356.0	0
4	4	恒流恒压充电	2009-3-19 12:41:28	5000	60.00	5006	19754	3356.0	3980.0	3946.0	4095.0	5007
1	5	搁置	2009-3-19 12:42:43		1.00			4096.0	4096.0	4034.8	4029.0	0
2	5	恒流放电	2009-3-19 13:42:30	5000	60.00	5006	18829	4029.0	3781.0	3761.0	3287.0	5006
3	5	搁置	2009-3-19 13:43:42		1.00			3287.0	3287.0	3355.5	3363.0	0
4	5	恒流恒压充电	2009-3-19 14:43:35	5000	60.00	5006	19746	3363.0	3977.0	3944.0	4093.0	5006
1	6	搁置	2009-3-19 14:44:31		1.00			4093.0	4093.0	4034.2	4029.0	0
2	6	恒流放电	2009-3-19 15:44:31	5000	60.00	5006	18840	4029.0	3783.0	3764.0	3292.0	5006
3	6	搁置	2009-3-19 15:45:43		1.00			3292.0	3292.0	3359.8	3367.0	0
4	6	恒流恒压充电	2009-3-19 16:45:32	5000	60.00	5006	19743	3367.0	3976.0	3944.0	4093.0	5006
1	7	搁置	2009-3-19 16:46:44		1.00			4093.0	4093.0	4031.5	4028.0	0
2	7	恒流放电	2009-3-20 9:50:55	5000	60.00	5007	18803	4028.0	22.0	3755.0	3246.0	5006
3	7	搁置	2009-3-20 9:51:49		1.00			3246.0	3246.0	3317.5	3326.0	0
4	7	恒流恒压充电	2009-3-20 11:19:44	5000	60.00	5006	19742	3326.0	3976.0	3944.0	4096.0	5007
1	8	搁置	2009-3-20 11:19:44		1.00			4096.0	4096.0	4032.1	4026.0	0
2	8	恒流放电	2009-3-20 11:52:58	5000	60.00	5012	18831	4028.0	3779.0	3757.0	3255.0	5014
3	8	搁置	2009-3-20 11:53:53		1.00			3255.0	3255.0	3323.0	3331.0	0
4	8	恒流恒压充电	2009-3-20 12:54:02	5000	60.00	5006	19732	3331.0	3976.0	3942.0	4093.0	5006

图 3-24 数据读取

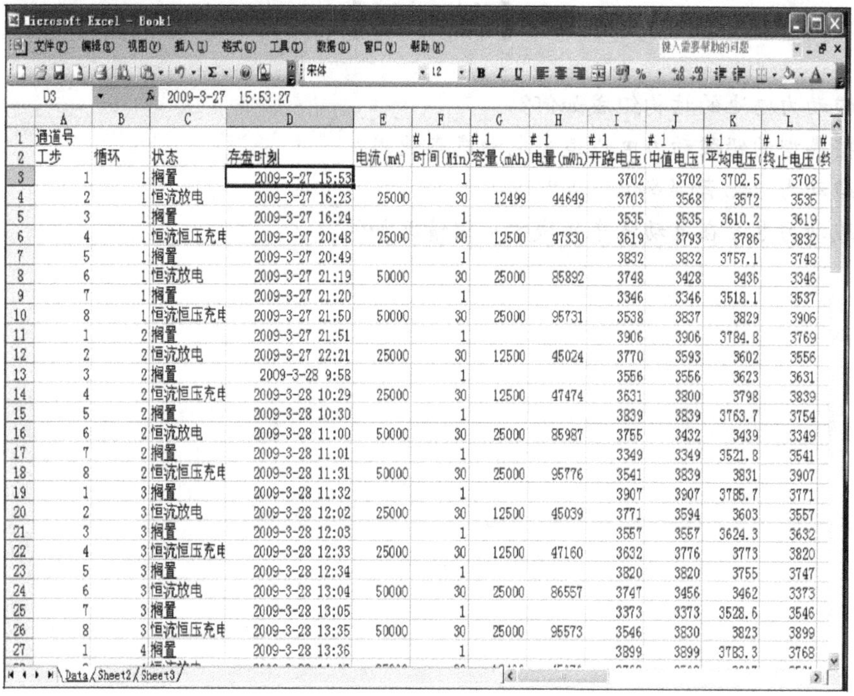

	A	B	C	D	E	F	G	H	I	J	K	L
1	通道号					#1	#1	#1	#1	#1	#1	#1
2	工步	循环	状态	存盘时刻	电流(mA)	时间(Min)	容量(mAh)	电量(mWh)	开路电压(	中值电压(	平均电压(	终止电压(
3	1	1	搁置	2009-3-27 15:53		1			3702	3702	3702.5	3703
4	2	1	恒流放电	2009-3-27 16:23	25000	30	12499	44649	3703	3568	3572	3535
5	3	1	搁置	2009-3-27 16:24		1			3535	3535	3610.2	3619
6	4	1	恒流恒压充电	2009-3-27 20:48	25000	30	12500	47330	3619	3793	3786	3832
7	5	1	搁置	2009-3-27 20:49		1			3832	3832	3757.1	3748
8	6	1	恒流放电	2009-3-27 21:19	50000	30	25000	85892	3748	3428	3436	3346
9	7	1	搁置	2009-3-27 21:20		1			3346	3346	3518.1	3537
10	8	1	恒流恒压充电	2009-3-27 21:50	50000	30	25000	95731	3538	3837	3829	3906
11	1	2	搁置	2009-3-27 21:51		1			3906	3906	3784.8	3769
12	2	2	恒流放电	2009-3-27 22:21	25000	30	12500	45024	3770	3593	3602	3556
13	3	2	搁置	2009-3-28 9:58		1			3556	3556	3623	3631
14	4	2	恒流恒压充电	2009-3-28 10:29	25000	30	12500	47474	3631	3800	3798	3839
15	5	2	搁置	2009-3-28 10:30		1			3839	3839	3763.7	3754
16	6	2	恒流放电	2009-3-28 11:00	50000	30	25000	85987	3755	3432	3439	3349
17	7	2	搁置	2009-3-28 11:01		1			3349	3349	3521.8	3541
18	8	2	恒流恒压充电	2009-3-28 11:31	50000	30	25000	95776	3541	3839	3831	3907
19	1	3	搁置	2009-3-28 11:32		1			3907	3907	3785.7	3771
20	2	3	恒流放电	2009-3-28 12:02	25000	30	12500	45039	3771	3594	3603	3557
21	3	3	搁置	2009-3-28 12:03		1			3557	3557	3624.3	3632
22	4	3	恒流恒压充电	2009-3-28 12:33	25000	30	12500	47160	3632	3776	3773	3820
23	5	3	搁置	2009-3-28 12:34		1			3820	3820	3755	3747
24	6	3	恒流放电	2009-3-28 13:04	50000	30	25000	86557	3747	3456	3462	3373
25	7	3	搁置	2009-3-28 13:05		1			3373	3373	3528.6	3546
26	8	3	恒流恒压充电	2009-3-28 13:35	50000	30	25000	95573	3546	3830	3823	3899
27	1	4	搁置	2009-3-28 13:36		1			3899	3899	3783.3	3768

图 3-25　数据导出

8）断开蓄电池与检测设备之间的线束连接。

9）断开动力电池或动力电池模块之间的电缆。

10）测试完毕关闭测试设备总电源开关。

11）断开测试设备电源线。

12）关闭上位机电脑。

13）通过电源管理系统确认电池状态，如果电池电量不足，则使用充电机进行补充充电。

14）整理、清洁实验室。

【本章小结】

本部分对主要介绍了铅酸动力蓄电池的结构、原理及应用情况。

铅酸蓄电池由于具有廉价、安全、技术成熟、回收率高等优点，在电动自行车、低速短途电动车、电动牵引车领域仍然有广泛的应用，但是由于其能量密度较低，在纯电动乘用车领域的应用受到一定的限制，未来铅酸电池的技术仍会不断的改进，短时间内铅酸动力电池还会在动力电池领域占有重要地位。

【复习题】

1. 铅酸动力电池的结构组成如何?
2. 哪些类型的铅酸动力电池适合电动汽车使用?
3. 铅酸动力电池有哪些优缺点?
4. 铅酸动力电池在电动汽车领域的应用情况如何?

第四章 碱性动力电池及其应用

【引入】

碱性电池包含的电池类型广泛,现阶段在电动车辆上应用最多的是镍氢电池。该种电池技术成熟、功率密度大、无记忆效应,是产业化生产的混合动力电动汽车用动力电池的主体,也是至今量产的电动汽车中应用量最大的电池种类。

本章将重点介绍镍氢电池的结构、工作原理、充放电特性以及储氢合金的基本特性。

镍氢电池的
工作原理

【学习目标】

1. 掌握镍镉电池结构及储能原理。
2. 掌握镍氢电池结构及储能原理。
3. 掌握镍氢电池在电动汽车上的应用。

第一节 碱性动力电池的储能原理与结构

碱性蓄电池是以氢氧化钾 (KOH) 等碱性水溶液为电解液的二次电池的总称。根据极板活性物质的材料不同,可分为锌银蓄电池、铁镍蓄电池、镍镉蓄电池等系列。一般情况下,电解液中的 KOH 不直接参与电极反应,这是碱性蓄电池有别于铅酸蓄电池的一大特点。相对于铅酸蓄电池,碱性蓄电池具有能量密度高、机械强度高、工作电压平稳、功率密度大的特点。

一、镍镉电池结构及储能原理

镍镉电池 (Ni-Cd, Nickel—Cadmiun Battery) 因其碱性氢氧化物中含有金属镍和镉而得名。镍镉电池结构示意图如图 4-1 所示。

镍镉蓄电池的正极材料为球形氢氧化镍,充电时为 NiOOH,放电时为 Ni(OH)$_2$。负极材料为海绵状金属镉或氧化镉粉以及氧化铁粉,氧化铁粉的作用是使氧化镉粉有较高的扩散性,增加极板的容量。电解液通常为氢氧化钠或氢氧化钾溶液,为了增加蓄电池的容量和循环寿命,通常在电解液中加入少量的氢氧化锂(大约每升电解液加 15~20g)。充放电过程的反应如下:

正极充放电反应为

$$NiOOH + H_2O + e^- \underset{充电}{\overset{放电}{\rightleftharpoons}} Ni(OH)_2 + OH^- \tag{4-1}$$

负极充放电反应为

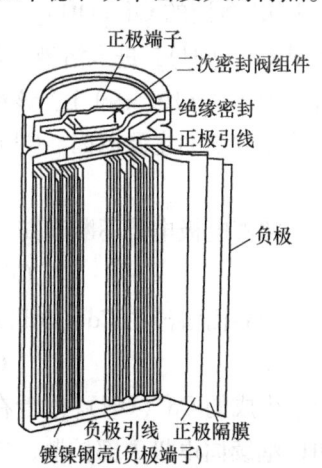

图 4-1 镍镉电池结构示意图

$$Cd + 2OH^- - 2e^- \underset{充电}{\overset{放电}{\rightleftharpoons}} Cd(OH)_2 \qquad (4-2)$$

电池总反应为

$$Cd + 2NiOOH + 2H_2O \underset{充电}{\overset{放电}{\rightleftharpoons}} Cd(OH)_2 + 2Ni(OH)_2 \qquad (4-3)$$

(1) 镍电极反应机理　镍电极充电时，首先是电极中 $Ni(OH)_2$ 颗粒表面的 Ni^{2+} 失去电子成为 Ni^{3+}，电子通过正极中的导电网络和集流体向外电路转移；同时 $Ni(OH)_2$ 颗粒表面晶格 OH^- 中的 H^+ 通过界面双电层进入溶液，与溶液中的 OH^- 结合生成 H_2O。上述反应先是发生在 $Ni(OH)_2$ 颗粒的表面层，使得表面层中质子 H^+ 浓度降低，而颗粒内部仍保持较高浓度的 H^+。由于浓度梯度，H^+ 从颗粒内部向表面层扩散。

镍电极充电时，由于质子 H^+ 在 $NiOOH/Ni(OH)_2$ 颗粒中扩散系数小，颗粒表面的质子浓度降低，在极限情况下会降低到零，这时表面层中的 $NiOOH$ 几乎全部转化为 NiO_2。电极电势不断升高，反应如下

$$NiOOH + OH^- \longrightarrow NiO_2 + H_2O + e^- \qquad (4-4)$$

由于电极电势的升高，导致溶液中的 OH^- 被氧化，发生如下反应

$$4OH^- - 4e^- \longrightarrow O_2 \uparrow + 2H_2O \qquad (4-5)$$

因此，在充电过程中，镍电极上会有 O_2 析出，但这并不表示充电过程已全部完成。通常情况下，在充电不久时镍电极就会开始析氧，这是镍电极的一个特点。在极限情况下，表面层中生成的 NiO_2 并非以单独的结构存在于电极中，而是掺杂在 $NiOOH$ 晶格中。NiO_2 不稳定，会发生分解，析出氧气

$$2NiO_2 + H_2O \longrightarrow 2NiOOH + \frac{1}{2}O_2 \uparrow \qquad (4-6)$$

(2) 镉电极的反应机理　镍镉电池的负极活性物质是海绵状金属镉，放电产物是难溶于 KOH 溶液的 $Cd(OH)_2$。镉电极的放电反应机理是溶解-沉积机理，放电时 Cd 被氧化，生成 $Cd(OH)_3^-$ 进入溶液，然后再形成 $Cd(OH)_2$ 沉积在电极上。$Cd(OH)_3^-$ 在碱液中的溶解度为 $9 \times 10^{-5} mol/L$，该浓度可以使镉电极具有较高的反应速率，这也是镍镉电池能够高倍率放电的主要原因。Cd 电极的放电机理为首先发生 OH^- 的吸附

$$Cd + OH^- \longrightarrow Cd-OH_{吸附} + e^- \qquad (4-7)$$

随着电极电势不断升高，镉进一步氧化，生成 $Cd(OH)_3^-$ 进入溶液

$$Cd-OH_{吸附} + 2OH^- \longrightarrow Cd(OH)_3^- + e^- \qquad (4-8)$$

当界面溶液中 $Cd(OH)_3^-$ 过饱和时，$Cd(OH)_2$ 就沉积析出

$$Cd(OH)_3^- \longrightarrow Cd(OH)_2 \downarrow + OH^- \qquad (4-9)$$

生成的 $Cd(OH)_2$ 附着在电极表面上，形成疏松多孔的 $Cd(OH)_2$，有利于溶液中的 OH^- 继续向电极内部扩散，使内部的海绵状镉也通过溶解-沉积过程转化为 $Cd(OH)_2$ 实现内部活性物质的放电。

二、镍氢电池结构及储能原理

镍氢（MH-Ni）电池是在 Ni-Cd 电池的基础上发展起来的，相对于镍镉电池，其最大的优点是环境友好，不存在重金属污染。民用镍氢电池又是以航天用高压氢镍电池为基础，

由于高压镍氢电池采用高压氢,而且还需要用贵金属作催化剂,这就很难为民用所接受。自20世纪70年代中期,研究者开始探索民用的低压镍氢电池。镍氢电池于1988年进入实用化阶段,1990年在日本开始规模生产。目前,以储氢合金为负极材料的镍氢电池能满足混合动力电动汽车所要求的高能量、高功率、长寿命和足够宽的工作温度范围,这使其成为动力电动汽车动力电池市场的主流产品,同时,该类电池也已经广泛地应用在电动工具、电动自行车等日常生活用品上。

1. 镍氢电池结构

镍氢电池由如图4-2所示的几个部分构成,包括以镍的储氢合金为主要材料的负极板、具有保液能力和良好透气性的隔膜、碱性电解液、金属壳体、具有自动密封的安全阀及其他部件。图示的圆柱形电池,采用被隔膜相互隔离开的正、负极板,它们呈螺旋状卷绕在壳体内,壳体用盖帽进行密封,在壳体和盖帽之间用绝缘材质的密封圈隔开。

作为镍氢电池负极板的储氢合金顾名思义就是可以储存氢气的合金。氢是化学周期表内最小、最活泼的元素,不同的金属元素与氢有着不同的亲和力,将与氢之间有强亲和力的A金属元素与另一与氢有弱亲和力的B金属元素依一定比例熔成A_xB_y合金,若A_xB_y合金内A原子与B原子排列得非常规则,且介于A

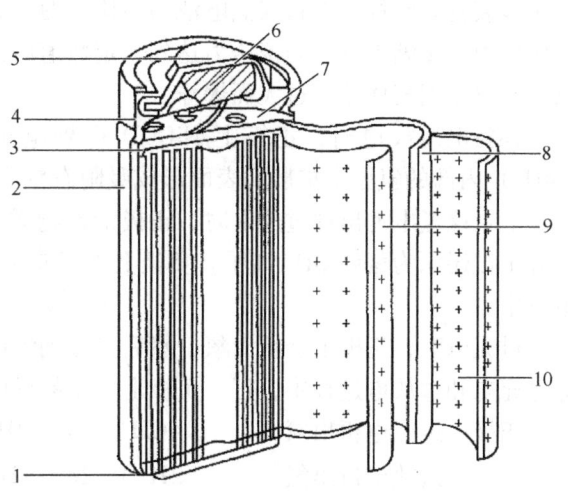

图4-2 镍氢电池组成
1—底部绝缘片 2—电池钢壳(-) 3—集流体
4—胶圈 5—正极盖帽(+) 6—安全防爆孔
7—顶部绝缘片 8—隔膜纸 9—镍正极片
10—金属氢化物负极片

原子与B原子间的空隙也排列得很规则,则这些空隙很容易让氢原子进出。当氢原子进入后形成$A_xB_yH_z$的三元合金,也就是A_xB_y的氢化物,此A_xB_y合金(主要包括AB、A_2B、AB_2、AB_3、AB_5、A_2B_7)即称为储氢合金。

储氢合金在进行吸氢/放氢化学反应(可逆反应)的过程中,也伴随着放热/吸热的热反应(可逆反应),同时也产生充电/放电的电化学反应(可逆反应)。具有实用价值的储氢合金应该具有储氢量大、容易活化、吸氢/放氢的化学反应速率快、使用寿命长及成本低廉等特性。目前常见的储氢合金主要为AB_5型(如$NaNi_5$、$CaNi_5$)、AB_2型(如$MgZn_2$、$ZrNi_2$)、AB型(如TiNi、TiFe)、A_2B型(如Mg_2Ni、Ca_2Fe)几种。

2. 镍氢电池工作原理

镍氢电池正极的活性物质为NiOOH(放电时)和Ni(OH)$_2$(充电时),负极板的活性物质为H_2(放电时)和H_2O(充电时),电解液采用30%的氢氧化钾溶液,电化学反应如下:

负极反应式 $\quad\quad\quad xH_2O + M + xe^- \underset{放电}{\overset{充电}{\rightleftharpoons}} xOH^- + MH_x$ \quad\quad (4-10)

正极反应式 $\quad\quad\quad Ni(OH)_2 + OH^- \underset{放电}{\overset{充电}{\rightleftharpoons}} NiOOH + H_2O + e^-$ \quad\quad (4-11)

电池反应式 $$xNi(OH)_2 + M \underset{\text{放电}}{\overset{\text{充电}}{\rightleftharpoons}} xNiOOH + MH_x \qquad (4\text{-}12)$$

从反应式也可以看出，镍氢电池的反应与镍镉电池相似，只是负极充、放电过程中生成物不同。从反应式也可以看出，镍氢电池在充、放电过程中，正、负极上在进行电化学反应时不生成任何中间态的可溶性金属离子，也没有电解液中的任何组分消耗和生成，因而镍氢电池可以做成密封型结构。镍氢电池的电解液多采用 KOH 水溶液，并加入少量的 LiOH。隔膜采用多孔维尼纶无纺布或尼龙无纺布等。为了防止充电过程后期电池内压过高，电池中装有防爆装置。圆柱形密封镍氢电池的结构如图 4-2 所示。当镍氢电池过充电时，金属壳内的气体压力将逐渐上升。当该压力达到一定数值后，顶盖上的限压安全排气孔打开，因此，可以避免电池因气体压力过大而爆炸。

镍氢电池放电时，正极上 NiOOH 得到电子还原成为 Ni(OH)$_2$，负极金属氢化物（MH$_x$）内部的氢原子扩散到表面形成吸附态氢原子，接着再发生电化学反应生成水和储氢合金。在镍氢电池出现过放电时，正极活性物质中的 NiOOH 已经消耗完了，这时正极上的水分子被还原为氢和 OH$^-$ 离子。负极上由于储氢合金的催化作用，使 OH$^-$ 离子与氢反应又生成水。

过充电时，正极上会析出氧，然后扩散到负极上发生去极化反应，生成 OH 离子。在电池过充电和过放电过程中，正、负极上发生的反应可用下式表示

正极：过充电析出氧 $\qquad 4OH^- \rightarrow O_2 + 2H_2O + 4e^- \qquad (4\text{-}13)$

过放电析出氢 $\qquad 2H_2O + 2e^- \rightarrow 2OH^- + H_2 \qquad (4\text{-}14)$

负极：过充电消耗氧 $\qquad 2H_2O + O_2 + 4e^- \rightarrow 4OH^- \qquad (4\text{-}15)$

过放电消耗氢 $\qquad H_2 + 2OH^- \rightarrow 2H_2O + 2e^- \qquad (4\text{-}16)$

由此可知，储氢合金既承担着储氢的作用，又起到催化剂作用，在电池出现过充和过放电时，可以消除由正极产生的 O_2 和 H_2。从而使电池具有耐过充、过放电的能力。但随着充、放电循环的进行，储氢合金的催化能力逐渐退化，电池的内压就会上升，最终导致电池漏液失效。

第二节 碱性动力电池的性能及检测

一、镍镉电池的特性

镍镉电池标称电压为 1.2V，具有使用寿命长（可充放电循环 1000 次以上）、机械强度高、密封性能好、使用温度范围大（$-40 \sim +50$℃）维护保养方便、能耐受大电流（高于正常使用电流的几倍乃至十倍）的瞬时冲击等优点。

（1）**充放电性能** 镍镉电池的标准电动势是 1.299V，额定电压是 1.2V，平均工作电压为 1.20~1.25V。刚充完电的电池开路电压较高，可以到达 1.4V 以上，放置一段时间后，正极不稳定的 NiO$_2$ 发生分解，开路电压会降低到 1.35V 左右。

镍镉电池在充电开始时，电池电压在 1.3V 左右，随着充电进行，电压缓缓上升到 1.4~1.5V 并稳定较长时间。充电电压超过 1.55V 后，电解液中的水开始电解，产生气体，电压开始急剧上升，到充电末期，正、负极上都开始析出气体，电池电压达到 1.7~1.8V。镍镉

电池的放电曲线比较平稳，只是在放电终止时电压突然下降，一般以 $0.2C$ 放电时，电压稳定在 1.2V 左右。

（2）倍率持续放电特性　动力镍镉电池允许大电流放电而不会损坏，允许放电倍率在 $10C$ 以上，但是大电流放电时，电压下降很快，电池可放出的能量下降。

（3）高低温放电性能　温度升高时，镍镉电池的容量会增加，但温度超过 50℃ 时，正极的析氧过电势降低，正极充电不完全；同时镉的溶解会随着温度上升而增大，迁移到隔膜中，容易形成镉枝晶，导致电池内部微短路；另外高温还会加速镍基板腐蚀和隔膜氧化，导致电池失效。

低温情况下，电解液的电阻增加，会使镍镉电池的容量下降。如 -45℃ 以 $0.2C$ 放电，镍镉电池一般只能提供 50% 左右的额定容量；-18℃ 以 $3C$ 放电，一般可以放出 30% 以上的额定容量。

（4）耐过充电和过放电性能　镍镉电池具有很好的耐过充电和过放电能力。$1C$ 恒电流持续充电 2h，或强迫过放电不超过 2h，电池不会损坏。铅酸电池及后续章节介绍的锂离子电池在这种情况下，都将产生永久的损坏。

二、镍镉电池应用存在的问题

（1）记忆效应　镍镉电池长期不彻底充电、放电，易在电池内留下痕迹，降低电池容量，这种现象称为电池记忆效应。比如，镍镉电池长期只放出 80% 的电量后就开始充电，一段时间后，电池充满电后也只能放出 80% 的电量。

记忆效应的出现主要是由于传统工艺中负极为烧结式，镉晶粒较粗，如果镍镉电池在完全放电之前就重新充电，镉晶粒容易聚集成块，造成 Ni 电极膨胀或生成不导电的 $Ni(OH)_2$，从而引起电池电压下降或容量减少，使电池放电时形成次级放电平台。镍镉电池会储存这一放电平台并在下次循环中将其作为放电的终点。同样，在每一次使用中，任何一次不完全的放电都将加深这一效应，使电池的容量变得更低。

（2）环境污染　镉是镍镉电池的必备原材料，但有大量研究表明，在人体内，镉的半衰期长达 730 年，可蓄积 50 年之久，摄入或吸入过量的镉可引起肾、肺、肝、骨、生殖系统等的毒害效应及癌症。在 1993 年，国际抗癌联盟就将镉定为一级致癌物。一般人在低剂量镉环境中暴露即可导致肾功能损伤、骨密度降低、钙排泄增加及生殖毒性。镉及其化合物是不可降解的环境污染物，可通过废水、废气、废渣大量流入环境，产生环境污染及健康危害。基于环境保护的原因，许多发达国家已建议禁止使用镍镉电池。

三、镍氢电池与镍镉电池的对比分析

同镍镉电池相比，镍氢电池具有以下显著优点：
1）能量密度高，同尺寸电池，容量是镍镉电池的 1.5~2 倍。
2）环境相容性好，无镉污染。
3）可大电流快速充放电，充放电倍率高。
4）无明显的记忆效应。
5）低温性能好，耐过充放能力强。

6）工作电压与镍镉电池相同，为 1.2V。

镍氢电池是镍镉电池的换代产品，电池的物理参数，如尺寸、质量和外观完全可与镍镉电池互换，电性能也基本一致，充放电曲线相似，放电曲线非常平滑，电快要消耗完时，电压才会突然下降，故使用时完全可替代镍镉电池，而不需要对设备进行任何改造。

镍氢电池的缺点是自放电与寿命不如镍镉电池，但也能达到 500 次循环寿命和国际电工委员会的推荐标准。吸氢电极自放电包括可逆自放电和不可逆自放电。可逆自放电的主要原因在于环境压力低于电极中金属氢化物的平衡氢压，氢气会从电极中脱附出来。当吸氢电极与氧化镍正极组成 MH/Ni 电池时，这些逸出的氢气与正极活性物质 NiOOH 反应生成 Ni(OH)$_2$，形成放电反应，该部分自放电可以通过再充电复原。不可逆自放电主要是由于负极的化学或电化学因素所引起。如合金表面电势较低的稀土元素与电解液反应形成氢氧化物等，例如 La 稀土元素在表面偏析，并生成 La(OH)$_5$，使合金组成发生变化，吸氢能力下降，这种吸氢能力下降无法用充电方法复原。

四、镍氢电池特性

1. 充放电特性

（1）充电特性　镍氢电池充电特性曲线如图 4-3 所示，该曲线大致可分为 3 段。

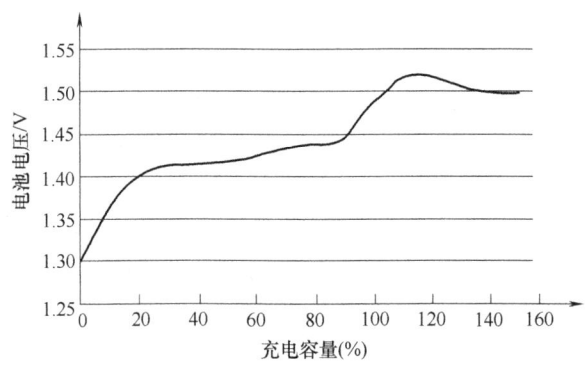

图 4-3　镍氢电池充电特性曲线

开始时电压上升较快，然后比较平坦。这是由于 Ni(OH)$_2$ 导电性极差但充电产物 NiOOH 导电性是前者的 10 倍，因而充电刚开始时，电压上升很快。有 NiOOH 生成后，充电电压上升速率降低，电压变得比较平坦。随着充电过程的进行，当充电容量接近电池的额定容量的 75% 左右时，储氢合金中的氢原子扩散速度减慢。由于氧在储氢合金中的扩散速度受负极反应速度的限制，以及此时正极开始逐步析出氧气，因而充电电压就再次呈现快速上升的趋势。当充电量超过电池设计容量之后就进入过充电阶段。此时正极析出的氧会在负极储氢合金表面进行还原、去极化，使负极电位正移，电池温度迅速升高，加之镍氢电池反应温度系数是负值，因此电池的充电电压就会下降。

镍氢电池常用恒流充电的方式进行充电，在充电过程中电池所达到的最高电压是镍氢电池的一个重要特性。充电最高电压越低，说明电池在充电过程中的极化就越小，电池的充电效率就越高，电池的使用寿命就可能越长。

采用该方法,充电过程的终点控制是一个非常实际的问题。充电终点控制的方式主要有以下几种。

1) 定时控制。设置一定的充电时间来控制充电终点,一般设定要充入110%额定容量所需的时间来控制。

2) TCO,即最高温度控制。考虑电池的安全和特性应当避免高温充电,一般电池温度升高到60℃时应当停止充电。

3) 电压峰值控制。充电过程中电池的电压达到峰值并保持,即$\Delta V=0$,据此来判断充电的终点。

4) $\mathrm{d}T/\mathrm{d}t$ 即温度变化率控制。通过检测电池温度变化率峰值来判断充电的终点。

5) ΔT,即温度差控制。温度差为电池充满电时温度与环境温度之差。

6) $-\Delta V$,即电压降控制。当电池充满电时,电压达到峰值后会下降一定的值,据此判断充电终点。

定时控制和TCO控制方法用于早期的充电方式。目前一般采用$\mathrm{d}T/t$或者$-\Delta V$控制方式,同时综合电压峰值、充电时间或温度终止方式进行控制。

(2) 放电特性 镍氢电池工作电压为1.2V,指的是放电电压的平台电压。它是镍氢电池的重要性能指标。镍氢电池的放电性能随放电电流、温度和其他因素的改变而变化。如图4-4所示。电池的放电特性受电流、环境温度等因素的影响,电流越大,温度越低,电池放电电压和放电效率越低,长期大电流放电对电池的寿命也会造成一定的影响。电池的放电性能如图4-4所示。

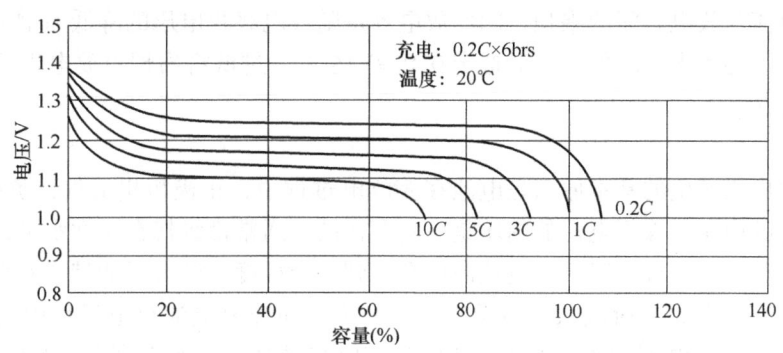

图4-4 典型的放电性能(不同放电倍率放电曲线)

截止电压一般设定在0.9~1.0V,如果截止电压设定得太高,则电池容量不能被充分利用,反之,则容易引起电池过放。

2. 容量特性

电池的实际容量受到理论容量的限制,但与实际放电机制和应用工况密切相关。在高倍率即大电流放电条件下,电极的极化增强,内阻增大,放电电压下降很快,电池的能量效率降低,电池的实际容量一般都低于额定容量。相应地,在低倍率放电条件下,放电电压下降缓慢,电池实际放出的容量常常高于额定容量。镍氢电池的充电电流、搁置时间、放电终止电压和放电电流等均会对放电容量产生影响。

(1) 充电电流对放电容量的影响 如式(4-10)的充电负极反应方程式所示,该反应中消耗电荷生成OH,电荷不能再释放利用,因而电池的充电效率总是小于100%。随充电电流倍率增大,电极极化增加,将加剧镍氢电池中氧气析出的复合反应,如式(4-13)所示,导致充电效率和放电容量降低。

基于该反应原理,放电容量随充电容量的变化也体现为随充电过程进行,电池 SOC 升高,电池可放电容量增加,初期可放电容量增加较快,随充电过程中复合反应出现,可放电容量增加速度减缓,最终可放电容量将达到稳定值。

(2) 搁置时间对放电容量的影响　搁置时间对镍氢电池放电容量的影响本质上就是镍氢电池的自放电问题。搁置时间对放电容量的影响是由于金属氧化物不稳定引起的,这种不稳定性在刚充完电或高荷电状态时表现尤为明显,而后渐趋平衡和稳定,因而镍氢电池放电容量随搁置时间的延长而下降,搁置的开始阶段容量下降较快。

(3) 放电电流对放电容量的影响　电池在放电过程中,其端电压由以下式确定

$$U = E - Ir \tag{4-17}$$

式中　E——电化学体系的电动势。

对于采用相同正负极活性物质及电解液组成的镍氢电池来说,E 为一定值,因而其端电压主要由放电电流 I 和内阻 r 来决定。电池内阻主要包括欧姆内阻和电化学极化内阻两部分。欧姆内阻对一特定的电池来说也是一个定值,电化学极化内阻则与发生电化学反应时的极化状态有关,而放电电流是影响电极极化状态的一个重要因素。放电电流增大,电极极化也增大,电化学极化内阻就大,则式中 Ir 项的值增大,其端电压相对较低。对于相同的放电终止电压来说,最终反映为放电容量测试结果较低。

(4) 放电终止电压对放电容量的影响　放电终止电压直接影响放电时间,而放电容量实际是放电电流与放电时间的乘积,因而放电容量随放电终止电压的降低而增加。但镍氢电池的放电电压不能无限地降低,一般选定在 0.9V 左右。过低将出现过放电现象,影响镍氢电池的使用寿命。

3. 内压

镍氢电池内压产生的基本原因是电池在充放电过程中,正极析出氧气,负极析出氢气,从而产生电池的内压。镍氢电池的内压是一直存在的,通常都维持在正常水平,不会引起安全问题。但在过充或过放情况下,电池内压升高到一定程度,就有可能带来安全问题。镍氢电池的内压与充电方式及荷电状态有关。图 4-5 为不同镍氢电池充电过程中内压的变化曲线。A 区是从开始充电到 $SOC = 80\%$,B 区为充电容量是电池额定容量的 80% ~ 120%。C 区为停止充电的搁置区域。

从图 4-5 中可以看出,当电池荷电状态达到 100% 以前,内压增加平缓,当荷电超过 100% 后,内压急剧增加。因此,过充电的镍氢电池存在一定的安全隐患。

试验数据表明,随着电池充电、放电循环次数增加,内压也会逐渐升高,同时电池中氢、氧气体比例也会发生变化。镍氢电池中电解液的量也会影响电池内压,电解液过多会使内压升得很高。

4. 自放电和储存性能

电池的自放电主要是由电极材料、制造工艺、储存条件等多方面因素决定的。镍氢电池自放电受控于储氢合金电极。储氢合金电极的自放电可以分为可逆与不可逆两部分。可逆放电是由于电极合金的平台压力大于电池内压造成的,而不可逆部分是由于电极合金的不断氧化而使合金失效所致。镍氢电池在自然搁置状态时容量的衰减速率很快,月自放电率可达到

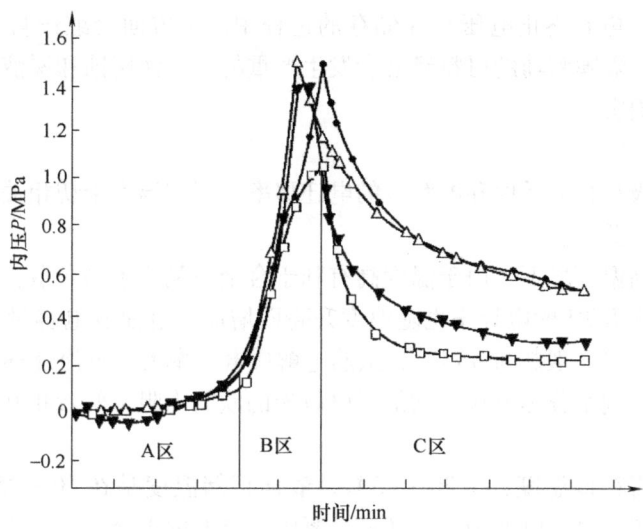

图4-5 不同镍氢电池充电过程中内压的变化曲线

25%~35%。

从热力学的角度来看,电池的放电过程是体系吉布斯自由能减少的过程,因此自放电的发生是必然的,只是速率有所差别。影响自放电速率的因素主要是电池储存的温度和湿度条件等。温度升高会使电池内正负极材料的反应活性提高,同时电解液的离子传导速度加快,隔膜等辅助材料的强度降低,使自放电反应速率大大提高。如果温度太高,就会严重破坏电池内的化学平衡,发生不可逆反应,最终会严重损害电池的整体性能。湿度的影响与温度条件相似,环境湿度太高也会加快自放电反应。一般来说,低温和低湿的环境条件下,电池的自放电率低,有利于电池的储存。但是温度太低也可能造成电极材料的不可逆变化,使电池的整体性能大大降低。

针对隔膜材料对镍氢电池自放电的影响,可以选用丙烯酸改性的聚丙烯(PP)隔膜来改善镍氢电池的荷电保持能力,降低电池的可逆自放电可以通过选择合适的合金组分,来使其平台压力小于电池内压来实现,降低电池的不可逆自放电可以通过选择合适的合金组分实现。

镍氢电池自放电率较高,这不仅与正负极材料的组成、电解液的组成和隔膜材料有关,而且还与电池的化成方法等有关。

电池的储存性能是指电池在一定条件下储存一定时间后主要性能参数的变化,包括容量的下降、外观情况和有无变形或渗液情况。国家标准均有对电池的容量下降和外观变化及漏液比例的限制。

电池在储存过程中容量下降主要是由电极自放电引起的,自放电率高对电池储存非常不利,所以一般镍氢电池都遵从即充即用的原则,不适宜较长时间放置。

镍氢电池的存放条件:存放区应保持清洁、凉爽、通风;温度应在10~25℃之间,一般不应超过30℃;相对湿度以不大于65%为宜。除了合适的储存温度和湿度条件外,还必须注意以下两点:

1) 长期放置的电池应该采用荷电状态储存,一般可预充50%~100%的电量后储藏。
2) 在储存过程中,要保证至少每3个月对电池充电一次,以恢复至饱和容量;这是因为放完电的电池（放电到终止电压）在储存的过程中，一方面会继续自放电造成过放，而且电池内的正负极、隔膜和辅助材料经常会发生严重的电解液腐蚀和漏液现象，对电池的整体性能造成致命的损害。

5. 温度特性

由于电池中电极材料的活性和电解液的电迁移率等都与温度密切相关，环境温度对镍氢电池性能的影响非常关键。

镍氢电池在中高温环境下，由于温度高有利于合金中氢原子的扩散，提高了合金的动力学性能，且电解液中 KOH 的电导率也随温度升高而增加，电池放电容量明显比低温时放电容量大。但温度过高（一般超过45℃），虽然电解质电导率大，电流迁移能力增强，迁移内阻减小，但电解液溶剂水分蒸发快，增加了电解液的欧姆内阻，两者相互抵消，放电容量将不再增加。

镍氢电池的正常存储温度是 -20~45℃，最佳存储温度是在 10~25℃。一般情况下，当温度降到低于 -20℃时，电池中的电解液会凝固，电池内阻会变得无穷大，电池内部可能发生不可逆的变化，导致电池无法激活到正常状态，甚至无法使用。当温度超过 45℃时，电池自放电速率大大加快，电解液会发生副反应而产生大量气体，电极片中的辅助材料可能变质失效，从而导致整个电池逐渐老化和容量衰减，甚至在短期内失效。

6. 循环寿命

镍氢电池的循环寿命受充放电湿度、温度和使用方法的影响。在现在的技术状态下，当按照 IEC 标准充放电时，充放电循环可以超过 500 次。在电动车辆上应用，镍氢电池一般采用浅充浅放的应用机制，即 SOC 在 40%~80% 之间应用，因此电池的使用寿命已经可以达到 5 年以上，甚至达到 10 年以上。

镍氢电池失效的原因有多方面，主要归纳如下：

1）电解液的损耗。氢镍电池的电解液在电池的充放电循环过程中会在电极和隔膜中重新分配，增加了它们的表面积和孔隙率并导致电极膨胀，电池内压增大，从而导致气体（氢气和氧气）的泄漏，最终导致电解液的损耗。电解液的损耗将导致电池溶液内阻增大，电导率降低。有研究表明，将失效后的废旧氢镍电池电极经电解液浸泡后，可使氢镍电池的放电能力恢复 10%。

2）电极材料的改变。氢镍电池经一定次数的充放电循环后，负极中的锰、铝元素会发生偏析溶解，负极储氢合金表面逐渐被腐蚀氧化，在电极表面形成一层氢氧化物，合金体积发生膨胀、收缩，最后导致合金粉化，严重影响了电池在充放电过程中的吸氢放氧性能。研究者对氢镍电池电极材料在充放电过程中的活性物质作了 X 射线衍射分析（XRD），结果表明，失效的氢镍电池中的正极活性物质 NiOOH 经充放电循环后结构形态发生了变化，NiOOH 由 β-NiOOH 转变为 γ—NiOOH 和 α-NiOOH，NiOOH 的 α/γ 间的转化可逆性差，且 γ-NiOOH 和 α-NiOOH 具有较高的吸水量，它们的存在会导致电解液的损耗，电池正极发生体积膨胀，γ-NiOOH 会使电极发生细微皲裂，恶化电极容量。

3）隔膜的变化。隔膜在电池中具有隔离、储存及传输功能，它能有效地将正负极分隔开来，避免电池短路，另外它也是电解液的储存库，隔膜上的微小孔隙是电池充放电过程中氢气和氧气在正负极间渗透穿过的有效通道。目前，氢镍电池中所用隔膜主要有尼龙（聚己内酰胺与聚酰胺制造）纤维、丙纶（聚丙烯）纤维和维纶（聚乙烯醇缩醛）纤维 3 类。

随着电池充放电循环次数的增加，电池的隔膜结构会发生变化，隔膜的电解液保持能力下降，电池自放电增大，电池寿命减小。另外，从电池电极上脱落下的电极材料逐渐堵塞隔膜上的孔隙，严重影响了镍氢电池中气体的渗透传输，进而增大了电池内阻，影响电池充放电性能，导致电池失效。

上述反应和损失随着电池的充放电循环而发生，并且是不可逆的。只能通过正负极材料的掺杂改性、电解液与隔膜工艺的优化、电池结构的改进等减缓其发生以提高电池的循环使用寿命。

五、镍氢动力电池的检测

1. 单体电池性能检测

（1）充放电性能检测

1）充电在20℃±5℃通风环境条件下，蓄电池先以$1I_5$（A）电流放电至终止电压1.0V，搁置1h，然后以$0.5I_5$（A）电流恒流充电12h，搁置1h。

2）20℃充放电性能。蓄电池按上述方法充电后，在20℃±5℃下以$1I_5$（A）电流进行放电至终止电压1.0V，用电流值和放电时间数据计算容量（以A·h计）。其容量不低于企业提供的技术条件中规定的额定值。如果计算值低于额定值，则可以重复进行容量测试，直至大于或等于规定值，允许5次。

3）-5℃充放电性能。蓄电池在-5℃±3℃条件下储存不少于6h，在相同环境温度下，蓄电池以$0.5I_5$（A）电流恒流充电12h，搁置1h，然后在相同环境温度下以$1I_5$（A）电流放电至终止电压1.0V。用电流值和放电时间数据计算容量（以A·h计），并表达为额定容量的百分数，其容量应不低于额定值的90%。

4）55℃充放电性能。蓄电池在55℃±3℃条件下储存不少于5h，在相同环境温度下蓄电池以$0.5I_5$（A）电流恒流充电12h，搁置1h，然后在相同环境温度下以$1I_5$（A）电流放电至终止电压1.0V。用电流值和放电时间数据计算容量（以A·h计），并表达为额定容量的百分数，其容量应不低于额定值的90%。充放电过程中同时测量电池表面温度，最高的温度不超过70℃。

5）-30℃放电性能。蓄电池按1）中方法充电后，在-30℃±3℃条件下储存不少于6h，在相同环境温度下以$0.5I_5$（A）电流放电至终止电压1.0V。用电流值和放电时间数据计算容量（以A·h计），并表达为额定容量的百分数，其容量应不低于额定值的70%。

6）70℃放电性能。蓄电池按1）中方法充电后，在70℃±2℃条件下储存不少于5h，在相同环境温度下以$1I_5$（A）电流放电至终止电压1.0V。用电流值和放电时间数据计算容量（以A·h计），并表达为额定容量的百分数，其容量应不低于额定值的85%。

（2）单体电池荷电保持与容量恢复能力检测　蓄电池按（1）中方法充电，然后在20℃±5℃下储存28天。在20℃±5℃下，以$1I_5$（A）电流放电，直到放电终止电压1.0V。用电流值和放电时间数据计算容量（以A·h计），荷电保持能力可以表达为额定容量的百分数，然后按（1）中的方法进行容量恢复能力测试。其荷电保持率应不低于额定值的80%，容量恢复能力应不低于额定值的90%。

（3）储存性能检测　蓄电池按（1）中方法充电后，在20℃±5℃下，以$1I_5$（A）电流放电3h，在20℃±5℃下储存90天。然后蓄电池按（1）中方法充电，在20℃±5℃下，以

$1I_5$（A）电流放电，直到放电终止电压1.0V。计算放电容量（以 A·h 计），容量恢复能力可以表达为额定容量的百分数，如果不满足容量恢复应不低于额定值的90%的要求，可重复进行容量测试，最多可以重复5次。

(4) 循环寿命　蓄电池在20℃±5℃下，以$0.5I_5$（A）电流恒流放电12h，搁置1h，在20℃±5℃下，以$1I_5$（A）电流恒流放电至终止电压1.0V，搁置1h后，循环进行上述的充放电试验，直至放电容量低于额定容量的60%。其循环寿命应不少于600次

(5) 安全性　所有安全试验均在有充分环境保护的条件下进行。

1) 过放电。按照QC/T744-2006的6.2.10.2的规定进行过放电试验时，应不爆炸、不起火、不漏液，放电容量不低于额定容量的80%。

2) 过充电。QC/T744-2006的6.2.10.3或GB/T22084.2-2008的7.6的规定进行过充电试验时，应不爆炸、不起火、不漏液，放电容量不低于额定容量的80%。

3) 常温短路。蓄电池按（1）中方法充电后，在20℃±5℃下，将蓄电池经外部短路，外部线路电阻应小于5mΩ，短路时间10min，短路过程中测量蓄电池表面温度。进行常温短路试验时，应不爆炸、不起火，表面温度不超过150℃。

4) 高温短路。蓄电池按（1）中方法充电后，在55℃±2℃下，将蓄电池经外部短路，外部线路电阻应小于5mΩ，短路时间10min，短路过程中测量蓄电池表面温度。进行高温短路试验时，应不爆炸、不起火，表面温度不超过150℃。

5) 强制过放电。蓄电池按（1）中方法充电后，在20℃±5℃条件下，以$1I_5$（A）电流放电到终止电压0V后，再将放电电流增加到$3I_5$（A），并保持10min。进行强制过放电试验时，应不爆炸、不起火。

6) 跌落。蓄电池按（1）中方法充电后，在20℃±5℃下，从1.5m高度处自由跌落到厚度为20mm的硬木地板上，每面一次。有接线柱的一面不进行跌落试验。进行跌落试验时，应不爆炸、不起火、不漏液。

7) 挤压。蓄电池按（1）中方法充电后，按下列条件进行试验。

挤压方向：垂直于蓄电池极板方向施压。

挤压面积：不小于$20cm^2$。

挤压程度：直至蓄电池壳体破裂或内部短路（蓄电池电压变为0V）为止。

进行挤压试验时，应不爆炸、不起火。

8) 针刺。蓄电池按（1）中方法充电后，用φ3mm～φ8mm的耐高温钢针、以10～40mm/s的速度，从垂直于蓄电池极板的方向贯穿（钢针停留在蓄电池中）。进行针刺试验时，应不爆炸、不起火。

9) 冲击。蓄电池按（1）中方法充电后，在20℃±5℃下，将蓄电池放置于平台上，将一根φ15.8mm的铁棒放置于电池中央，用9.1kg±0.46kg重物从61cm±2.5cm高度自由落体到铁棒上（1次）。进行冲击试验时，应不爆炸、不起火。

10) 振动。蓄电池按QC/T744-2006的6.3.7的规定进行。进行振动试验时，应不爆炸、不起火、不漏液、不排气。

11) 加热。蓄电池按（1）中方法充电后，置于85℃±2℃恒温箱内，并保温120min。进行加热试验时，应不爆炸、不起火。

12) 低压。蓄电池按（1）中方法充电后，置于密封的真空炉中，将真空炉内部压力下

降至低于11.6kPa并维持6h。进行加热试验时，应不爆炸、不起火。

13) 温度循环。蓄电池按（1）中方法充电后，置于高低温箱中，再①30min内将温度升高至70℃±3℃并维持4h；②30min内将温度降至20℃±3℃并维持2h；③30min内将炉温降至-40℃±3℃并维持4h；④30min内将温度升至20℃±3℃。重复①~④步10个循环。将蓄电池在室温下搁置24h。检测过程观察安全阀应无排气现象。进行温度循环试验时，应不爆炸、不起火、不漏液、不排气。

14) 析气。将蓄电池放置于酒精中，酒精没过电池安全阀，分别在20℃±5℃、-5℃±3℃和55℃±3℃下按（2）、（3）和（4）的规定进行检测，检测过程中安全阀应无气泡冒出。进行析气试验时，应不排气。

15) 循环安全性能测试。将蓄电池按（4）的方法循环300次。然后按上述方法进行安全性能测试，应满足上述单循环测试安全要求。

16) 安全装置动作性能测试。安全装置动作性能应符合GB/T 22084.2-2008中7.7的规定。

2. 蓄电池组的性能测试

(1) 充放电性能检测

1) 充电。在20℃±5℃通风环境条件下，蓄电池先以$1I_5$（A）电流放电至终止电压（$n\times1.0$）V，搁置1h，然后在同一温度下，以$0.5I_5$（A）电流恒流充电11h，搁置1h。

注：n为电池组或电池组内串联单体电池数，下同。

2) 20℃放电容量。蓄电池组按1)中方法充电后，在20℃±5℃条件下以$1I_5$（A）电流放电至蓄电池组电压达到终止电压（$n\times1.0$）V，计算放电容量（以A·h计）。如果计算值低于额定值，则可以重复进行放电容量测试直至大于或等于额定值，最多允许5次。

(2) 一致性　蓄电池组按（1）中2)所述方法进行测试，当充电及放电到额定容量的80%时，测量电池组中每只电池的电压。单体蓄电池电压差别不超过20mV。

(3) 安全性

1) 蓄电池组耐振动试验按QC/T744-2006中6.3.7条进行试验。

2) 蓄电池组的过放电、过充电、短路、加热、挤压、针刺等试验按QC/T744-2006中6.3.8条进行试验。

3) 部分短路。蓄电池组按（1）中1)所述方法充电后，在20℃±5℃条件下，用外接电阻（<5mΩ）突然短路电池组中间的两只电池，短路10min或直到电池发生起火、爆炸等。

第三节　碱性动力电池的应用

一、碱性动力电池的应用概况

最早的碱性蓄电池是瑞典的W. Jungner于1899年发明的镍镉电池（Cd-Ni）和爱迪生1901年发明的镍铁电池（Fe-Ni）。20世纪70~80年代，碱性蓄电池中的镍镉蓄电池曾用作电动车辆的动力电池。但随着新技术的发展以及人们对金属镉造成的环境危害和人体健康危害的认识，其使用量逐年减少，以欧盟、美国为主的工业国家，已经出台法规或相关法律禁止镍镉电池的生产和应用。1984 年，荷兰飞利浦公司成功研制出 $LaNi_5$ 储氢合金用于制造镍氢电池（MH-Ni），随后，镍氢电池的研究取得了很大成果。由于镍氢电池与镍镉电池电压平台相同，在充放电特性方面相似，并且对环境友好，它成为取代镍镉电池的理想产品。20 世纪 90 年代开始，镍氢电池成为二次电池市场的主流产品，在多种电子产品上广泛应用，并成为混合动力电池汽车的主流动力电源。目前，商品化程度最高的丰田公司的 Prius 混合动力汽车和本田公司的 Civic 混合动力汽车就是采用的镍氢动力电池。

由于镍镉电池中镉元素的污染问题和对人体的伤害，该类电池正逐步被其他种类电池取代。仅在某些领域，由于其特有的高功率特性和良好的低温性能仍在应用。如在航空领域用作飞机发动机起动及随航备用电源、电力装置开关瞬间分合闸和事故照明电源、铁路系统电力机车供电电源等。镍氢电池逐步成为碱性动力电池应用的主体和主流。

二、镍氢动力电池在电动汽车上的应用

由于镍氢电池满足混合动力电动汽车高功率密度的要求，该类电池目前在混合动力电动汽车尤其是在日系车型中应用广泛，如丰田凯美瑞混合动力车、普锐斯、雷克萨斯 CT200、本田思域等。福特公司推出的 Escape 混合动力汽车也采用了额定电压在 300V 左右的镍氢电池组。

丰田普锐斯混合动力汽车采用镍氢电池作为动力电源。普锐斯的 HV 蓄电池采用的就是 288V、6.5A·h 的镍氢动力电池，如图 4-6 中的数字"4"所指的位置。该电池组可以通过发电机和电动机实现充放电，且输出功率大、质量轻、寿命长、耐久性好。丰田凯美瑞混合动力车的镍氢电池组在整车的布置如图 4-7 所示。

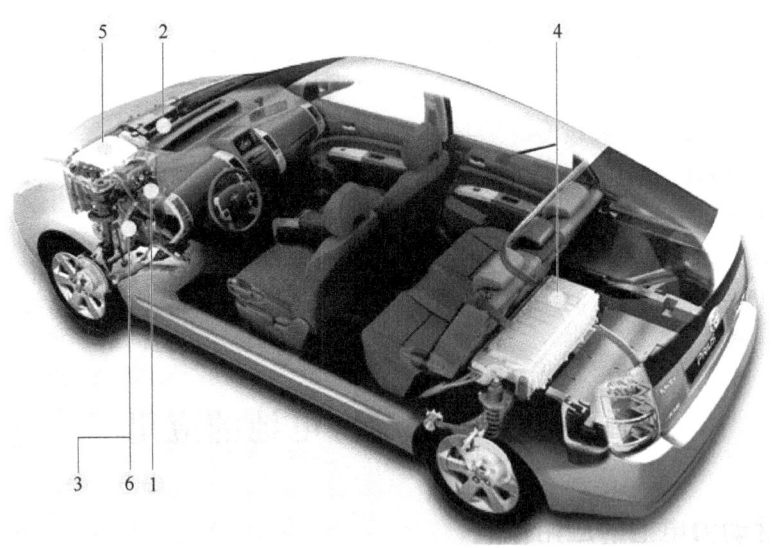

图 4-6　普锐斯混合动力汽车内部结构图

第四章　碱性动力电池及其应用

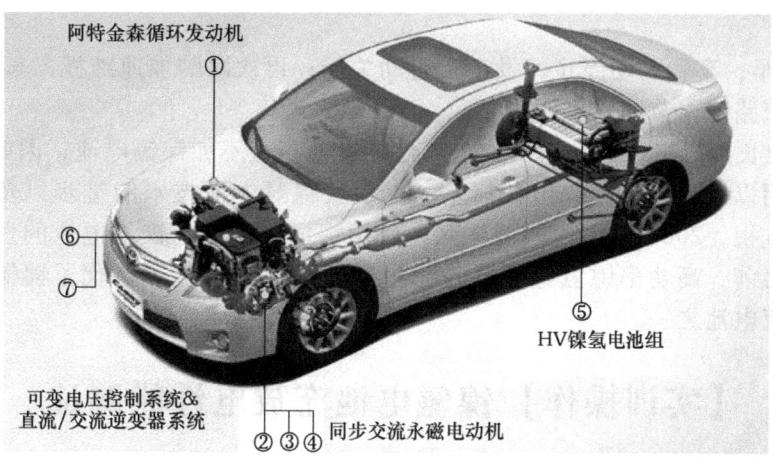

图4-7　丰田凯美瑞混合动力车的镍氢电池组在车内的布置示意图

新途锐混合动力车采用镍氢电池作为动力电源，如图4-8所示。新途锐混合动力车型是大众汽车旗下第一款采用了电驱动技术的车型。途锐混合动力通过结合电力驱动、车辆滑行、能量回收和起动-停车系统4个方面的技术，使得这辆重达2.3t的SUV在城市路况的燃油效率较同级别车型提高了25%；在城市、高速公路和乡间的综合路况，平均油耗则降低了17%。

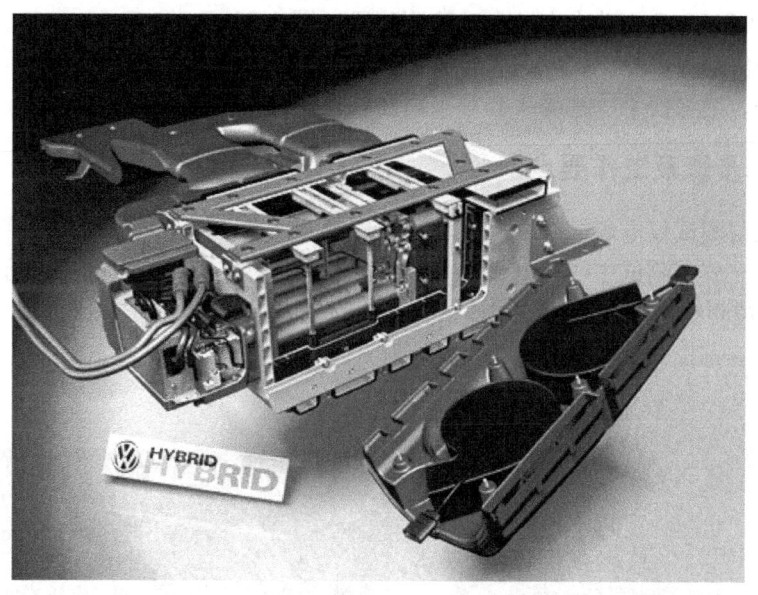

图4-8　新途锐混合动力车采用的镍氢电池

电驱动：在这种模式下，发动机关闭，车辆完全以电力驱动前行（最高时速50km/h），实现了零排放，并且不消耗燃油。

车辆滑行：驾驶者完全放开加速踏板，在离合装置的控制下，V6 TSI发动机与变速器完全脱离，避免了不必要的摩擦损耗，以最小的能耗使车辆滑行距离更长。

能量回收：在制动或减速过程中，电动机转换为发电机，将多余能量回收，存储于高压蓄电池中。

起动-停车：车辆制动停止，发动机自动关闭；再次踩踏加速踏板，车辆起动前行。在拥堵的城市路况，节油效果明显。

镍氢电池长期以来在高功率和大电流性能方面一直不如镍镉电池，因此，小型电动工具市场长期以来几乎被镍镉电池所垄断。随着镍氢电池技术的进步以及社会对环保问题的日趋重视，2003年，欧洲不再允许使用镍镉电池，给镍氢电池的发展提了一个良好机会。目前，高功率镍氢电池已进军电动工具市场并逐步替代了镍镉电池，成为该市场的主流电池之一。

【实训操作】镍氢电池充放电性能测试

一、实训目标

1. 掌握车用电池检测设备的功能、原理和组成。
2. 熟悉镍氢动力电池性能测试操作流程。
3. 巩固镍氢动力电池性能特点。

二、实验设备

1. HT-V60C17D17-4 动力电池自动检测装置（图4-9）。
2. 车用镍氢动力电池。
3. 万用表、绝缘扳手、绝缘手套等工具及护具若干。

三、操作步骤及工作要点

1. 测试仪与测试仪电源接线。
2. 将电池充放电测试主线束（图4-10）航空插头一端连接至 HT-VCD 动力电池检测系统，另一端与被测镍氢电池正负极相连。

图4-9　HT-V60C17D17-4 动力电池自动检测装置

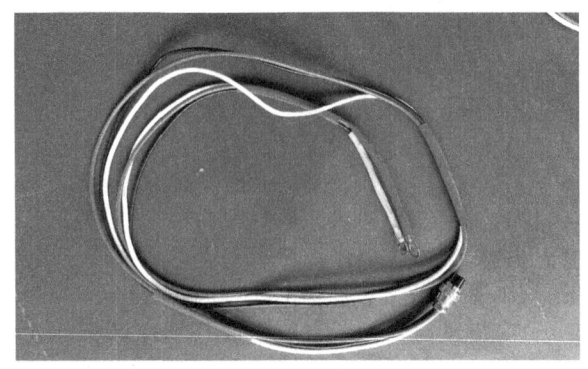

图4-10　电池充放电测试主线束

第四章 碱性动力电池及其应用

3. 将数据采集线缆（图 4-11）插头一端连接至 HT-VCD 动力电池检测系统，另一端的鳄鱼夹分别按正确顺序连接被测电池。

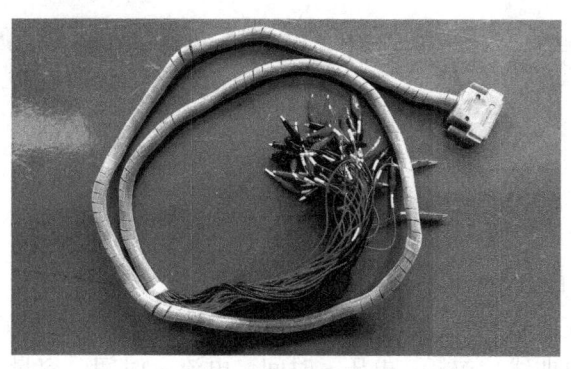

图 4-11　数据采集线缆

4. 用网线将设备和计算机连接。

5. 打开计算机和设备的电源，进入 Windows 操作系统，进入 HT-VCD 测试系统软件主界面。这里选择网络模式通信（图 4-12），设置电脑 IP、初始化通信参数、设备型号参数、颜色设置、打印设置、用户信息等。

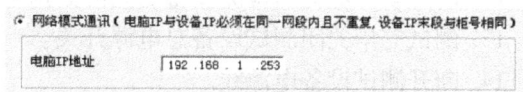

图 4-12　通信设置对话框

6. 单击"柜号参数"，打开每柜参数设置对话框（图 4-13）选择和设置每柜参数。

7. 设置好每柜参数后，重新打开测控程序，通过"主要设置"→"跟踪巡检设置"，确保正在联机的柜号处于被选中状态（打√），按"确定"后，单击"控制部分"→"联机"，计算机将读所有巡检柜号的工作状态，如果某柜通讯不成功，将提示"未联机"，此时需要检查通信通道，排除存在的问题。网络模式下，可打开电脑"开始"菜单下的"运行"命令，输入 ping 命令，检测电脑与设备网络的接通情况，（例如：ping 192.168.1.1），如果网络通信正常将会看到 reply from 设备 IP。如果一台电脑带多台设备，则必须设置跟踪柜号和巡检柜号。

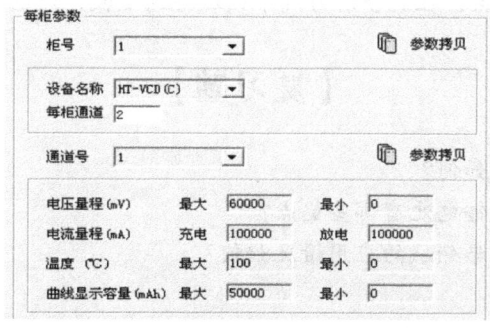

图 4-13　每柜参数设置对话框

8. 如果通信正常，在电池检测窗口显示的每个通道都是在复位状态。

9. 启动工作，设定每通道的工作参数并发送到下位机。进入工步设置窗口（图4-14），点击左上角的 设置流程 选项开锁，按照试验中电池的基本参数对流程进行修改。

工序	工作状态	时间(Min:S)	电流(mA)	功率(mW)	阻值(mΩ)	上限电压(mV)	下限电压(mV)	·ΔV(mV)	终止电流(mA)	终止容量(mAh)	终止温度(℃)	时间差(0.2S)
1	恒流恒压充	50:00	3000			16800			50	50		10
2	搁置	5:00										10
3	恒流放电	60:00	3000				12000		50	20		10
4	搁置	5:00										10
5	循环	起始工步	1	终止工步	4	循环次数	10					
6	结束											

图4-14 工步设置对话框

10. 数据处理和打印输出。

单击控制菜单"工步数据"，查看电池历史工步数据信息，如时间、电流、容量和终止条件。查看电池充放电曲线，包括：电压-时间、电流-时间、容量-时间、电量-时间、电压-容量曲线等。将数据和图表转换到 Excel 或 Word 文档中，留备后期数据分析。

11. 断开蓄电池与检测设备之间的主线束连接。

12. 断开动力电池与检测设备之间的数据采集电缆。

13. 测试完毕关闭测试设备总电源开关。

14. 断开测试设备电源线。

15. 关闭上位机电脑。

16. 通过电源管理系统确认电池状态，如果电池电量不足，则使用充电机进行补充充电。

17. 整理、清洁实验室。

【本章小结】

本章主要介绍了碱性动力电池的结构原理及应用情况。

碱性动力电池主要有镍镉电池和镍氢电池两种，其中镍镉电池由于具有记忆效应，且镉污染对人体危害巨大，因此，在电动汽车领域极少采用，在其他应用领域也逐渐被淘汰。镍氢动力电池无明显记忆效应，且具有能量密度高、环境相容性好、充电倍率高、低温性能好、耐过充放能力强等优点，在混合动力汽车领域得到了较广泛的应用。

【复习题】

1. 镍镉电池的优缺点如何？
2. 镍氢电池相对于镍镉电池有哪些优点？
3. 镍氢电池在电动汽车领域的应用情况如何？

第五章 锂离子动力电池及其应用

【引入】

锂离子电池自20世纪90年代面世以来,就以其能量密度高、循环寿命长、无记忆效应、环境友好等优点成为动力电池应用领域研究的热点。近年来,锂离子电池已经成为电动车辆用动力电池的主体。

本章将重点介绍锂离子电池的工作原理、正负极材料、失效机理、充放电特性及其相关的热特性、安全性等。

【学习目标】

1. 掌握锂离子动力电池的储能原理与结构。
2. 掌握锂离子动力电池的性能及检测。
3. 了解锂离子动力电池的应用。

锂离子电池的工作原理

第一节 锂离子动力电池的储能原理与结构

一、锂离子动力电池的类型

根据锂离子电池所用电解质材料不同,锂离子电池可以分为液态锂离子电池(Lithium Ion Battery,LIB)和聚合物锂离子电池(Polymer Lithium Ion Battery,LIP)两大类。它们的主要区别在于电解质不同,液态锂离子电池使用的是液体电解质,而聚合物锂离子电池则以聚合物电解质来代替。不论是液态锂离子电池还是聚合物锂离子电池,它们所用的正负极材料都是相同的,工作原理也基本一致。

二、锂离子动力电池的工作原理

锂离子电池在原理上实际是一种锂离子浓差电池,正、负电极由两种不同的锂离子嵌入化合物组成,正极采用锂化合物 $LiCoO_2$、$LiNiO_2$ 或 $LiMn_2O_4$,负极采用锂碳层间化合物 LiC_6,电解质为 $LiPF_6$ 和 $LiAsF_6$ 等有机溶液。经过 Li^+ 在正负电极间的往返嵌入和脱嵌,形成电池的充电和放电过程。充电时,Li^+ 从正极脱嵌经过电解质嵌入负极,负极处于富锂态,正极处于贫锂态,同时,电子的补偿电荷从外电路供给到碳负极,保持负极的电平衡。放电时则相反,Li^+ 从负极脱嵌,经过电解质嵌入到正极,正极处于富锂态,负极处于贫锂态。正常充放电情况下,锂离子在层状结构的碳材料和层状结构氧化物的层间嵌入和脱出,一般只引起层面间距的变化,不破坏晶体结构;在放电过程中,负极材料的化学结构基本不变。因此,从充放电的可逆性看,锂离子电池反应是一种理想的可逆反应。锂离子电池的电极反应表达式如下。

正极反应式:

$$LiMO_2 \rightarrow Li_{1-x}MO_2 + xLi^+ + xe \qquad (5-1)$$

负极反应式：

$$nC + xLi^+ + xe \rightarrow Li_xC_n \qquad (5-2)$$

电池反应式：

$$LiMO_2 + nC \rightarrow Li_{1-x}MO_2 + Li_xC_n \qquad (5-3)$$

式中 M——Co、Ni、W、Mn 等金属元素。

图 5-1 是钴酸锂锂离子电池工作原理，其他类型锂离子电池与此类似。

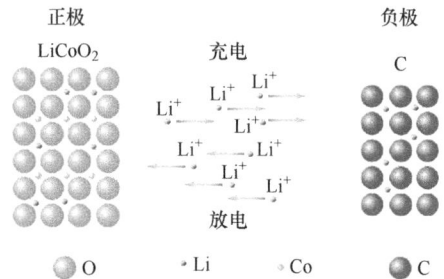

图 5-1　钴酸锂锂离子电池工作原理

三、锂离子电池正极材料

锂离子二次电池正极材料是具有能使锂离子较为容易地嵌入和脱出，并能同时保持结构稳定的一类化合物——嵌入式化合物。目前，被用来作为电极材料的嵌入式化合物均为过渡金属氧化物。充放电循环过程中，锂离子会在金属氧化物的电极上进行反复的嵌入和脱出反应，因此，金属氧化物结构内氧的排列和其稳定性是电极材料的一个重要指标。

作为嵌入式电极材料的金属氧化物，依其空间结构的不同主要可分为以下 3 种类型。

1. 层状化合物

层状正极材料中研究比较成熟的是钴酸锂（$LiCoO_2$,）和镍酸锂（$LiNiO_2$）。层状 $LiCoO_2$ 结构示意图如图 5-2 所示。

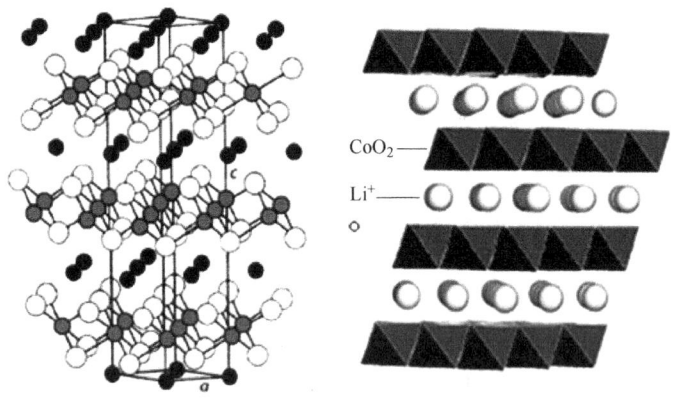

图 5-2　层状 $LiCoO_2$ 的结构示意图

（1）$LiCoO_2$　$LiCoO_2$ 是最早用于商品化二次锂离子电池的正极材料。在充放电过程中，$LiCoO_2$ 发生从三方晶系到单斜晶系的可逆相变，但这种变化只伴随很少的晶胞参数变化，因此，$LiCoO_2$ 具有良好的可逆性和循环充放性能。

尽管 $LiCoO_2$ 具有放电电压高、性能稳定、易于合成等优点。但钴资源稀少，价格较高，并且有毒，污染环境。目前主要应用在手机、笔记本等中小容量消费类电子产品中。

（2）$LiNiO_2$　镍与钴的性质非常相近，而价格却比钴低很多，并且对环境污染较小。

LiNiO$_2$ 比较常用的制备方法也是高温固相法,即锂盐与镍盐混合在 700～850℃ 经固相反应而成。LiNiO$_2$ 目前的最大放电容量为 150mA·h/g,比 LiCoO$_2$ 的最大放电容量稍大,工作电压范围为 2.5～4.1V,因此,LiNiO$_2$ 被视为锂离子电池中最有前途的正极材料之一。尽管 LiNiO$_2$ 作为锂离子电池的正极材料有较多优点,但仍有不足之处。主要是由于在制备三方晶系 LiNiO$_2$ 时容易产生立方晶系的 LiNiO$_2$,特别是当反应温度大于 900℃ 时,LiNiO$_2$ 将由三方晶系全部转化立方晶系,而在非水电解质溶液中,立方晶系的 LiNiO$_2$ 没有电化学活性。此缺点可以通过改进 LiNiO$_2$ 的制备方法来解决,如通过软化学合成方法来降低反应温度,以抑制立方 LiNiO$_2$ 的生成。同时,可采用掺杂的方法(常用的掺杂元素有 Ti、Al、Co、Ca 等)进行改性,抑制在充放电过程中发生的相转变,以进一步提高 LiNiO$_2$ 的热稳定性和电化学性能。

2. 尖晶石型结构

LiMn$_2$O$_4$ 是尖晶石型嵌锂化合物中的典型代表。Mn 元素在自然界中含量丰富,价格便宜,毒性远小于过渡金属 Co、Ni 等。理论放电容量 148mA·h/g,实际放电容量是 110～120mA·h/g。尖晶石型 LiMn$_2$O$_4$ 常用的制备方法是熔融浸渍法。此法是把锂盐与锰盐混合均匀,然后加热至锂盐的熔点,利用 MnO$_2$ 的微孔毛细作用使熔融的锂盐充分渗透到 MnO$_2$ 的微孔中,这样反应物之间的接触面积大大增加,提高了产物的均匀性,并加快了固相反应的反应速率。尖晶石型结构与层状的结构对比示意图如图 5-3 所示。

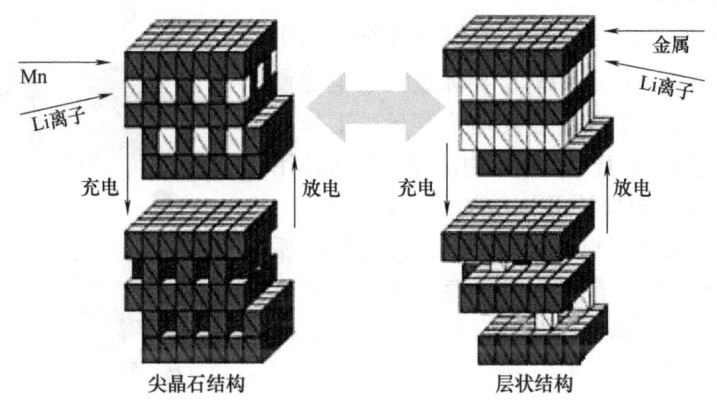

图 5-3 尖晶石型结构与层状结构对比示意图

LiMn$_2$O$_4$ 的主要缺点是电极的循环容量容易迅速衰减,造成循环容量衰减的原因主要如下:

1) LiMn$_2$O$_4$ 的正八面体空隙发生变化,产生四方畸变,在充放电过程中,在电极表面易形成稳定性较差的四方相 LiMn$_2$O$_4$。

2) LiMn$_2$O$_4$ 中的锰易溶解于电解液中而造成流失。

3) 电极极化引起内阻增大等,如何克服 LiMn$_2$O$_4$ 电极循环容量下降是目前研究 LiMn$_2$O$_4$ 中的焦点。利用掺杂金属离子(如 Cr、Fe、Zn、Mg 等)来稳定 LiMn$_2$O$_4$ 的尖晶石结构是目前解决其循环容量衰减的最有效方法之一。

目前,锰酸锂锂离子电池已经大量应用在示范运营的电动汽车上。2008 年北京奥运期间运行的纯电动客车、2010 年上海世博会的部分电动客车就采用了单体 90A·h 的锰酸锂锂离子电池。日产公司推出的 Leaf 纯电动汽车、三菱公司推出的 i-MiEV 纯电动汽车(图 5-4)

均采用了该类型锂离子动力电池。

图 5-4　i-MiEV 纯电动汽车

3. 橄榄石型结构

LiFePO$_4$ 在自然界以磷铁锂矿的形式存在，属于橄榄石型结构（图 5-5）。LiFePO$_4$ 实际最大放电容量可高达 165mA·h/g，非常接近其理论容量，工作电压范围为 3.2V 左右。并且 LiFePO$_4$ 中的强共价键作用使其在充放电过程中能保持晶体结构的高度稳定性，因此具有比其他正极材料更高的安全性能和更长的循环寿命。另外，LiFePO$_4$ 有原材料来源广泛、价格低廉、无环境污染、比容量高等优点，使其成为现阶段各国竞相研究的热点之一。

图 5-5　橄榄石型 LiFePO$_4$ 的结构示意图

LiFePO$_4$ 正极材料常用的合成方法有高温固相法和水热法等。高温固相法工艺简单，易实现产业化，但产物粒径不易控制，形貌也不规则，并且在合成过程中需要惰性气体保护。水热法可以在水热条件下直接合成 LiFePO$_4$，由于氧气在水热体系中的溶解度很小，所以水热合成不再需要惰性气体保护，而且产物的粒径和形貌易于控制。目前，LiFePO$_4$ 正极材料的缺点主要是低电导率问题，有效的改进方法主要有表面包覆碳膜法和掺杂法。

现在，中国国内建设的大型锂离子动力电池生产厂，如杭州万向、天津力神等，均以该类型电池的产业化为主要目标。在国内装车示范的电动汽车中，该类型电池也已经成为主流产品之一。

四、锂离子电池负极材料

负极材料是决定锂离子电池综合性能优劣的关键因素之一，比容量高、容量衰减率小、安全性能好是对负极材料的基本要求。目前，应用的负极材料如下：

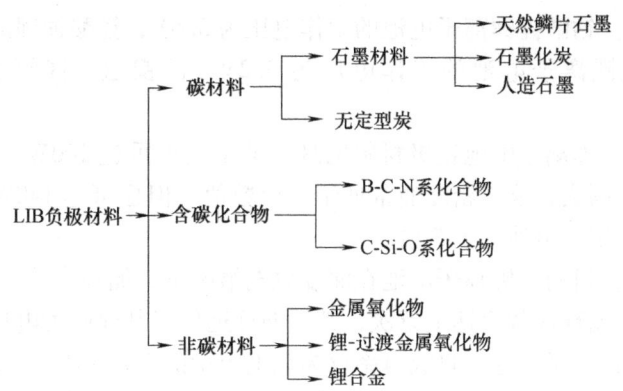

1. 碳材料

碳材料是目前商品化的锂离子电池应用最为广泛的负极材料。碳负极材料包括石墨、无定型炭。其中石墨又分为天然石墨、人造石墨和石墨化炭；无定型炭分为硬炭和软炭。石墨是锂离子电池碳材料中应用最早、研究最多的一种，其具有完整的层状晶体结构。石墨的层状结构，有利于锂离子的脱嵌，能与锂形成锂-石墨层间化合物，其理论最大放电容量为 372mA·h/g，充放电效率通常在 90% 以上。锂在石墨中的脱嵌反应主要发生在 0～0.25V（相对于 Li^+/Li），具有良好的充放电电压平台，与提供锂源的正极材料匹配性较好，所组成的电池平均输出电压高，是一种性能较好的锂离子电池负极材料。

2. 氧化物负极材料

氧化物是当前人们研究的另一种负极材料体系，包括金属氧化物、金属基复合氧化物和其他氧化物。前两者虽具有较高理论比容量，但因从氧化物中置换金属单质消耗了大量锂而导致巨大容量损失，抵消了高容量的优点；$Li_4Ti_5O_{12}$ 具有尖晶石结构，充放电曲线平坦，放电容量为 150mA·h/g，具有非常好的耐过充、过放特征，充放电过程中晶体结构几乎无变化（零应变材料），循环寿命长，充放电效率近 100%，目前在储能型锂离子电池中有所应用。

3. 金属及合金类负极材料

金属锂是最先采用的负极材料，理论比容量为 3860mA·h/g。20 世纪 70 年代中期，金属锂在商业化电池中得到应用。但因充电时，负极表面会形成枝晶，导致电池短路，于是人们开始寻找一种能替代金属锂的负极材料。合金负极材料是研究得较多的新型负极材料体系，有关锂合金的研究工作最早始于 1958 年。据报道，锂能与许多金属在室温下形成金属间化合物，由于锂合金形成反应通常为可逆，因此能够与锂形成合金的金属理论上都能够作为锂离子电池的负极材料。金属合金最大的优势就是能够形成含锂很高的锂合金，具有很高的容量密度，相比碳材料，合金较大的密度使得其理论体积容量密度也较大。同时，合金材料由于加工性能好、导电性好等优点，被认为是极有发展潜力的一种负极材料。目前研究表明，锂合金负极材料的充放电机理实质上就是合金化与脱合金化反应，该过程导致的巨大体积变化是目前亟待克服的问题。

五、锂离子电池的优点

相对于其他类型电池，锂离子电池具有以下显著的优点。

1) 工作电压高。钴酸锂锂离子电池的工作电压为 3.6V，锰酸锂锂离子电池的工作电压为 3.7V，磷酸铁锂锂离子电池的工作电压为 3.2V，而镍氢、镍镉电池的工作电压仅为 1.2V。

2) 能量密度高。锂离子电池正极材料的理论能量密度可达 200W·h/kg 以上，实际应用中由于不可逆容量损失，能量密度通常低于这个数值，但也可达 140W·h/kg，该数值仍为镍镉电池的 3 倍，镍氢电池的 1.5 倍。

3) 循环寿命长。目前，锂离子电池在深度放电情况下，循环次数可达 1000 次以上；在低放电深度条件下，循环次数可达上万次，其性能远远优于其他同类电池。

4) 自放电小。锂离子电池月自放电率仅为总电容量的 5%~9%，大大缓解了传统的二次电池放置时由自放电所引起的电能损失问题。

5) 无记忆效应。

6) 环保性高。相对于传统的铅酸电池、镍镉电池甚至镍氢电池废弃可能造成的环境污染问题，锂离子电池中不包含汞、铅、镉等有害元素，是真正意义上的绿色电池。

第二节　锂离子动力电池的性能及检测

一、锂离子动力电池的性能

1. 充放电特性

锂离子电池充电从安全、可靠及兼顾充电效率等方面考虑，通常采用两段式充电方法。第一阶段为恒流限压，第二阶段为恒压限流。锂离子电池充电的最高限压值根据正极材料不同而有一定的差别。锂离子电池基本充放电电压曲线如图 5-6 所示。图中采用的充放电电流均为 $0.3C$。

对于不同的锂离子电池，区别主要有两点。

① 第一阶段恒流值，根据电池正极材料和制造工艺不同，最佳值存在一定的差别。一般采用电流范围为 $0.2C \sim 0.3C$。

② 不同锂离子电池在恒流时间上存在很大的差别，恒流可充入容量占总体容量的比例也存在很大差别。

从电动汽车实际应用的角度，恒流时间越长，充电时间越短，更有利于应用。

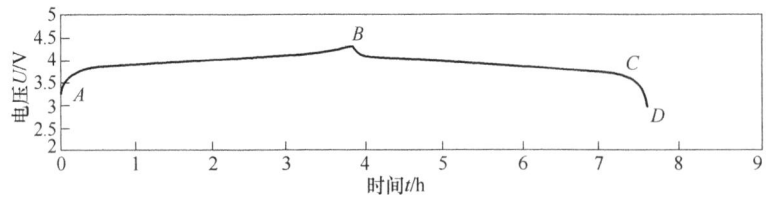

图 5-6　锂离子电池基本充放电电压曲线

锂离子电池放电在中前期电压稳定，下降缓慢，但在放电后期电压下降迅速，如图 5-6 中的 CD 段所示。在此阶段必须进行有效控制，防止电池过放电，避免对电池造成不可逆性损害。

(1) 充电特性的影响因素

1) 充电电流对充电特性的影响。以额定容量 100A·h 某锂离子电池为例，在 $SOC = 40\%$ 恒温 20℃ 情况下，采用不同充电率充电。参数结果见表 5-1，充电曲线如图 5-7 所示。

表 5-1 不同充电率充电参数

电流/A	恒流时间/s	充入容量/A·h	充入能量 W·h	充入 30A·h 时间/s	充入 30A·h 电流/A
20/(0.2C)	3900	21.67	90.85	5763	14.24
30/(0.3C)	2420	20.17	84.93	4754	15.53
40/(0.4C)	729	8.11	34.482	4528	13.87
50/(0.5C)	700	9.8	41.68	3940	14.94
60/(0.6C)	237	3.97	16.96	3212	16.16
80/(0.8C)	32	0.74	3.133	3129	14.15

随充电电流的增加，恒流时间逐步减少，恒流可充入容量和能量也逐步减少以充入放出容量 1/2（即 $SOC = 70\%$）时为标准。所需充电时间随充电电流的增加而减少，20A（0.2C）所用时间约是 80A（0.8C）的 1.84 倍。在这种状态下，继续充电的电流差在 2A 以内，所以，后 30A·h 充电时间相差不大。因此，在电池允许的充电电流之内，增大充电电流，虽然可恒流充入的容量和能量将减少，但有助于总体充电时间的减少。在实际电池组应用中，可以以锂离子电池允许的最大充电电流充电，达到限压后，进行恒压充电，这样，在减少充电时间的基础上，也保证了充电的安全性。但充电电流的增加，也将带来电池内阻能量损耗的增加，消耗在内阻上的能量按式（5-4）进行计算。

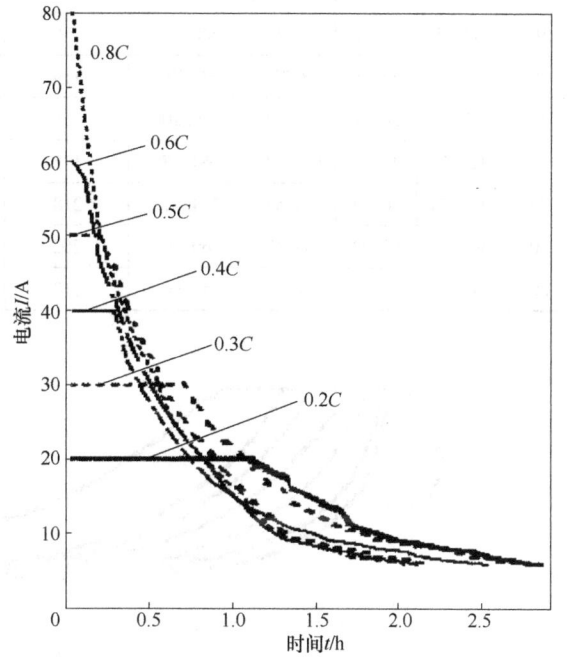

图 5-7 锂离子电池充电曲线

$$E = \int_{t_1}^{t_2} I^2(t) r \mathrm{d}t \qquad (5\text{-}4)$$

式中　E——内阻消耗的能量；
　　　r——电池内阻；
　　　t——充电时间变量；
　　　I——充电电流；
　　t_1、t_2——充电起止时间。

通过大量试验证明，在充电过程中，锂离子电池的内阻变化在 0.4mΩ 之内。因此，从上述式（5-4）可以得出，电池内阻能耗与充电时间基本呈线性关系，而同充电电流成平方关系。

从充电曲线（图 5-7）可以看出，在充电 1.5h 后，各条充电曲线趋于相似，充电电流相差不大。因此，在此之前，充电电流将是内阻能耗的主要影响因素，电流大的能耗大；在此之后，充电时间将是内阻能耗大小的主要影响因素，充电时间长的能耗大。对充电过程进行综合考虑，由于充电电流与内阻能耗成平方关系，是影响内阻能耗的主要因素，所以充电电流大的内阻能耗大。在实际电池应用中，应综合考虑充电时间和效率，选择适中的充电电流。

2) 放电深度对充电特性的影响。在恒温环境（温度20℃），对额定容量100A·h锂离子电池在不同 SOC，以 $0.3C$ 恒流限压进行充电。试验参数见表5-2，充电曲线如图5-8所示。在图5-8中，曲线从左到右放电容量依次增加。

表 5-2 不同放电深度充电试验参数

放电		充电		等容量充入能量 /W·h	充电时间 /min	恒流时间 /min	恒流充电容量 /A·h	单位容量平均充电时间/min	等容量充电放电效率
容量 /A·h	能量 /W·h	容量 /A·h	能量 /W·h						
10	32.85	13.32	57.40	43.10	58	3	1.5	5.8	0.762
20	65.12	22.78	98.32	86.32	119	6	3.0	5.95	0.754
30	95.86	30.91	133.10	129.20	151	12	6.0	5.03	0.742
40	122.03	40.12	169.60	164.98	171	18	9.0	4.28	0.740
50	159.07	50.32	220.52	214.47	218	34	17.0	4.36	0.742
60	188.33	60.08	263.39	260.99	252	45	22.5	4.20	0.722
80	249.76	80.35	344.4	342.90	318	72	35.67	3.98	0.728

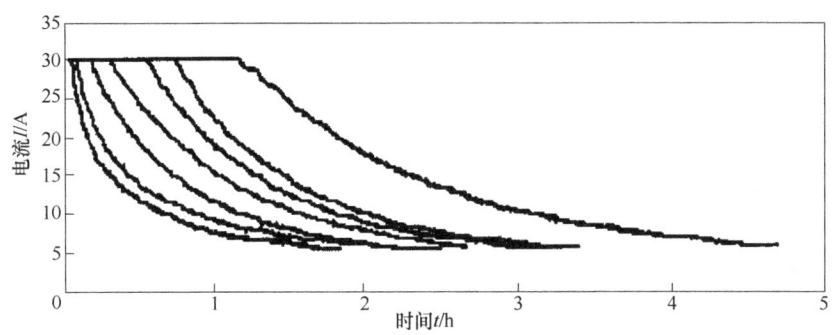

图 5-8　锂离子电池20℃，$0.3C$ 恒流充电曲线

从表 5-2 和图 5-8 中可以得到如下结论：

① 随放电深度增加，充电所需时间增加，但平均每单位容量所需的充电时间减少，即充电时间的增加同放电深度不成正比增加。

② 随放电深度增加，恒流充电时间所占总充电时间比例增加，恒流充电容量占所需充入容量的比重增加。

③ 随放电深度增加，等安时充放电效率有所降低，但降低幅度不大。

3) 充电温度对充电特性的影响。在不同环境温度下对锂离子电池进行充电，以某额定容量200A·h锂离子电池为例，采用恒流限压方式，记录充电截止条件为充电电流下限为1A 的充电参数，见表 5-3。

表 5-3 不同温度电池充电参数

环境温度/℃	充电电流降至 5A			充电电流降至 1A		
	充入容量/A·h	充入能量/W·h	充电时间/h	充入容量/A·h	充入能量/W·h	充电时间/h
-25	118.09	516.81	9.0	147.08	640.79	21.0
-5	127.29	566.63	7.1	160.75	717.27	19.0
10	164.59	707.65	6.4	203.12	867.32	15.0
25	168.94	726.91	5.5	205.98	878.71	12.3

从表 5-3 中可以看出，随环境温度降低，电池的可充入容量明显降低，而充电时间明显增加。低温（-25℃）同室温（25℃）相比，相同的充电结束电流，可充入容量和能量降低约 25%～30%。若以 5A 为充电结束标准，则电池仅充入在此温度下可充入容量或能量的 75%～85%。但降低充电结束电流，就意味着充电时间的大幅增加。在冬季低温情况下，电池可充入容量低，因此，为了防止电池过放电，必须降低单次充电电池的可用容量。

（2）放电特性影响因素 在放电特性方面，主要讨论不同环境温度下，不同放电率对锂离子电池放电特性的影响。仍以某额定容量 200A·h 锂离子电池为例，在环境温度 20℃ 情况下，将电池充满电，分别在 -20℃、0℃、20℃ 进行不同放电电流下的放电试验，放电结果见表 5-4。100A（$0.5C$）放电过程的曲线如图 5-9 所示。

表 5-4 不同温度放电参数表

放电电流/A	20℃		0℃		-20℃	
	容量/A·h	能量/W·h	容量/A·h	能量/W·h	容量/A·h	能量/W·h
100	191.647	586.517	188.369	566.081	173.872	509.460
80	194.812	595.451	191.752	575.515	179.201	524.207
60	197.103	601.895	193.869	581.398	182.929	534.452
40	198.902	606.954	195.731	586.578	185.456	541.404
20	200.727	612.126	197.688	592.073	187.845	548.060
10	201.82	615.207	198.867	595.364	189.250	551.952

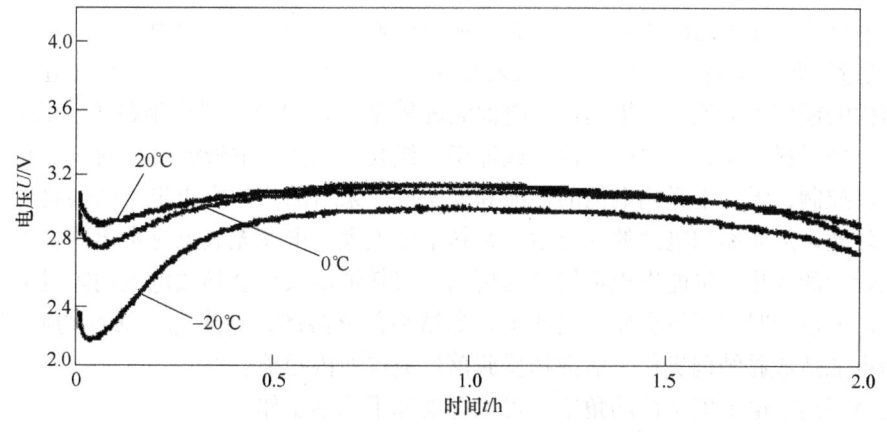

图 5-9 锂离子电池 100A（$0.5C$）放电过程曲线

从表 5-4 和图 5-9 中可以看出，在室温情况下对电池充电，在不同温度下放电，对电池可放出的能量的影响大于对电池放电容量的影响。在不同温度下，每放电 2A·h 放出的能量对比，如图 5-10 所示。在放出容量占可放出容量 40%~50% 时，单位安时放出的能量最多。在低温情况下，电池的放电电压较低，尤其在放电初期同样的放电电流下，电池电压将出现一个急剧的下降，如图 5-10 所示，所以放电能量偏低；在放电中期，放电消耗在电池内阻上的能量使得电池自身的温度升高，锂离子电池活性物质的活性增加，电池电压有所升高，因此可放出的能量增加；在放电后期，电池电压降低，单位时间放出的能量随之降低。在同一温度，同样的放电终止电压下，不同的放电结束电流，可放出的容量和能量有一定的差别。电流越小，可放出容量越多，如上述放电试验，$0.05C$ 比 $0.5C$ 可放出容量和能量增加约为 5%~7%。

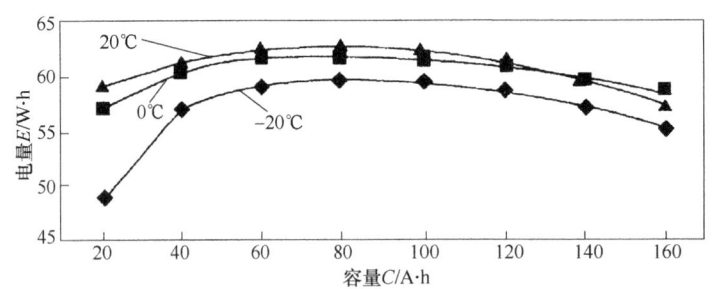

图 5-10 在不同温度下电池可放出的能量

2. 安全性

锂离子电池在热冲击、过充电、过放电和短路等滥用情况下，其内部的活性物及电解液等组分间将发生化学、电化学反应，产生大量的热量与气体，使得电池内部压力增大，到一定程度可能导致电池着火，甚至爆炸。其主要原因如下。

1) 材料热稳定性。锂离子电池在一些滥用情况下，如高温、过充、针刺穿透以及挤压等情况下，可以导致电极和有机电解液之间的强烈作用，如有机电解液的剧烈氧化、还原或正极分解产生的氧气进一步与有机电解液反应等，这些反应产生的大量热量如不能及时散失到周围环境中，必将导致电池内热失控的产生，最终导致电池的燃烧、爆炸。因此，正负电极、有机电解液相互作用的热稳定性是制约锂离子电池安全性的首要因素。

2) 制造工艺。锂离子电池的制造工艺分为液态和聚合物锂离子电池的制造工艺。无论是什么结构的锂离子电池，电极制造、电池装配等制造过程都会对电池的安全性产生影响。如正极和负极混料、涂布、辊压、裁片或冲切、组装、加注电解液的量、封口、化成等诸道工序的质量控制，无一不影响电池的性能和安全性。浆料的均匀度决定了活性物质在电极上分布的均匀性，从而影响电池的安全性。浆料细度太大，电池充放电时会出现负极材料膨胀与收缩比较大的变化，可能出现金属锂的析出；浆料细度太小会导致电池内阻过大。涂布加热温度过低或烘干时间不足会使溶剂残留，黏结剂部分溶解，造成部分活性物质容易剥离；温度过高可能造成黏结剂炭化，活性物质脱落形成电池内短路。

从提高锂离子电池安全性的角度，可以开展如下几项工作。

① 使用安全型锂离子电池电解质。阻燃电解液是一种功能电解液，这类电解液的阻燃功能通常是通过在常规电解液中加入阻燃添加剂获得的。阻燃电解液是目前解决锂离子电池安全性最经济有效的措施。

使用固体电解质,代替有机液态电解质,能够有效提高锂离子电池的安全性。固体电解质包括聚合物固体电解质和无机固体电解质。聚合物电解质,尤其是凝胶型聚合物电解质的研究近年来取得很大的进展,目前已经成功用于商品化锂离子电池中干态聚合物电解质由于不像凝胶型聚合物电解质那样包含液态易燃的有机增塑剂,所以它在漏液、蒸气压和燃烧等方面具有更好的安全性。无机固体电解质具有更好的安全性,不挥发,不燃烧,不存在漏液问题,同时机械强度高,耐热温度明显高于液体电解质和有机聚合物,使电池的工作温度范围扩大。将无机材料制成薄膜,更易于实现锂离子电池小型化,并且这类电池具有超长的储存寿命,能大大拓宽现有锂离子电池的应用领域。

② 提高电极材料热稳定性。负极材料热稳定性是由材料结构和充电负极的活性决定的。对于碳材料,球形碳材料,如中间相碳微球(MCMB)相对于鳞片状石墨,具有较低的比表面积,较高的充放电平台,所以其充电态活性较小,热稳定性相对较好,安全性高;具有尖晶石结构的 $Li_4Ti_5O_{12}$ 相对于层状石墨的结构稳定性更好,其充放电平台也高得多,因而热稳定性更好,安全性更高。因此,目前对安全性要求更高的动力电池中通常使用 MCMB 或 $Li_4Ti_5O_{12}$ 代替普通石墨作为负极,通常负极材料的热稳定性除了材料本身之外,对于同种材料,特别对石墨来说,负极与电解液界面的固体电解质界面膜(SEI)的热稳定性更受关注,而这也通常被认为是热失控发生的第一步。提高 SEI 膜的热稳定性途径主要有两种:一种是负极材料的表面包覆,如在石墨表面包覆无定形碳或金属层;另一种是在电解液中添加成膜添加剂,在电池活化过程中,它们在电极材料表面形成稳定性较高的 SEI 膜,有利于获得更好的热稳定性。

正极材料和电解液的热反应被认为是热失控发生的主要原因,提高正极材料的热稳定性尤为重要。与负极材料一样,正极材料的本质特征决定了其安全特征。$LiFeO_4$ 由于具有聚阴离子结构,其中的氧原子非常稳定,受热不易释放,因此不会引起电解液的剧烈反应或燃烧;在过渡金属氧化物中,$LiMn_2O_4$ 在充电态下以 $\lambda\text{-}MnO_2$ 形式存在,由于它的热稳定性较好,所以这种正极材料的相对安全性也较好。此外,也可以通过体相掺杂、表面处理等手段提高正极材料的热稳定性。

3. 热特性

(1)生热机制 锂离子电池内部产生的热量主要是由 4 部分组成:反应热 Q_r、极化热 Q_p、焦耳热 Q_J 和分解热 Q_s。Q_r 表示由于电池内部的化学反应而产生的热量,这部分热量在充电时为负值,在放电时为正值。极化热 Q_p 是指电池在充放电过程中,负载电流通过电极并伴随着电化学反应时,电极会发生极化,电池的平均电压会与开路电压有所偏差,而导致产生的热量,这部分热量在充放电的时候都为正值。Q_J 表示焦耳热,这部分热量是由于电池内阻产生的,在充放电的过程中这部分热量都为正值其中电池内阻包括电解质的离子内阻(含隔膜和电极)和电子内阻(包括活性物质、集流体、导电极耳以及活性物质/集流体之间的接触电阻),符合欧姆特性。Q_s 表示在电池的电极中自放电的存在也会导致电极的分解而产生的热量,这部分热量在充放电的时候都很小,因而可以忽略不计。

由于反应热 Q_r 在充电时为负值,在放电时为正值,因此,电池在放电过程中的热生成率要大于充电过程中的热生成率,从而导致放电时电池温度比充电时电池的温度高。对于一个完全充满电状态下的锂离子电池,它在可逆放电过程中的总反应中呈现了放热效应。更进一步来说，电池的正电极反应表现出较大的放热效应，同时负电极反应表现出较小的吸热效应，所以综合正负电极反应热效应，最终导致了锂离子电池充放电过程总体呈现放热效应。

（2）放电时温升特性　图5-11为常温下以0.3C倍率电流充满电，再在常温下分别以0.3C、0.5C和1C倍率放电时，某磷酸铁锂锂离子电池正极柱处的温升曲线，放电截止电压为2.5V。

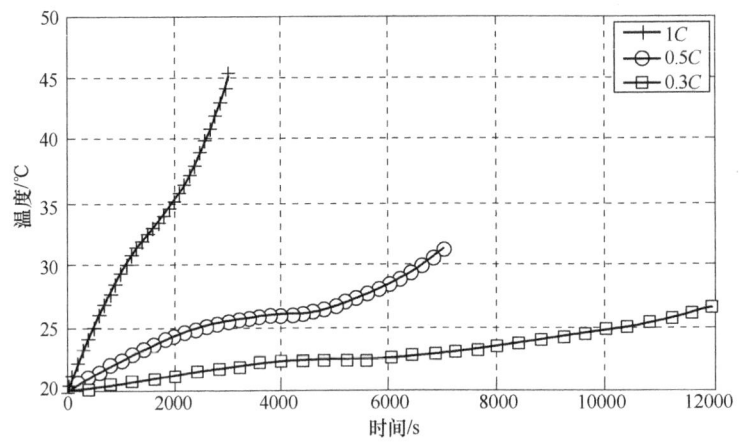

图5-11　不同放电倍率正极柱处的温升曲线

可以看出，电池放电电流越大时，正极柱处的温度上升越快，并且温度极值越高。这说明放电电流越大时，损耗的热能就越多，降低了放电效率。0.3C与1C倍率放电峰值温度相差18.9℃，在环境温度不变并且采用没有散热措施的情况下，要减小温度升高的幅度，必须减少放电电流。因此，如果在环境温度较高，并且电池大功率放电的情况下，必须采用散热措施，以避免安全问题。

（3）充电温升特性　图5-12所示为在常温下以0.3C倍率电流放电结束后，再在常温下分别以0.3C、0.5C和1C倍率恒流和3.8V恒压采用恒流限压方式充电时，某磷酸铁锂锂离子电池的正极柱处的温升曲线。

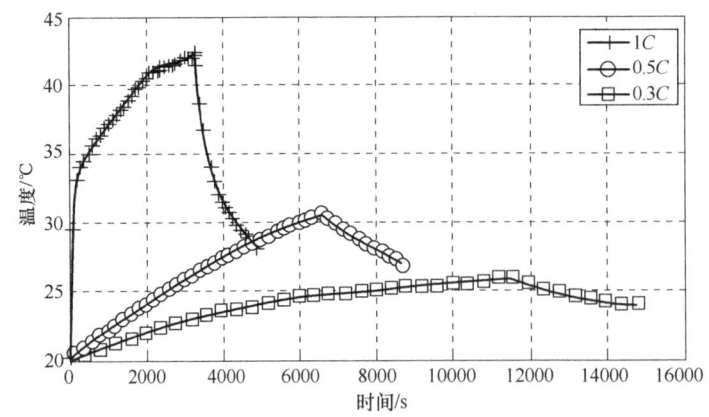

图5-12　不同充电倍率正极柱处的温升曲线

可以看出，恒流充电开始阶段，内阻较大，从而生热速率较大，温升较快。随后恒流充电后期温升速率放缓,这主要是因为温度和 SOC 值上升后,电池内阻值减小,从而生热速率减小,温升放缓。等到恒流充电结束时刻,电池正极柱温度达到峰值。

图 5-12 表明,充电倍率越大,电池温度上升越快,并且温度峰值也越大。到达恒压阶段时,随着电流的下降,电池温度开始下降,直到电流下降至涓流为止,但充电结束时的温度高于充电前。

(4) 温度对锂离子电池使用性能的影响

1) 温度对可用容量比率的影响。正常应用温度范围内,锂离子电池温度越高,工作电压平台越高,电池的可用容量越多。但是长期在高温下工作会造成锂离子电池的容量迅速下降从而影响电池的使用寿命,并极有可能造成电池热失控。

低温状态锂离子电池放电效率低,主要原因在于:

① 电池电解液的电导率增加,导致 Li^+ 传输性能差。

② 负极表面 SEI 膜是锂离子传递过程中的主要阻力,表面膜阻抗 R_{sei} 大于电解液本体阻抗,在 -20℃ 以下的温度范围内,R_{sei} 随温度的降低骤增,与电池性能恶化相对应。

③ 脱嵌。Li^+ 容量不对称性是由 Li^+ 在不同嵌锂态石墨负极中的扩散速度不同引起的,低温时,Li^+ 在石墨负极中的扩散速度慢。

④ 正极与负极表面的电荷传递阻抗增大。

⑤ 正极/电解液界面或负极/电解液界面的阻抗增大。

⑥ 电极的表面积、孔径、电极密度、电极与电解液的润湿性及隔膜等均影响着锂离子电池的低温性能。

2) 温度对电池内阻的影响。直流内阻是表征动力电池性能和寿命状态的重要指标。电池内阻较小,在许多工况常常忽略不计,但动力电池处于电流大、深放电工作状态,内阻引起的压降较大,此时内阻的影响不能忽略。

电池直流内阻一般通过 HPPC(Hybrid Pulse Power Characterization)试验标定。HPPC 是美国电动汽车动力电池检测手册(FreedomCAR Battery Test Manual)中推荐的复合脉冲功率特性测试工况试验,该试验的主要目的是测试电池工作范围(荷电状态、电压)内的动态功率特性,并根据电压响应曲线确定电池内阻和 SOC 的对应关系。

试验方法如下:

① 恒流 $0.3C$ 限压 3.8V 将电池充满至额定容量。

② 用 $1C$ 电流放电,放出额定容量 10% 的电量。

③ 静置 1h,以使电池在进行脉冲充放电之前恢复其电化学平衡和热平衡。

④ 然后进行脉冲测试,先以恒流 I_1 放电 10s,停 40s,再以恒流 I_1 充电 10s。

⑤ 重复 2~4 的步骤,直到 90% DOD 处进行最后的脉冲试验。

⑥ 将电池放电至 100% DOD。

⑦ 静置 1h。其中 I_1 和 I_1 的大小取决于电池额定容量 C_0。50℃ 时 HPPC 测试 $LiFePO_4$ 电池电压电流变化曲线如图 5-13 所示。

电池直流内阻遵循欧姆定律,可引起电池内部压降,并生热消耗放电能量。采用磷酸铁锂锂离子电池试验所得的充放电直流内阻如图 5-14 和图 5-15 所示。

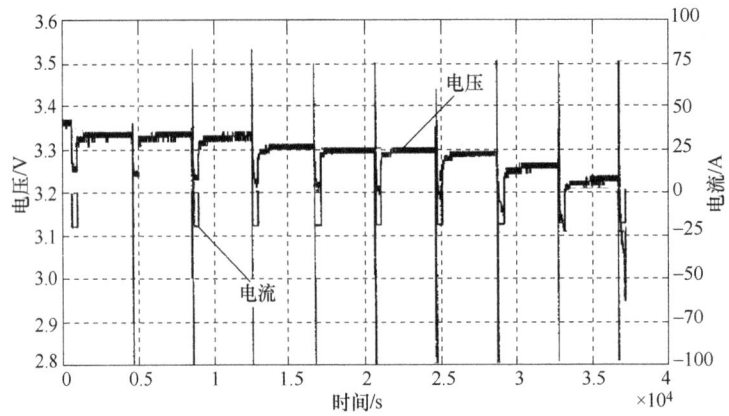

图 5-13 50℃时 HPPC 测试 LiFePO$_4$ 电池电压电流变化曲线

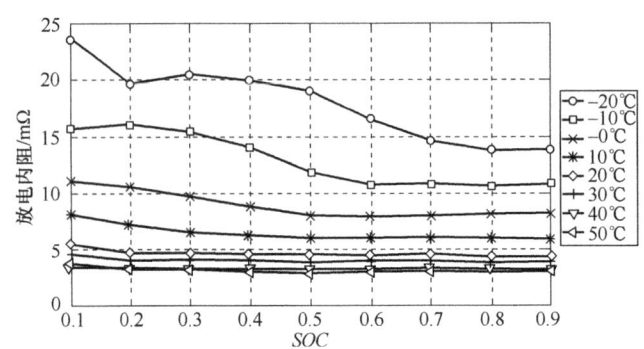

图 5-14 不同温度和 SOC 下的放电内阻图

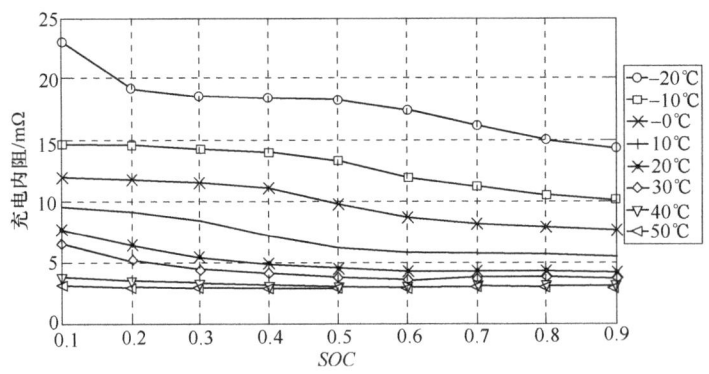

图 5-15 不同温度和 SOC 的充电直流内阻图

可以看出，低温状态下整个放电过程中直流内阻变化量明显，而高温状态下变化量则小得多。但是，放电和充电直流内阻变化的趋势是相同的，均随温度的升高而降低，随 SOC 的增大而减小。

二、锂离子动力电池的分析测试

锂离子动力电池的分析测试不仅对保证动力电池的质量非常重要，而且也直接影响到电动汽车的安全性和使用性能。锂离子动力电池的分析测试主要包括电池材料物理化学性能的测试分析、安全性测试评价、电化学性能的测试评价等几个方面。其中电池材料物理化学性能的测试分析主要包括针对锂电池的正负极材料的粒度、比表面积、微观形貌、元素比、相结构的测试,针对电解质溶液的色谱、质谱分析,针对隔膜的孔隙率、透气性、厚度和热缩率分析,针对工业辅料外观、尺寸、强度等的检测等,在本教材中暂不作说明。

1. 锂离子动力电池安全性测试评价

主要包括过充电、过放电、外部短路、强制放电等电测试,落体冲击、针刺、振动、挤压、加速等机械测试,着火、沙浴、油浴、热冲击等热测试,降压、高度、浸泡、耐菌性等环境测试。

(1) 标准充电方法 电池在 (20±5)℃条件下以 $1I_3$(A) 电流恒流充电,至电池电压达到 4.2V 时转恒压充电,至充电电流降至 $0.1I_3$ 时停止充电。

(2) 过放电试验 电池在 (20±5)℃条件下以 $1I_3$(A) 电流恒流充电,至电池电压达到 4.2V 时转恒压充电,至充电电流降至 $0.1I_3$ 时停止充电。静置 1h,在 (20±5)℃条件下以 $1I_3$(A) 电流恒流放电,至电池电压达到 0V 时,电池应不漏液、不起火和不爆炸。

(3) 过充电试验 电池按上述方法放电后,可按以下两种充电方式进行试验。

1) 以 $3I_3$(A) 电流充电,至蓄电池电压达到 5V 或者充电时间达到 90min(任何一个条件先达到即可停止充电)。

2) 以 $9I_3$(A) 电流充电,至蓄电池电压达到 10V 或者充电时间达到 90min(任何一个条件先达到即可停止充电),电池应不漏液、不起火和不爆炸。

(4) 短路试验 电池按上述方式充电后,将电池经外部短路 10min,外部线路电阻应小于 $5m\Omega$。电池应不漏液、不起火和不爆炸。

(5) 跌落试验 电池按上述方法充电后,电池在 (20±5)℃条件下,从 1.5m 高度处自由落到厚度为 20mm 的硬木板上,电池每个面进行一次,电池应不漏液、不起火和不爆炸。

(6) 加热试验 电池按上述方法充电后,将其置于 (85±5)℃的恒温箱内,并保持 120min,电池应不漏液、不起火和不爆炸。

(7) 挤压试验 电池按上述方法充电后,按下列条件进行试验,电池应不漏液、不起火和不爆炸。

1) 挤压方向:垂直于电池电极板方向施压。

2) 挤压头的面积:不小于 $20cm^2$。

3) 挤压程度:直至电池壳体破裂或内部短路,电池电压降为 0V。

(8) 针刺试验 电池按上述方法充电后,用 $\phi3 \sim \phi8mm$ 耐高温钢针,以 $10 \sim 40mm/s$ 的速度,从垂直于电池极板的方向贯穿,并停留在电池中,电池应不漏液、不起火和不爆炸。

2. 锂离子动力电池电化学性能测试评价

主要包括容量、内阻、电压、自放电、存储性能、高低温性能、循环性、充放电性能等。

1) 容量

影响因素：温度、充放电电流、终止电压、充放电设备的精度等。
常温测试：电池在（20±5）℃的温度下以 $1C$ 电流放电到终止电压所获得的容量。
高温测试：电池在（55±5）℃的温度下以 $1C$ 电流放电到终止电压所获得的容量。

2）内阻
影响因素：电池结构、原材料、电解质溶液含量、荷电状态等。
交流法测内阻：通过交流内阻测试仪器进行测量。
动态法测内阻：通过脉冲试验的方法测试。

3）平台电压、平台容量
影响因素：原材料性能、电池内阻等。
平台电压：电池放电过程中电压变化最慢的一段时间锂电池的电压。平台电压决定了电池使用中的有效容量大小。
平台容量：电池放电至平台电压时的放电容量。

4）倍率性能
测试锂电池在不同电流值下的充电容量和放电容量，可以了解锂电池的倍率性能。
若纯电动车用动力电池在使用过程中在 $0.3C$ 倍率放电时可以循环 500 次，则在 $0.5C$ 倍率或更高倍率下放电可能直接影响电池的使用寿命。

5）循环寿命
影响因素：电极材料、电解质溶液、隔膜及制造工艺，电池使用过程中的温度、充放电倍率、充放电制度、保护电路的耗电量、负载的耗电量等。

6）搁置性能
影响因素：电池制造工艺、材料及存储条件等。
衡量指标：荷电保持能力（自放电率）、容量恢复能力。
测试方法：电池充满电后搁置 28 天，检测电池自放电情况和容量恢复情况。

3. 电池成组测试

相似于单体电池的检测参数，电池成组和模块化使用中的主要参数仍然包括电压、内阻、容量、循环寿命等，不同的是测试时需要大电流高电压的测试设备，检测内容和检测目的也有所不同，主要检测电池模块的动态容量、功率密度、电压一致性、内阻一致性、倍率充放电性能、循环寿命、搁置和存储性能等。

三、典型测试设备简介——XP-EVBT400-150 型动力电池测试系统

1. 设备概况

XP-EVBT400-150 型动力电池测试系统是由西安迅湃技术有限公司研制开发的动力电池测试设备，具有测试精度高、采样速度高、动态响应快、输出纹波小等特点。设备结构设计紧凑，可靠性高，安全性好，在国内动力电池检测设备市场上有较大的影响力。下面就该设备的结构及组成进行介绍，后续的锂离子动力电池及电源管理系统检测实践活动将主要以该设备为主开展。

该设备由电源柜和采样柜组成，如图 5-16 所示。电源柜内部由前端单元模块（AFE 单元）、后端单元模块（IVC 单元）两个核心部件和控制电路组成。前端和后端模块使用共直流母线技术减少设备的 EMI 干扰，提高了测控精度，节约了设备所占用的空间，节省了电

能，避免了设备的重复性投入。采样柜主要由温度采集模块、电压采集模块等组成，实现动力电池电压、电流、温度等各种参数测采集功能。设备充分考虑了各种使用场合的需要，在安全上具有反接保护、漏电保护、短路保护、过电压保护、过电流保护、欠电压保护、自动负载连接和断开、紧急情况下切断开关等多重防护。设备外接启动、运行、故障、急停等操作手柄和按钮，硬件操作简单方便。配套的测试软件界面友好，可实时查看电池数据的细微变化，精确捕捉电压、电流的变化细节，多样的工步设置方案可满足复杂工步设置需要，具有很强的数据处理、报表输出、曲线数据分析等功能。

2. 设备功能

1）BMS 功能测试及校验。
2）模拟工况测试。
3）倍率性能测试。
4）温度分布测试。
5）汽车系统性能测试。
6）超级电容-锂电池混合测试（用于多能源混合驱动系统）。

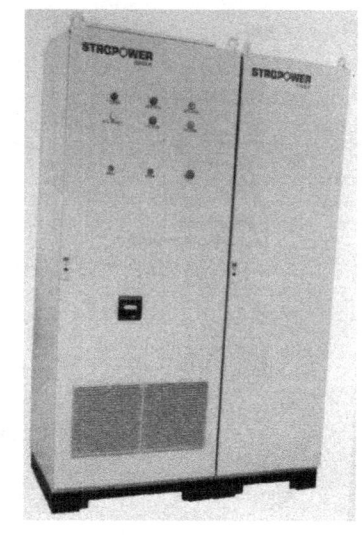

图 5-16　XP-EVBT400-150 型动力电池测试系统外观

3. 设备内部模块说明

设备的电源柜内部包括 AFE 与软启动、IVC、控制单元、380V 接入及指示灯等部件，如图 5-17 所示。采样柜主要由电压采集板、温度采集模块、电源模块、负载接入、中间控制板和以太网接口等部件组成，如图 5-18 所示。

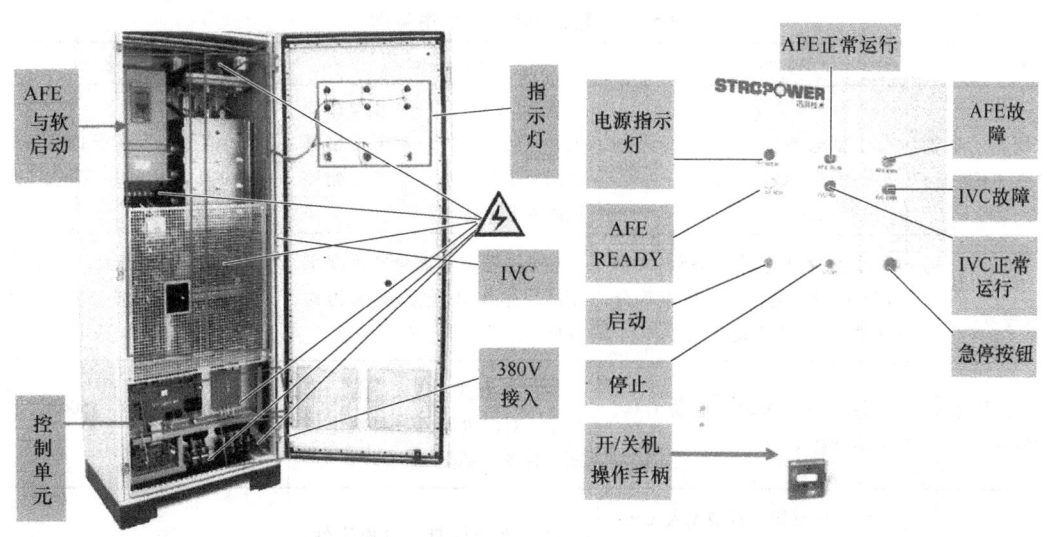

图 5-17　测试系统电源柜内部结构及面板组成

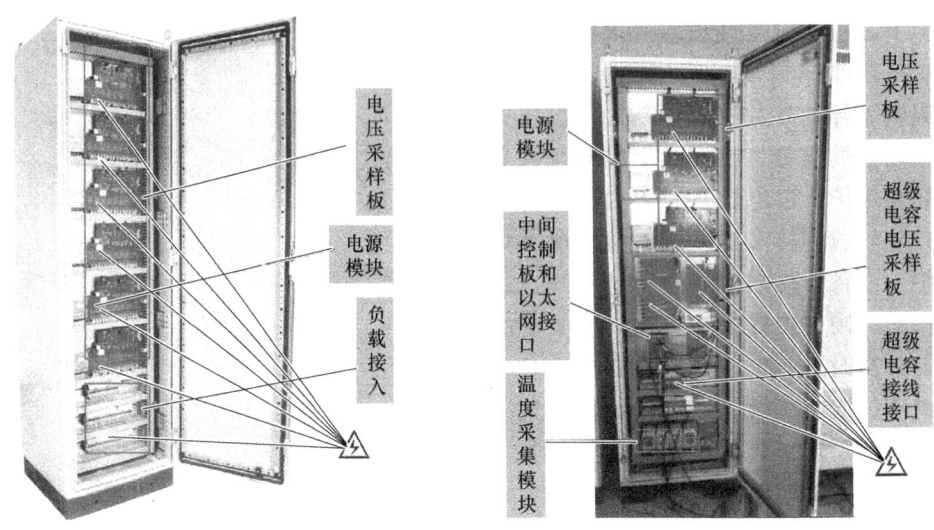

图 5-18 测试系统采样柜前部和后部结构组成

第三节 锂离子动力电池的应用

一、锂离子动力电池的应用状况

随着移动电子设备的迅速发展和能源需求的不断增大，人们对锂离子电子的需求也越来越大。锂离子电池的高容量、适中的电压、广泛的来源以及其循环寿命长、成本低、性能好、对环境无污染等特点，决定了它不仅可以应用于移动通信工具，还可能成为现在正迅速发展的电动汽车的动力电源。锂离子电池的使用类别见表 5-5。

表 5-5 锂离子电池的使用类别

电池类别	应用领域	特　点	电池性能要求
便携式电器电池（高能量）	小型电器、信息、通信、办公、教学、数字娱乐	电器更新快、2～3年寿命周期、恒功率工作，对电池倍率性能、工作温度、成本、循环性能要求不高	电池能量密度高于 150W·h/kg，100% DOD 200～300 次
储能电池（长寿命）	小型储能电源、UPS、太阳能、燃料电池、风力发电等分散式独立电源系统储能	对电池功率和能量密度要求不高，体积和质量要求相对较低	0～20 年使用寿命，免维护，性能稳定，价格低，较好的温度特性和较低的自放电率
动力电池（高功率）	各种电动车辆、电动工具、大功率器具	高功率密度、高安全性、低成本，对温度特性、自放电方面也有较高要求	目前水平：800～1500W/kg，目标 2000W/kg 以上
微型电器	无线传感器、微型无人飞机、植入式医疗装置、智能芯片、微型机器人、集成电路	电器维护困难，对稳定性、寿命要求很高	要求寿命长，稳定性好

（1）在便携式电器方面的应用　目前移动电话、笔记本电脑、微型摄像机等需要便携式电源的用电器已经成为人们生活中不可缺少的一部分，在其电源方面，无一例外地选择锂离子电池作为市场的主流。据统计，全球手机产量每年近10亿部，全球每年生产笔记本电脑约14亿台，形成了庞大的锂离子电池应用市场。在此领域，钴酸锂、锰酸锂锂离子电池占有主导地位。

（2）在交通行业的应用　随着社会文明的进步，人们环保意识提高并对环境要求日益高涨，环保的交通工具已经进入人们的视野。目前，我国以电动自行车为主的电动轻型车呈现出蓬勃发展的趋势，锂离子动力电池已开始在部分高端车型应用，在电动汽车开发方面，锂离子动力电池已经成为主流。在国内，众多汽车研制和生产企业开发的电动汽车半数以上车型采用了锂离子电池，并有逐步扩大的趋势。国际上，已经宣布进入市场销售的纯电动汽车和插电式混合动力汽车，如日产公司的Leaf、三菱公司的i-MiEV以及通用公司的Volt均采用了锂离子电池系统。

（3）在军事装备及航空航天事业中的应用　在军事装备中，锂离子电池主要用做动力起动电源、无线通信电台电源、微型无人驾驶侦察飞机动力电源等，此外，诸如激光瞄准器、夜视器、飞行员救生电台电源、船示位标电源等现在也普遍采用锂离子电池。在航天领域，锂离子电池已经用于地球同步轨道卫星和低轨道通信卫星，作为发射和飞行中校正、地面操作的动力。

（4）其他锂离子电池　由于自身的结构特点和特殊的工作原理，决定了其原材料丰富、环保、比容量高、循环性能和安全性能好等特点，在医疗行业（例如，助听器、心脏起搏器等）、石化行业（例如，采油动力负荷调整）、电力行业（例如，储能电源）等均具有广阔的应用前景。其在追求能源绿色化的今天，具有更加重要的意义。

二、锂离子电池在电动汽车上的应用实例

1. 日产 Leaf

日产汽车公司2009年8月发布量产纯电动汽车Leaf车型（图5-19），自2010年开始，已经在日本、美国和欧洲市场销售。截至2013年9月底为止，Leaf全球累计销售量达83 000台，其中，在日本市场的累计销售量达30 000台。该车采用层叠式紧凑型锂离子电池供电，电池容量24kW·h，位于车辆底部、座椅下方，输出功率90kW（以上），

图5-19　Leaf纯电动汽车

能量密度140W·h/kg，功率密度2.5kW/kg，电池单元数量48个，50kW直流快速充电（0~80%）只需不到30min，家庭200V交流充电则需8h。该车最高车速120km/h，续驶里程230km。

2. 三菱 i-MiEV

三菱汽车公司i-MiEV纯电动汽车（图5-20）也已经于2010年开始销售。三菱i-MiEV

搭载一台47kW的电动机，由一组330V/16kW·h锂电池提供动力，最高车速130km/h，续驶里程可达130km以上。这组锂电池可以利用家用电源进行充电，每次充电时间约为7h，为了缩短过长的充电时间，电力公司推出了一个快充套装，只需35min就可以充满电池80%的电量。

图5-20 三菱i-MiEV电动汽车

3. 雪佛兰Volt

雪佛兰Volt被称为Extended-Range Electric Vehicle，即增程式电动汽车（图5-21）。它通过一个质量为181.4kg（400lb）的16kW·h的T型锂离子电池组来储存电能，该电池组由多个相连的电池模块构成，总共包含200多个电池单元。仅使用电力来驱动车轮时，最多可以行驶40mile（1mile=1609.33m）。在发动机带动发电机发电并给蓄电池充电的情况下，Volt可以行驶数百英里。Volt在家庭中可以用120V或240V的电源为其充电，每次充电的成本还不如一杯咖啡的价钱高。

图5-21 雪佛兰Volt电动汽车

4. 特斯拉（Tesla）的Model S

该车2006年面世，采用53kW·h锂电池，电机峰值功率185kW，峰值转矩270N·m，最高车速201km/h，续驶里程393km，0~60mile/h加速时间3.7s。其外观如图5-22所示。

图5-22 特斯拉Model S电动汽车

三、锂离子电池的失效机理

理想的锂离子电池，除了锂离子在正负极之间嵌入和脱出外，不发生其他副反应，不出现锂离子的不可逆消耗。实际上，锂离子电池中每时每刻都有副反应存在，也有活性物质不可逆的消耗。如电解液分解、活性物质溶解、金属锂沉积等，只不过程度不同而已。实际电池系统的每次循环中，任何能够产生或消耗锂离子或电子的副反应，都可能导致电池容量平衡的改变。一旦电池的容量平衡发生改变，这种改变就是不可逆的，并且可以通过多次循环进行累积，对电池性能产生严重影响。造成锂离子电池容量衰退的原因主要如下：

1）正极材料的溶解。以尖晶石 $LiMn_2O_4$ 为例，Mn 的溶解是引起 $LiMn_2O_4$ 可逆容量衰减的主要原因。Mn 的溶解沉积造成正极活性物质减少；溶解的 Mn 游离到负极时会造成负极 SEI 膜的不稳定，被破坏的 SEI 膜再形成时会消耗锂离子，造成锂离子的减少。Mn 的溶解是尖晶石 $LiMn_2O_4$ 锂离子电池容量衰减的重要原因，在这一点学术界已经基本达成共识，但是对于 Mn 的溶解机理却存在多种不同的解释。

2）正极材料的相变化。一般认为，锂离子的正常脱嵌反应总是伴随着宿主结构摩尔体积的变化，引起结构的膨胀与收缩，导致氧八面体偏离球对称性并成为变形的八面体构型。这种现象叫做 Jahn-Teller 效应（或 J-T 扭曲）。在 $LiMn_2O_4$ 电池中，J-T 效应所导致的尖晶石型结构不可逆转变，也是容量衰减的主要原因之一。J-T 效应多发生在过放电阶段，在起始材料中加入过量的锂、掺杂 Ni、Co、Al 等阳离子或者 S 等阴离子可以有效地抑制 J-T 效应。

3）电解液的分解。锂离子电池中常用的电解液主要包括由各种有机碳酸酯（如 PC、EC、DMC、DEC 等）的混合物组成的溶剂，以及由锂盐（如 $LiPF_6$、$LiClO_4$、$LiAsF_6$ 等）组成的电解质。在充电的条件下，电解液对含碳电极具有不稳定性，故会发生还原反应，电解液还原消耗了电解质及其溶剂，对电池容量及循环寿命产生不良影响。

4）过充电造成的容量损失。电池在过充电时，会造成负极锂的沉积、电解液的氧化以及正极氧的损失。这些副反应或者消耗了活性物质，或者产生不溶物质堵塞电极孔隙，或者正极氧损失导致高电压区的 J-T 效应，这些都会导致电池容量衰减。

5）自放电。锂离子电池的自放电所导致的容量损失大部分是可逆的，只有一小部分是不可逆的。造成不可逆自放电的原因主要有锂离子的损失（形成不可溶的 Li_2CO_3 等物质），电解液氧化产物堵塞电极微孔，造成内阻增大等。

6）界面膜（SEI）的形成。因界面膜的形成而损失的锂离子将导致两极间容量平衡的改变，在最初的几次循环中就会使电池的容量下降。另外，界面膜的形成使得部分石墨粒子和整个、电极发生隔离而失去活性，也会造成容量的损失。

7）集流体。锂离子电池中的集流体材料常用铜和铝，两者都容易发生腐蚀，集流体的腐蚀会导致电内阻增加，从而造成容量损失。

【实训操作】锂离子电池充放电性能测试

一、实训目标

1. 掌握车用电池检测设备的功能、原理和组成。

2. 熟悉锂动力电池性能测试操作流程。
3. 巩固锂离子动力电池性能特点及使用注意事项。
4. 能根据测试结果分析动力电池是否有故障及故障类型。

二、实验设备

1. XP-EVBT400-150 型动力电池测试系统。
2. 万用表。
3. 车用锂离子动力电池。
4. 车用锂离子动力电池管理系统。
5. 快速充电机。
6. 绝缘扳手、绝缘手套等工具及护具。

三、操作步骤及工作要点

1. 测试仪与测试仪电源接线，如图 5-23 所示。

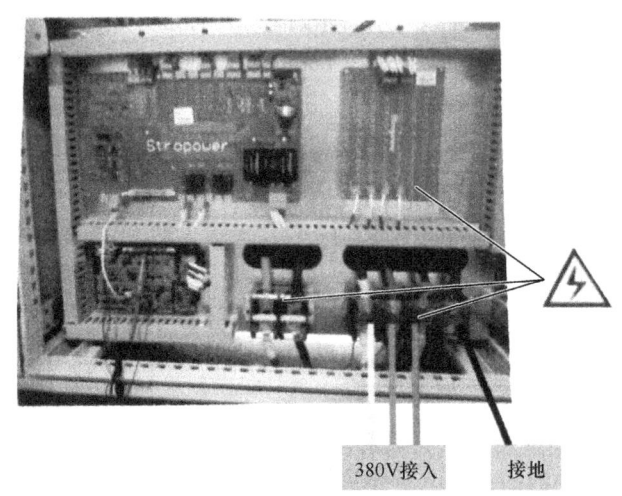

图 5-23　测试仪电源接线

2. 采样柜和上位机接线，如图 5-24 所示。
3. 电源柜与电池接线，如图 5-25 所示。
4. 采样柜与电池接线，如图 5-26 所示。
5. 电源柜上电，如图 5-27 所示。
6. 等待 AFE READY 指示灯亮后按下 RUN 按钮，此时 AFE RUN 指示灯应亮起。
7. 若 IVC 工作，IVC 指示灯亮。

提示：若 AFE ERR 或 IVC ERR 两个指示灯有任何一个亮起，则需立即按下急停按钮，并关闭总电源开关。如图 5-28 所示。

8. 添加设备并进行串口配置，如图所示，选择相应的串口，先点击"应用"按钮，然后点击"确定"按钮。如图 5-29 所示。

图 5-24　采样柜和上位机接线

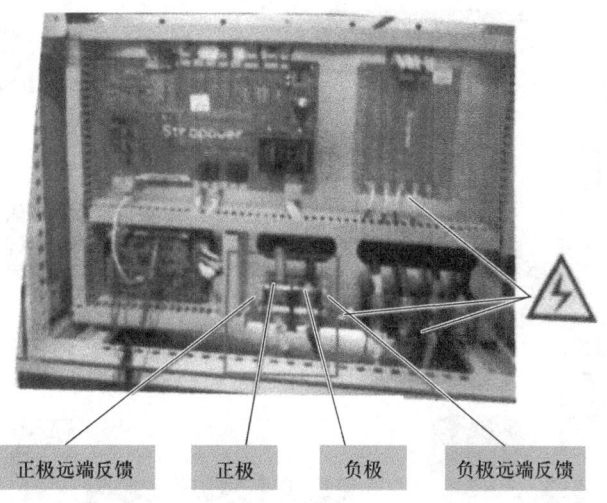

图 5-25　电源柜与电池接线

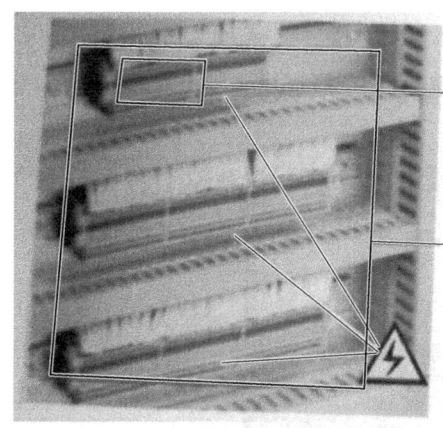

图 5-26　采样柜与电池接线

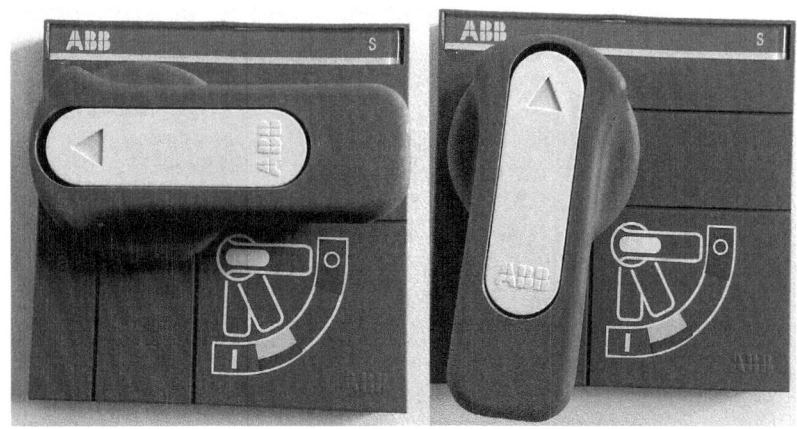

图 5-27 旋动总电源开关给电源柜上电

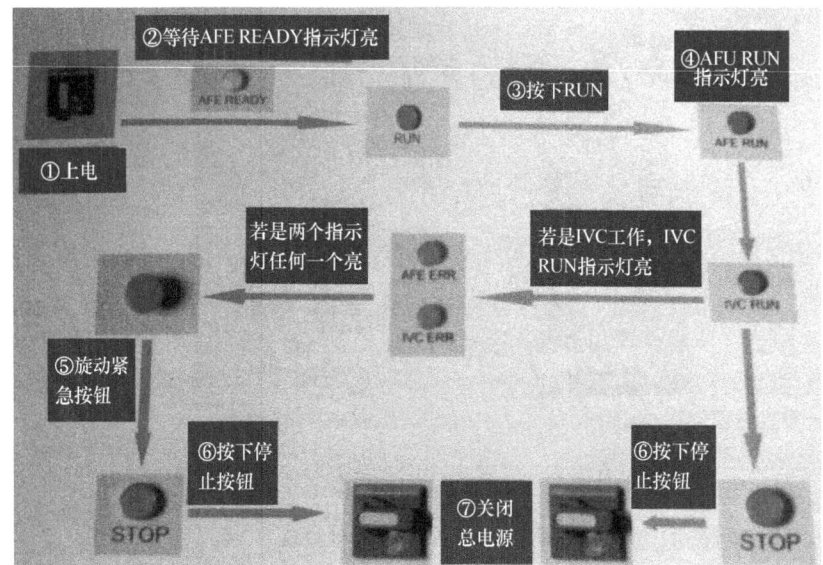

图 5-28 开关操作流程

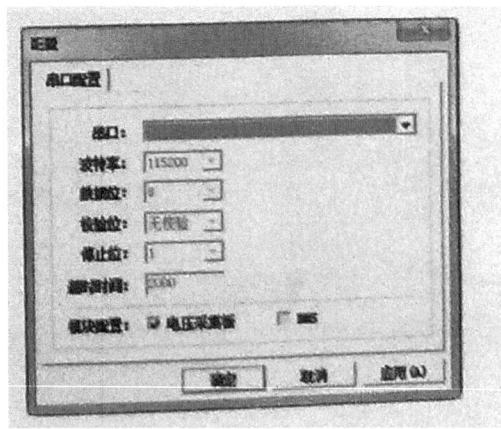

图 5-29 串口配置

9. 新建和编辑工步文件。

步骤1：新建工步文件，在"基本设置"中，"标签"栏中输入"loop"用于给此工步文件命名，然后在"类型"下拉菜单选择需要的参数类型，如"充电"。

步骤2：参数设置中，参数名选择电流，参数值为20，即用20A电流充电。

步骤3：单击"限制条件"按钮编辑限制条件，在候选列表中选择需要限制的条件类型（这里选电压）；然后单击"添加"，最后单击"退出"。在"限制条件"的条件名的下拉菜单出现刚添加的条件电压，编辑"条件符"为"＞"和"条件值"为"25"。操作完后，意味着电压大于25V时执行动作。

步骤4：编辑动作，设置"命令"为GOTO，参数为我们建立的××工步，即完成此项工步后降跳转到××工步继续执行。

步骤5：编辑"寄存器参数"，进入寄存器编辑界面，在"候选列表"中选择采样周期，依次单击添加、退出，在寄存器栏目中设置相应的值。

步骤6：保存工步文件。

10. 打开通信接口。

11. 启动测试。

12. 测试完毕后按下"启动/停止测试"按钮，停止测试。

13. 调取日志文件、数据文件、工步文件等进行数据处理和分析。

14. 测试完毕按下停止按钮，关闭总电源开关。

15. 断开电源柜电源线。

16. 关闭上位机电脑。

17. 通过电源管理系统确认电池状态，如果电池电量不足，则使用充电机进行补充充电。

18. 整理、清洁实验室。

【本章小结】

本章对锂离子动力电池结构原理、性能、检测及应用情况进行了介绍。

锂离子动力电池由于具有工作电压高、能量密度高、循环寿命长、自放电小、无记忆效应、环保性高等优点，是目前最理想电动汽车动力电源之一，在纯电动汽车、插入充电式混合动力汽车中受到广泛欢迎。

【复习题】

1. 电动汽车锂离子动力电池的基本构成有哪些？
2. 锂离子动力电池的正极材料有哪些类型？
3. 锂离子动力电池有哪些优缺点？
4. 锂离子动力电池在电动汽车领域的应用情况如何？

第六章　用于电动汽车的其他动力源

【引入】

除铅酸电池、镍氢电池、锂离子电池之外，还有多种动力电池因其在能量密度、功率密度、使用寿命或安全性等一个或几个方面的优良特性，而在某些电动车辆上有所应用，或将成为未来应用的热点和重点。

【学习目标】

1. 掌握锌空气电池原理与应用。
2. 掌握飞轮电池原理与应用。
3. 掌握超级电容的结构原理与应用。
4. 掌握燃料电池的结构原理与应用。

第一节　锌空气电池的结构原理与应用

一、锌空气电池原理

锌空气电池结构如图6-1所示，主要由空气电极、电解液和锌阳极构成。锌空气电池以空气中的氧作为正极活性物质，金属锌作为负极活性物质，多孔活性炭作为正极，铂或其他材料作为催化剂，使用碱性电解质。氧气经多孔电极扩散层扩散到达催化层，在催化剂微团表面的三相界面处与水发生反应，吸收电子，生成 OH^-，阳极的锌与电解液中的 OH^- 发生电化学反应，生成 ZnO 和 H_2O，并释放出电子，电子被集电层收集起来，在外电路中产生电流。

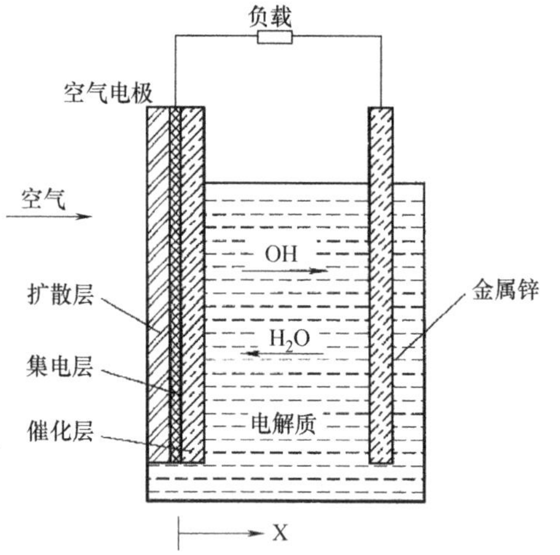

图6-1　锌空气电池结构

电池工作的化学反应式如下。

负极反应式：
$$Zn + 2OH^- \rightarrow ZnO + H_2O + 2e^- \tag{6-1}$$

正极反应式：
$$\frac{1}{2}O_2 + H_2O + 2e^- \rightarrow 2OH^- \tag{6-2}$$

总电池反应式：
$$Zn + \frac{1}{2}O_2 \rightarrow ZnO \tag{6-3}$$

锌在电池介质中与空气中的氧发生氧化反应，产生电流供给外电路。锌作为负极活性物质，空气中的氧气作为正极活性物质，它通过载体活性炭做成的电极进行反应。锌空气电池阳极反应是锌的氧化反应，阴极反应是氧气的还原反应，其阴极反应与氢氧燃料电池中的阴极反应过程是一样的。因此，也把锌空气电池看做燃料电池的一种，称为金属燃料电池。

空气电极一般由催化层、集流体和防水层组成，通常使用以 PTFE（聚四氟乙烯）粘接起来的活性炭、石墨等作为电化学反应的载体。正极以空气中的氧作为活性物质，在放电过程中，氧气在三相界面上被电化学还原为氢氧根离子，发生式（6-2）的电化学反应。

在弱酸性和中性介质中，空气电极的活性较差，且存在电极材料和催化剂容易腐蚀退化等问题，同时也不能满足大功率放电的需要。而在碱性介质中，空气电极具有较好的性能。因此，在碱性环境下工作的空气电极目前得到了较为广泛的应用。空气电极反应机理比较复杂，一般包含了以下步骤：氧气的溶解过程——氧气的扩散过程——氧气的吸附过程——电化学反应——产物脱附、溶解。

空气电极是整个锌空气电池中的关键所在，而空气电极的性能受制备工艺、防水层的性能、催化剂的种类等多种因素的影响。当前研究重点集中在高效率的薄型空气电极技术方面，包括如何获取更好的催化剂、设计更长寿命的电极物理结构、降低制造成本等。

金属 Zn 资源丰富、价格低廉，被广泛地运用于作为电池的负极材料，如 $Zn\text{-}MnO_2$、$Zn\text{-}AgO$ 等电池系统。锌电极在碱性水溶液中容易发生自放电，充放电循环过程中还容易发生电极变形和枝晶问题。锌空气电池的容量取决于锌电极，由于充电时锌负极容易出现锌枝晶的变形和下沉问题，影响电极的循环性能，因此，在二次可充电锌空气电池中采用具有良好性能的三维网络状骨架结构，孔隙率高且微孔分布均匀，可提高电极的真实微观表面积，有效降低其真实电流密度，使得电解液扩散容易，电极极化减缓，放电性能提高，比较适合高倍率放电的要求。

二、锌空气电池的分类

锌空气电池根据其充电的方式，以及在电动车辆及其他领域上应用的特点可分为 3 类：直接再充式锌空气电池、机械充电式锌空气电池以及注入式锌空气电池。

1. 直接再充式锌空气电池

直接再充式锌空气电池是直接对锌空气电池的锌电极充电，在此过程中，锌在碱性溶液中的电化学活性很大，同时热力学性质不稳定，充电产物锌酸盐在强碱溶液中的溶解度较高，容易出现电极变形、枝晶生长、自腐蚀及钝化等现象，从而导致电极逐渐失效。另外，空气电极可逆性差，在大气环境中电解液容易碳酸化，且电解液受空气湿度的影响较大。当空气相对湿度较低时，电池将损失水分，导致电解液不足电池失效；当空气相对湿度较高时，电解液变稀，导电率降低，还有可能淹没气体电极的催化层，降低电极活性，从而导致电池失效。因此，直接再充式锌空气电池的应用受到了一定的限制。

2. 机械充电式锌空气电池

鉴于直接再充式锌空气电池存在的问题，根据锌空气电池的放电特征及自身的特点，可以采用机械式充电。机械式充电是指在电池完全放电后，将电池中用过的锌电极取出，换入新的锌电极，或者将整个电池组进行完全更换，整个过程控制在较短的时间内（3~5min）。该方式对普及锌空气电池电动车辆非常有利。使用过的锌电极或锌空气电池可以在专门的锌回收利用厂进行回收再加工，实现绿色环保无污染生产。

以色列的科学家曾经对电动汽车用机械再充式锌空气电池作过深入的分析研究。他们研制的电池能量密度达到 180~220W·h/kg，在 80% 放电深度时峰值比功率可达 100W/kg。

采用的电池模块由 22 块单体电池组成，容量和能量分别达到 250A·h 和 625kW·h。整个电池组由 24 个模块组成，总能量为 150kW·h，质量约 800kg。更换一次锌电极可以使得车辆续驶里程超过 300km，该电池组已成功应用于德国邮政车辆。锌电极更换和再利用工作由专门的充电站来完成，该过程如图 6-2 所示。机械更换电极或电池后锌电极的再生一般按照图 6-3 所示的还原方式完成。经过一系列的处理后，重新封装好的锌空气电池再次回到电池流通体系中。

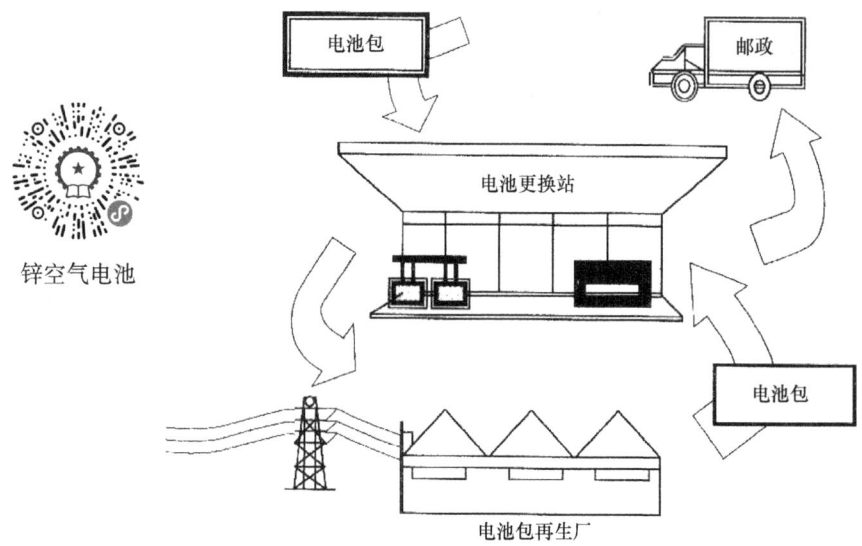

图 6-2 锌电极更换和再利用示意图

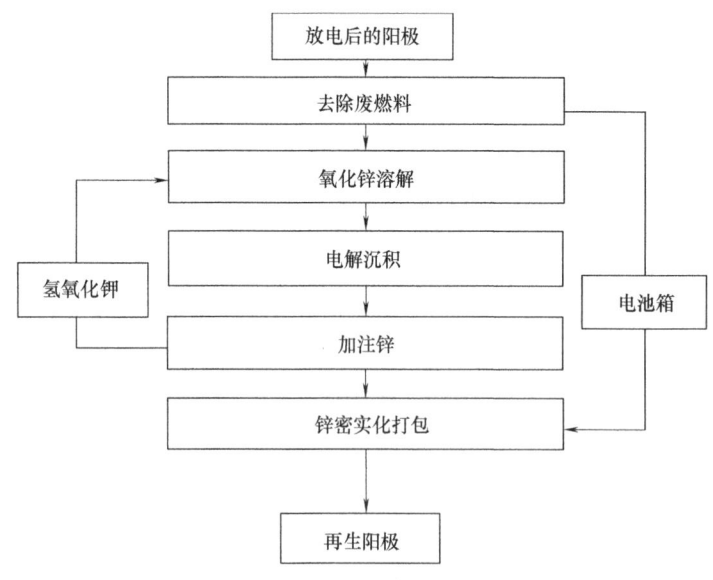

图 6-3 锌电极的再生示意图

3. 注入式锌空气电池

注入式锌空气电池的基本原理与机械充电式锌空气电池相似，本质上都是更换锌极活性物质。该种电池是将配制好的锌膏源源不断地通过挤压或压力输送送入电池内,同时将反应完毕的混合物抽取到电池外,这样在电动车辆上应用时,电池系统只需携带盛放锌膏的燃料罐,燃料罐加注足够的锌膏燃料就可实现车辆的连续行驶。

三、锌空气电池的应用

1995 年,以色列电燃料(Electric Fuel)有限公司首次将锌空气电池用于 EV(电动汽车)上,使得锌空气电池进入了实用化阶段。美国 Dreisback Electromotive 公司以及德国、法国、瑞典、荷兰、芬兰、西班牙和南非等多个国家也都在 EV 上积极地推广应用锌空气电池。国内部分厂家已经在注入式锌空气电池方面开展了多年的研究工作,并且在部分电动车辆上进行了实验性装车测试。2010 年,北京市安排 5 辆电动大客车和环卫车进行运行测试,另安排 50 辆电动大客车和环卫车电池,在北京市政府指定的线路进行路试,投入市公交和环卫系统的试验运行,为市场化运作提供可靠的依据。

以色列电燃料(Electric Fuel)有限公司开发的锌空气电池,装在载重 1000kg、总重 3500kg 的电动邮车上,实验结果:能量密度达到 207W·h/kg,350kg 的锌空气电池使电动邮车行驶了 300km,最高车速可达 120km/h,由静止加速到 80km/h 为 12s,该车具有良好的动力性能。更换锌粒匣和灌满电解质的时间为 2min。以色列设有每小时能处理 10kg 锌的再生处理厂,可以供给 10~15 辆电动邮车更换锌粒匣服务。

美国 Dreisback Electromotive 公司开发的锌空气电池,已在公共汽车和总重 9t 的货车上使用,公共汽车可连续行驶 10h 左右,货车最大续驶里程达 113km。

德国奔驰汽车公司的 MB410 型电动厢式车,标准总质量为 4000kg,采用 150kW·h 的锌空气电池,从法国的 Chambery 城越过阿尔卑斯山,连续爬坡 150km,山的最高处 2083m,公路全程 244km,到达意大利的都灵,仅消耗了 65% 的电量(97.5kW·h)。该车从德国的不莱梅到波恩,最高车速达到 120km/h,一次充电后走完全程 425km 的路程。

瑞典斯德哥尔摩市德电动货车、电动客车和电动服务车辆上,采用的锌空气电池能量密度为 180W·h/kg,功率密度为 100W·h/L,续驶里程在 350~425km。该市的锌空气电池废料回收处理能力为 250kg/h,可为 150 辆 EV 提供再生的锌粒。

图 6-4 和图 6-5 分别为注入式锌空气电池以及锌空气电池纯电动城市公交车。

四、锌空气电池的优点

锌空气电池的发明已经有上百年的历史。锌空气电池以容量大、能量高、工作电压平稳、使用寿命长、性能稳定、无毒无害、安全可靠、没有爆炸隐患、资源丰富、成本低廉等诸多优点而被公认为优秀的电池之一。

(1) 容量大 由于空气电极的活性物质氧气来自周围的空气,材料不占用电池空间。更无需材料成本,在相同体积、重量的情况下,锌空气电池就储存了更多的反应原料,因而容量就会高出很多。

(2) 能量密度高 锌空气金属燃料电池的理论比能量可达 1350W·h/kg,目前已研制成功的锌空气电池比能量已经可以达到 200W·h/kg 以上,这个能量密度已经是铅酸电池的 5 倍。

图 6-4 注入式锌空气电池　　　　图 6-5 锌空气电池纯电动城市公交车

（3）价格低廉　锌空气电池的阴极活性物质氧气来自周围空气，除了空气催化电极之外，不需要任何高成本的组件；阳极活性物质锌来源充足、资源丰富、价格便宜，并且，如果实现了锌的回收利用，它的价格将进一步降低。

（4）储存寿命好　锌空气电池在储存过程中均采用密封措施，将电池的空气孔与外界隔绝，因而电池的容量损失极小，储存寿命好。

（5）锌可以回收利用　锌的来源丰富，生产成本较低、回收再生方便，回收再生成本也较低，可以建立废电池回收再生工厂。

（6）绿色环保　在使用中，锌空气金属燃料电池的正极消耗空气，负极消耗锌。负极物质放电完毕后变成氧化锌，可通过电解还原成锌。由于锌空气金属燃料电池的结构与其他电池不同，在使用完毕后，正负极物质容易分离，便于集中回收，其中负极的电解锌可以直接加入电池重新使用，这样不仅大大降低了生产成本，同时提高了对资源的有效利用。对于某些不便回收的场合，由于锌空气金属燃料电池内无有害物质，即使抛弃也不会造成环境污染。

五、锌空气电池应用中存在的问题

由于锌空气电池大多使用多孔气体扩散电极，正极活性物质氧来源于周围的空气，因此空气电极在工作时暴露于空气中，这一固有特性对电池的使用寿命与性能产生很大的危害。因此，对锌空气电池的研究主要针对这一固有的特性带来的负面影响。发展锌空气电池，需要解决以下几个问题：

1）防止电解液中水分的蒸发或电解液的吸潮。由于空气电极露于空气中，必然会发生电解液水分的蒸发和吸潮问题，这些情况将改变电解液的性能，从而使电池性能下降。

2）避免锌电极的直接氧化。由于空气中的氧气直接进入电池溶于电解液，产生离子累积会使空气电极电位负移，锌电极直接氧化，从而锌电极出现钝化，降低锌电极的活性。

3）防止锌枝晶的生长。由于锌电极本身的自放电反应，使锌腐蚀产生锌枝晶。当锌枝晶生长到一定程度，它就会刺穿电池隔膜，使电池发生短路，从而降低电池的性能。

4）提高空气电极催化剂活性。空气电极曾采用铂、铑、银等贵金属作催化剂，催化效果好，但成本很高。采用炭黑、石墨与二氧化锰的混合物催化剂，锌空气电池的成本降低了，但催化剂活性偏低，影响电池的放电电流密度。因此，在催化剂的选择上比较难以兼顾

5) 控制电解液的碳酸化。在空气中的氧气进入电池的同时,空气中的二氧化碳也进入电池,溶于电解液中,使电解液碳酸化,导致电解液的导电性能下降,电池的内阻增大,同时碳酸盐在正极上的析出使正极的性能下降,这不仅影响了电池的放电性能,而且使电池的使用寿命受到很大的影响。

6) 解决电池的发热和温升问题。当电池大电流放电时,发热不可避免,因此,如何使这部分热量排出电池体外或者得到有计划地利用,成为锌空气电池发展过程中必须解决的问题。

第二节 超高速飞轮的结构原理与应用

超高速飞轮储能电池的概念起源于20世纪70年代早期,是伴随着当时能源危机导致的电动汽车研发热潮出现的,最初的应用对象就是电动汽车。但由于当时各种技术的限制,没有得到实际应用。直到20世纪90年代,由于电路拓扑思想的发展,碳纤维材料的广泛应用,这种物理储能型电池得到了高速发展,并且伴随着磁轴承技术的发展,展示出广阔的应用前景。

一、超高速飞轮的构造和原理

超高速飞轮电池储能是基于飞轮以一定角速度旋转时,可以存储动能的基本原理。飞轮作为储能的核心部件,储能量 E 由式(6-4)决定。

$$E = \frac{j\omega^2}{2} \tag{6-4}$$

式中 j——飞轮的转动惯量,与飞轮的形状和重量有关;

ω——飞轮转动的角速度。

充电时,飞轮电池中的电机以电动机形式运转,在外电源的驱动下,电机带动飞轮高速旋转,即用电给飞轮电池"充电",增加了飞轮的转速;放电时,电机则以发电机状态运转,在飞轮的带动下对外输出电能,完成机械能(动能)到电能的转换。飞轮电池的飞轮是在真空环境下运转的,转速可达200000r/min。

飞轮电池技术主要涉及复合材料、电力电子技术、磁悬浮技术、超真空技术、微电子控制系统等学科,具有明显的多学科交叉和集成特点。飞轮电池主要由以下几部分组成:复合材料飞轮、集成的发电机/电动机、支撑轴承、电力电子及其控制系统、真空腔、辅助轴承和事故屏蔽容器。

典型的飞轮储能电池结构如图6-6所示,其基本工作原理如图6-7所示。

二、飞轮电池的特性

在特性上,飞轮电池兼顾了化学电池、燃料电池和超导电池等储能装置的诸多优点,主要表现在如下几个方面。

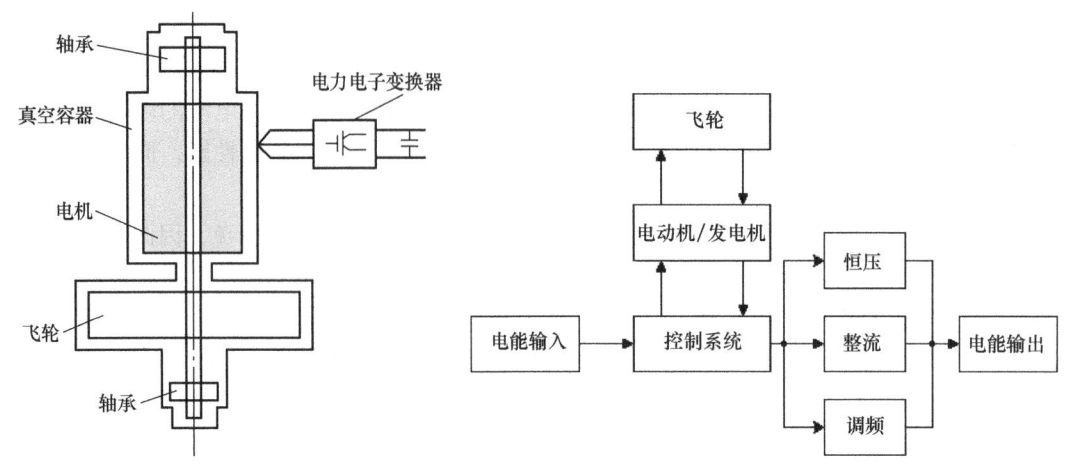

图 6-6 飞轮储能电池的结构　　图 6-7 飞轮储能电池的工作原理

1）能量密度高。储能密度可达 100～200W·h/kg，功率密度可达 5000～10000W/kg。

2）能量转换效率高。工作效率高达 90%。

3）工作温度范围宽。对环境温度没有严格要求。

4）使用寿命长。不受重复深度放电影响，能够循环几百万次运行，预期使用寿命 20 年以上。

5）低损耗、低维护。磁悬浮轴承和真空环境使机械损耗可以被忽略，系统维护周期长。

三、飞轮电池的应用情况

（1）交通运输　飞轮电池充电快，放电完全，非常适合车辆应用。现在由于成本和小型化的问题，仅在部分电动汽车和火车上有示范性应用，并且主要是混合动力电动车辆，车辆在正常行驶或制动时，给飞轮电池充电，在加速或爬坡时，飞轮电池则给车辆提供动力，保证发动机在最优状态下运转。

（2）航空航天　航空航天方面包括在人造卫星、飞船、空间站上的应用等。飞轮电池一次充电可以提供同重量化学电池两倍的功率，同负载的使用时间为化学电池的 3～10 倍。同时，因为它的转速是可测可控的，故可以随时查看剩余电能。美国太空总署已在空间站安装了 48 个飞轮电池，联合在一起可提供超过 150kW 的电能。

（3）不间断电源　飞轮电池作为稳定电源，可提供几秒到几分钟的电能，这段时间足以保证工厂进行电源切换。德国 GmbH 公司制造了一种使用飞轮电池的 UPS，在 5s 内可提供或吸收 5MW 的电能。

四、飞轮电池在电动汽车上的应用案例

20 世纪 80 年代初，瑞士 Oerlikon Energy 公司研制成功了完全由飞轮电池供能的电动公交客车，飞轮直径 163m，重 15t，可载乘客 70 名，在行驶过程中，需要在每个车站（站间距约 800m）停车充电 2min。1987 年，德国开发了飞轮电池混合动力汽车，利用飞轮电池吸

收90%的制动能量,并在需要短时加速等工况下输出电能补充内燃机功率的不足。1992年,美国飞轮系统公司(ASF)采用纤维复合材料制造飞轮,并开发了飞轮电池电动汽车,该车一次充电续驶里程达到600km。

保时捷911 GT3采用机电飞轮代替蓄电池为能源(见图6-8)。该系统包括一台连接有电动机/发电机的电动飞轮。飞轮最高转速高达40 000r/min。

图6-8 保时捷911 GT3采用飞轮电池储能
1—电能控制器 2—左右前轮轴电动马达
3—高压电线 4—电控飞轮电池 5—电能控制器

沃尔沃在赛车上应用的动能回收系统(Kinetic Energy Recovery Systems,KERS)采用的就是机械飞轮储能结构(图6-9和图6-10),将来自车身的动能储存在由一块重量6kg、直径20cm的碳纤维组成飞轮模块中,需要释放时,其通过CVT变速模块将能量传递至后桥直接驱动车轮。根据官方测试的结果表明,使用了该技术的4缸涡轮增压发动机可以达到6缸涡轮增压发动机的水平,同时相比6缸涡轮增压发动机减少25%的油耗。

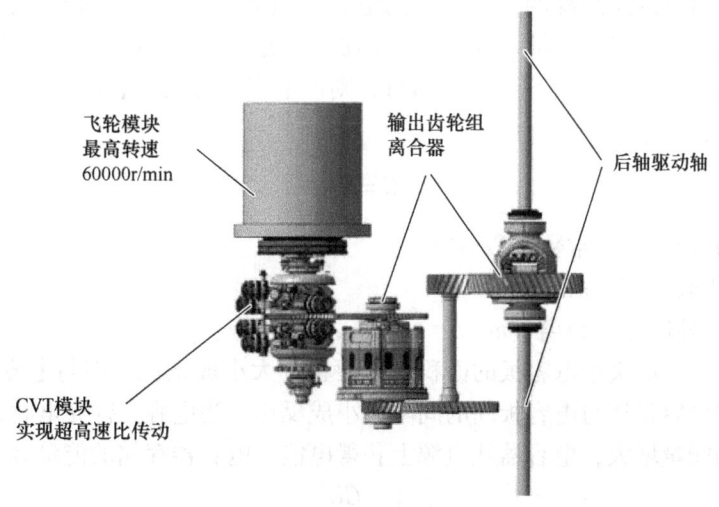

图6-9 沃尔沃的KERS采用的机械飞轮储能结构的组成

图 6-10　飞轮式 KERS 本体

从以上案例不难看出，仅以超高速飞轮作为电动汽车唯一的储能电池时，飞轮储能电池的质量、尺寸将显得非常庞大，并且充电时间也会相应较长。而如果作为辅助能源供给使用时，则可以达到较好的利用效果。

第三节　超级电容器的结构原理与应用

超级电容器（简称超级电容），又叫做双电层电容器（Electrical Double-Layer Capacitor），是一种通过极化电解质来储能的电化学元件，但在储能的过程中并不发生化学反应，其储能过程是可逆的，可以反复充放电数十万次。与传统的电容器和二次电池相比，超级电容器的比功率是电池的 10 倍以上，储存电荷的能力比普通电容器高，并具有充放电速度快、循环寿命长、使用温度范围宽、无污染等优点，是一种非常有前途的新型绿色能源。

一、超级电容器工作原理

电容器是由两个彼此绝缘的平板形金属电容板组成，在两块电容板之间用绝缘材料隔开。电容器极板上所储集的电量 q 与电压成正比。电容的计量单位为"法拉"（F）。当电容器充上 1V 电压，如果极板上存储 1C 电荷量，则该电容器的电容量就是 1F。

电容器的电容量为

$$C = \frac{\varepsilon A}{d} \tag{6-5}$$

式中　ε——电介质的介电常数（F/m）；
　　　A——电极表面积（m^2）；
　　　d——电容器间隙的距离（m）。

电容器的容量只取决于电容板的面积，与面积的大小成正比，而与电容板的厚度无关。另外，电容器的电容量还与电容板间的间隙大小成反比，当电容元件充电时，电容元件上的电压增高，电场能量增大，电容器从电源上获得电能，电容器存储的能量 E 为

$$E = \frac{CU^2}{2} \tag{6-6}$$

式中　U——外加电压（V）。

当电容器放电时,电压降低,电场能量减小,电容器释放能量,可释放能量的最大值为 E。

超级电容器在原理上与双电层原理电容器相同(见图6-11)。

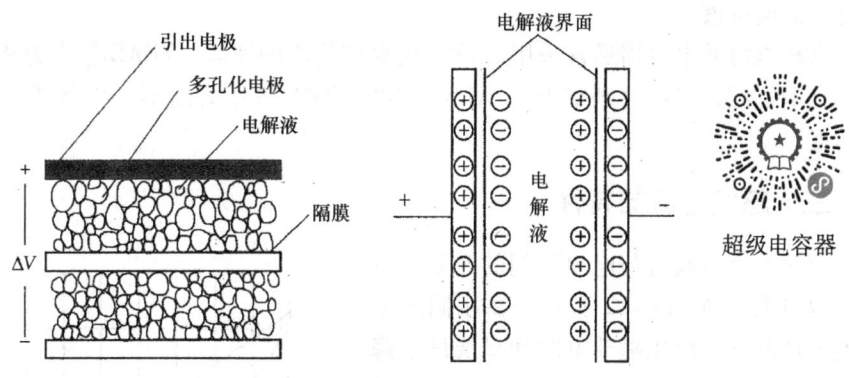

图6-11 超级电容结构

当外加电压加到超级电容器的两个极板上时,与普通电容器一样,极板的正电极存储正电荷,负极板存储负电荷,在超级电容器的两极板上电荷q产生的电场作用下,电解液与电极间的界面上形成相反的电荷,以平衡电解液的内电场,这种正电荷与负电荷在两个不同相之间的接触面上,以正负电极之间极短间隙排列在相反的位置上,这个电荷分布层叫做双电层,因此电容量非常大。

当两极板间电势低于电解液的氧化还原电极电位时,电解液界面上电荷不会脱离电解液。随着超级电容器放电,正、负极板上的电荷被外电路泄放,电解液的界面上的电荷相应减少。由此可以看出,超级电容器的充放电过程始终是物理过程,没有化学反应,因此性能更加稳定。

二、超级电容器分类

1)按工作原理来分,超级电容器可分为双电层型超级电容器和赝电容型超级电容器两种类型。

双电层型超级电容器的电极材料有活性炭电极材料、碳纤维电极材料、碳气凝胶电极材料和碳纳米管电极材料等,采用这些材料可以制成平板型超级电容器和绕卷型溶剂电容器。平板型超级电容器,多采用平板状和圆片状的电极,另外也有多层叠片串联组合而战的高压超级电容器,可以达到300V以上的工作电压。绕卷型溶剂电容器,采用电极材料涂覆在集流体上,经过绕制得到,这类电容器通常具有更大的电容量和更高的功率密度。

赝电容型超级电容器包括金属氧化物电极材料与聚合物电极材料,金属氧化物材料包括 NiO_x、MnO_2、V_2O_5 等作为正极材料,活性炭作为负极材料制备超级电容器。导电聚合物材料包括 PPY、PTH、PAni、PAS、PFPT 等经 P 型或 N 型或 P/N 型掺杂制取电极,以此制备超级电容器。这一类型超级电容器具有非常高的能量密度。

2)按电解质类型来分,超级电容器可以分为水性电解质和有机电解质两种类型的超级电容器。

水性电解质超级电容器又可分为:

① 酸性电解质，多采用36%（质量分数）的H_2SO_4水溶液作为电解质。
② 碱性电解质，通常采用KOH、NaOH等强碱作为电解质，水作为溶剂。
③ 中性电解质，通常采用KCl、NaCl等盐作为电解质，水作为溶剂，多用于氧化锰电极材料的电解液。

有机电解质电容器通常采用$LiClO_4$为典型代表的锂盐、$TEABF_4$作为典型代表的季铵盐等作为电解质，有机溶剂如PC、ACN、GBL、THL等作为溶剂，电解质在溶剂中接近饱和溶解度。

三、超级电容器特性

超级电容器具有与电池不同的充放电特性，放电曲线如图6-12所示。在相同的放电电流情况下，电压随放电时间呈线性下降的趋势。这种特性使超级电容器的剩余能量预测以及充放电控制相对于电池的非线性特性曲线简单了许多。

在容量定义方面，超级电容器也不同于电池。超级电容器的额定容量单位为法拉（F）。定义为以规定的恒定电流（如1000F以上的超级电容器规定的充电电流为100A，200F以下的为3A）充电到额定电压后保持2~3min，在规定的恒定电流放电条件下放电到端电压为零所需的时间与电流的乘积再除以额定电压值。
即

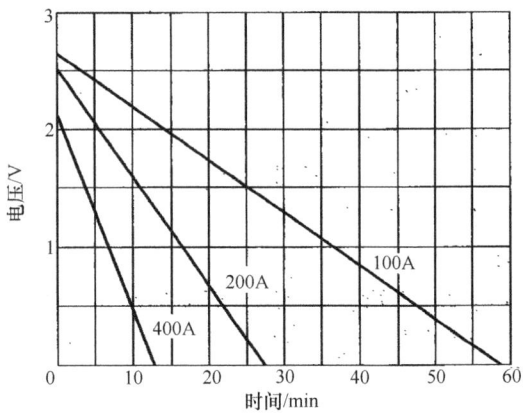

图6-12 超级电容器放电曲线

$$C = \frac{It}{V} \qquad (6-7)$$

式中　C——超级电容额定容量；
　　　I——充电电流；
　　　t——充电时间；
　　　V——额定电压。

在超级电容器放电过程中，由于其等效串联电阻（ESR）比普通电容器大，因而充放电时ESR产生的电压降不可忽略，如2.7V/5000F超级电容器的ESR为$0.4m\Omega$，在100A电流放电时的ESR电压降为40mV，占额定电压的1.5%，在950A电流放电时的ESR电压降为380mV，占额定电压的14%。

与其他各类电池相比，超级电容主要有以下特点：

1）输出功率密度高。超级电容器的内阻很小，并且在电池液界面和电极材料本体内均能够实现电荷的快速储存和释放，因而它的输出功率密度高达数千瓦每千克，是一般蓄电池的数十倍。

2）极长的充放电循环寿命。超级电容器在充放电过程中没有发生电化学反应，其循环寿命可达1万次以上，是只有数百次充放电循环寿命的蓄电池无法比拟的。

3）非常短的充电时间。从目前已经做出的超级电容器充电试验结果来看，全充电时间只要 10~12min；而蓄电池在这么短的时间内是无法完成充电的。

4）储存寿命极长。超级电容器储存过程中，虽然也有微小的漏电电流存在，但这种发生在电容器内部的离子或质子迁移运动是在电场的作用下产生的，并没有出现化学或电化学反应，没有产生新的物质；而且，所用的电极材料在相应的电解液中也是稳定的，故理论上超级电容器的储存寿命几乎可以认为是无限的。

5）能量密度低。比能量低是目前超级电容器的显著缺陷，在一定程度上限制了采用超级电容为电源的电动汽车续驶里程。

四、超级电容器在电动汽车上的应用实例

超级电容器由于具有比功率高、循环寿命长、充放电时间短等优势，已成为理想的电动汽车的电源之一。目前，世界各国争相研究，并越来越多地将其应用到电动车辆上。美国能源部最早于 20 世纪 90 年代就在《商业时报》上发表声明，强烈建议发展电容器技术，并使这项技术应用于电动汽车上。能源部的声明使得像 Maxwell 等一些公司开始进入电化学电容器这一技术领域。

日本是将超级电容器应用于混合动力电动汽车的先驱，超级电容器是近年来日本电动汽车动力系统开发中的重要领域之一。

本田的 FCX 燃料电池-超级电容混合动力汽车是世界上最早实现商品化的燃料电池轿车，该车已于 2002 年在日本和美国加州上市；日产公司于 2002 年 6 月 24 日生产了安装有柴油机、电动机和超级电容的并联混合动力卡车，此外还推出了天然气超级电容混合动力客车，该车的经济性是原来传统天然气汽车的 2~4 倍；日本富士重工推出的电动汽车已经使用了日立机电制作的锂离子蓄电池和松下电器制作的储能电容器的联用装置。

美国在超级电容混合动力汽车方面的研究也取得了一定进展，Maxwell 公司所开发的超级电容器在各种类型电动汽车上都得到了良好的应用。美国 NASALewis 研究中心研制的混合动力客车采用超级电容作为主要的能量存储系统。

国内以超级电容为储能系统的电动汽车的研究取得了一系列成果。2004 年 7 月，我国首部"电容蓄能变频驱动式无轨电车"在上海张江投入试运行，该公交车利用超级电容比功率大和公共交通定点停车的特点，当电车停靠站时在 30s 内快速充电，充电后就可持续提供电能，时速可达 44km/h。哈尔滨工业大学和巨容集团研制的超级电容器电动公交车，可容纳 50 名乘客，最高速度 20km/h，2010 年上海世博会期间，在世博园内也运行了采用超级电容器驱动的电动客车，如图 6-13 所示。

在纯电动汽车和混合动力电动车辆上采用超级电容-蓄电池复合电源系统被认为是解决未来电动车辆动力问题的最佳途径之一。随着对电动汽车用超级电容的进一步研究和开发，超级电容-蓄电

图 6-13 世博园内运行的超级电容器驱动的电动客车

池复合电源系统在满足性能和成本要求上更具有实用性,其市场前景广阔。

第四节　燃料电池的结构原理与应用

燃料电池的开发历史相当悠久,1839年,格罗夫(W. Grove)通过将水的电解过程逆转发现了燃料电池的原理。他用铂作电极,以氢为燃料,氧为氧化剂,从氢气和氧气中获取电能,自此拉开了燃料电池发展的序幕。20世纪50年代,培根(F. L. Bac)成功开发了多孔镍电极,并制备了5kW碱性燃料电池系统,这是第一个实用性燃料电池。90年代,质子交换膜燃料电池(PEMFC)采用立体化电极和薄的质子交换膜之后,技术取得一系列突破性进展,极大地加快了燃料电池的实用化进程。

燃料电池与普通化学电池类似,两者都是通过化学反应将化学能转换成电能。然而从实际应用角度,两者之间存在着较大差别。普通电池是将化学能储存在电池内部的化学物质中。当电池工作时,这些有限的物质发生反应,将储存的化学能转变成电能,直至这些物质全部发生反应。因此,实际上普通的电池只是一个有限的电能输出和储存装置。但是燃料电池与常规化学能源不同,更类似于汽油或柴油发动机。它的燃料(主要是氧气)和氧化剂(纯氧气或空气)不是储存在电池内,而是储存在电池外的储罐中。当电池发电时,需连续不断地向电池内送入燃料和氧化剂,排出反应生成物——水。燃料电池本身只决定输出功率的大小,其发出的能量由储罐内燃料与氧化剂的量来决定。因此,确切地说,燃料电池是一个适合车用的、环保的氢氧发电装置,它的最大特点是反应过程不涉及燃烧,因此其能量转换效率不受"卡诺循环"的限制,其能量转换效率可高达80%,实际使用效率则是普通内燃机的2~3倍。

一、燃料电池构造和原理

燃料电池同普通电池概念完全不同,被称为燃料电池只是由于在结构形式上与电池有某种类似,外观、特性像电池,随负荷的增加,输出电压下降。作为发电装置,它没有传统发电装置上的原动机驱动发电装置,而是由燃料同氧化剂反应的化学能直接转化为电能。只要不中断供应燃料,它就可以不停地发电。

燃料电池可以使用多种燃料,包括氢气、一氧化碳以及比较轻的碳氢化合物,氧化剂通常使用纯氧或空气。

它的基本原理相当于电解反应的可逆反应。图6-14为燃料电池结构与电化学反应原理。燃料及氧化剂在电池的阴极和阳极上借助催化剂的作用,电离成离子,由于离子能通过在两电极中间的电解质在电极间迁移,在阴电极、阳电极间形成电压。在电极同外部负载构成回路时就可向外供电(发电)。

目前最常见的是氢-氧型燃料电池。基本原理是氢氧反应产生的吉布斯自由能直接转化为电能。其化学反应原理为:

1) 氢气通入阳极,在催化剂作用下,一个氢分子分解为两个氢离子,并释放出两个电子,阳极反应为

$$H_2 \rightarrow 2H^+ + 2e^- \tag{6-8}$$

2) 在电池另一端,氧气或空气到达阴极,同时,氢离子穿过电解质到达阴极,电子通

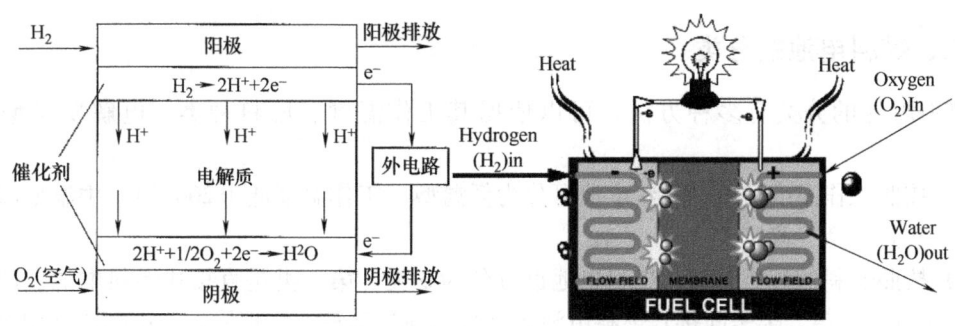

图 6-14 燃料电池结构与电化学反应原理图

过外电路到达阴极。

3) 在阴极催化剂的作用下，氧气和氢离子与电子发生反应生成水，阴极反应为

$$\frac{1}{2}O_2 + 2H^+ + 2e^- \rightarrow H_2O \tag{6-9}$$

4) 总的化学反应为

$$H_2 + \frac{1}{2}O_2 \rightarrow H_2O \tag{6-10}$$

理想的燃料电池系统是可逆热力学系统，在不同的工作温度、工作压力条件下，可通过热力学计算得出在理想可逆情况下燃料电池发电效率及单电池电压的变化规律，如图 6-15 所示。

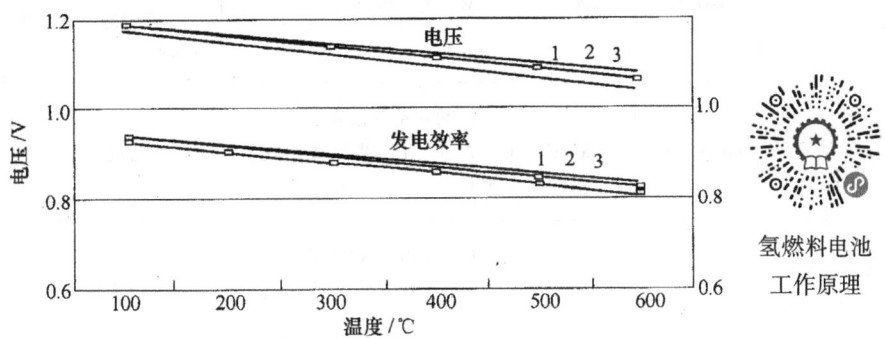

图 6-15 燃料电池发电效率及单电池电压的变化规律
1—0.5MPa 2—0.3MPa 3—0.1MPa

实际上，开始反应产生电流时，燃料电池的工作电压降低很多，其原因主要有以下 3 点：

1) 在电极上，活化氢气和氧气的能量要消耗一部分电动势。
2) 电极发生反应后，电池内部的物质移动扩散，所需能量消耗一部分电动势。
3) 由于电极与电解质之间有接触阻抗，电极和电解质本身也有电阻，也要消耗与电流大小成正比的电动势。

由于活化阻抗、扩散阻抗和电阻的综合作用，燃料电池单体的实际工作电压一般为 0.6~0.8V。

二、燃料电池的分类

燃料电池的分类有多种方法,可以依据其工作温度、燃料种类、电解质类型进行分类。

1) 按照工作温度分类,燃料电池可分为低温型(工作温度低于200℃)、中温型(200~750℃)和高温型(高于750℃)3种。

2) 按照燃料的种类分类,燃料电池也可分为3类。第一类是直接式燃料电池,即燃料直接使用氢气;第二类是间接式燃料电池,其燃料通过某种方法把甲烷、甲醇或其他类化合物转变成氢气或富含氢的混合气后再供给燃料电池;第三类是再生燃料电池,是指把电池生成的水经适当方法分解成氢气和氧气,再重新输送给燃料电池。

3) 按电解质类型分类,可分为如下几类:碱性燃料电池(AFC)、磷酸燃料电池(PAFC)、熔融碳酸盐燃料电池(MCFC)、固体氧化物燃料电池(SOFC)、质子交换膜燃料电池(PEMFC)。在此分类下,不同类型燃料电池的主要区别见表6-1。

表6-1 不同类型燃料电池的主要区别

燃料电池	典型电解质	工作温度	优 点	缺 点	效 率
碱性燃料电池	$KOH-H_2O$	80℃	1. 启动快 2. 室温常压下工作	1. 需以纯氧做氧化剂 2. 成本高	70%
磷酸燃料电池	H_3PO_4	200℃	对CO_2不敏感	1. 对CO敏感 2. 工作温度较高 3. 低于峰值功率输出时性能下降	40%
固体氧化物燃料电池	$ZrO_2-Y_2O_3$	1000℃	1. 可用空气做氧化剂 2. 可用天然气或甲烷作燃料	工作温度高	>60%
熔融碳酸盐燃料电池	Na_2CO_3	650℃	1. 可用空气做氧化剂 2. 可用天然气或甲烷作燃料	工作温度高	>60%
质子交换膜燃料电池	含氟质子交换膜	80~100℃	1. 寿命长 2. 可用空气做氧化剂 3. 工作温度低 4. 启动迅速	1. 对CO敏感 2. 反应物需加湿 3. 成本高	>60%

三、质子交换膜燃料电池系统

质子交换膜燃料电池是在电动车辆上最有应用前景的电力能源之一,以该类型燃料电池为例,对燃料电池系统的构成进行说明。

组成质子交换膜燃料电池的基本单元是单体燃料电池。如前所述,单体电池的电化学电动势大约1V左右,其电流密度约为每平方厘米百毫安量级。因此,一个实用化的质子交换膜燃料电池系统,必须通过单体电池的串联和并联形成具有一定功率的电池组,才能满足绝大多数用电负载的需求。除此之外,为保证燃料电池组成为一个连续、稳定的供电电源,还必须为系统配置氢燃料储存单元、空气(氧化剂)供给单元、电池组湿度与温度调节单元、功率变换单元及系统控制单元等。质子交换膜燃料电池系统结构图如图 6-16 所示。

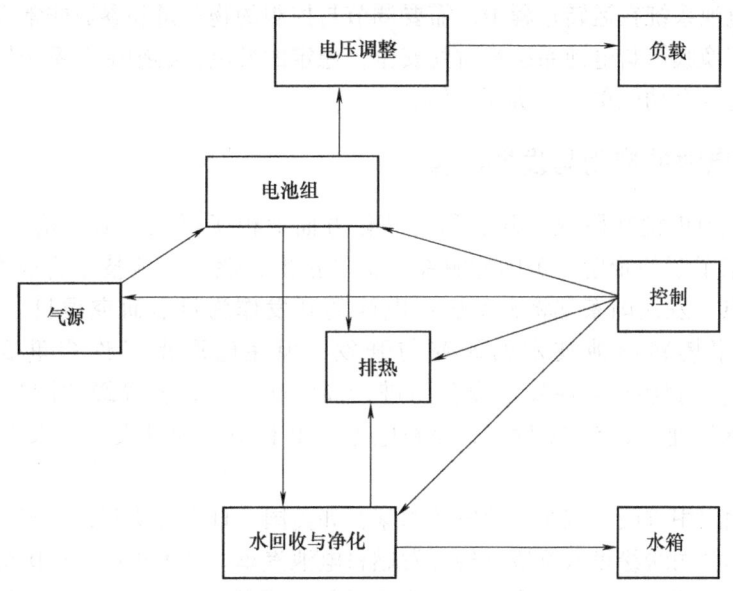

图 6-16　质子交换膜燃料电池系统结构图

(1) 燃料电池组(堆)　质子交换膜燃料电池的单体电池,其化学电动势为 1.0～1.2V,负载时的输出端电压为 0.6～0.8V。为满足负载的额定工作电压,必须将单体电池串联起来构成具有较高电压的电池组。由于受到材料(如质子交换膜等)及工艺水平的限制,目前,单体电池的输出电流密度约在 300～600mA/cm^2。因此,欲提高燃料电池的输出电流能力,只有将若干串联的电池组并联,组成具有较大输出能力的燃料电池堆。由于燃料电池堆是由大量的单体电池串并联而成,因而,存在着向每个单体电池供给燃料与氧化剂的均匀性和电池组热管理问题。

(2) 燃料及氧化剂的储存与供给单元　为使质子交换膜燃料电池实现连续稳定的运行发电,必须配置燃料(H_2)及氧化剂(O_2 或空气)的储存与供给单元,以便不间断地向燃料电池提供电化学反应所需的氢和氧。燃料供给部分由储氢器及减压阀组成;氧化剂供给部分由储氧器、减压阀或空气泵组成。

(3) 燃料电池湿度与温度调节单元　在质子交换膜燃料电池运行过程中,随着负载功率的变化,电池组内部的工况也要相应改变,以保持电池内部电化学反应的正常进行。对质子交换膜燃料电池运行影响最大的两个因素是电池内部的湿度与温度。因此,在电池系统中需要配置燃料电池湿度与温度调节单元,以便使质子交换膜燃料电池在负荷变化时仍工作在最佳工况下。

(4) 功率变换单元　质子交换膜燃料电池所产生的电能为直流电,其输出电压受内阻的影响还随负荷的变化而改变。基于上述原因,为满足大多数负载对交流供电和电压稳定度的要求,在燃料电池系统的输出端需要配置功率变换单元。当负载需要交流供电时,应采用 DC/AC 变换器;当负载要求直流供电时,也用需要用 DC/DC 变换器实现燃料电池组输出电能的升压与稳压。

（5）系统控制单元　由上述4个功能单元的配置和工作要求可知，质子交换膜燃料电池系统是一个涉及电化学、流体力学、热力学、电工学及自动控制等多学科的复杂系统。质子交换膜燃料电池系统在运转过程中，需要调节与控制的物理量和参数非常多，难以手动完成。为使质子交换膜燃料电池系统长时间安全、稳定的发电，必须配置系统控制单元，以实现燃料电池组与各个功能单元的协调工作。

四、燃料电池的应用与发展趋势

近年来，燃料电池在研究、开发和商品化方面取得了巨大突破，给汽车工业和能源工业的变革带来了新的希望。美国能源部的报告指出，燃料电池技术将成为21世纪汽车工业竞争的焦点。发达国家都将大型燃料电池的开发作为重点研究项目，企业界也纷纷斥以巨资，从事燃料电池技术的研究与开发，现在已取得了许多重要成果。2MW、4.5MW、11MW成套燃料电池发电设备已进入商业化生产，各等级的燃料电池发电厂相继在一些发达国家建成，在21世纪，燃料电池发电有望成为继火电、水电、核电后的第四代发电技术。

在电动车辆应用方面，汽车工业发达国家，如美国、日本等均制订了燃料电池汽车发展规划，各大汽车公司纷纷投入巨资支持开发燃料电池汽车。日本丰田、德国戴姆勒·克莱斯勒已经在日本和美国将燃料电池汽车交付用户试用，通用汽车有超过100辆的雪佛兰Equinox氢燃料电池汽车交付给普通消费者进行日常测试。燃料电池汽车的商业化示范运行在全球范围内蓬勃开展，主要目的在于进行技术检验和提高公众认知程度。最著名的包括美国加利福尼亚燃料电池伙伴计划、欧洲8国10城洁净交通示范项目、日本的氢能燃料电池示范项目和联合国燃料电池公共汽车示范项目。

我国科技部在"十五"和"十一五"期间持续支持燃料电池汽车的研发和产业化，研制样车的部分技术指标达到或接近国际先进水平。2008年4月底，上海大众领驭燃料电池轿车、福田欧V燃料电池城市客车作为国内首款燃料电池汽车产品已进入国家产品公告，并为2008北京奥运会提供了交通服务，如图6-17和图6-18所示。2010年，上海也应用了燃料电池汽车为世博会服务。

图6-17　服务于奥运会的燃料电池轿车　　图6-18　服务于世博会的燃料电池客车

由于燃料电池功率密度较低，现有的燃料电池电动车辆一般采用与动力电池共同驱动的方式对外输出电能。在燃料电池与动力电池连接方式上也有并联和串联两种形式。

【课堂活动】
1. 活动目标
① 了解锌空气电池、飞轮电池、超级电容、燃料电池的结构与原理。
② 熟悉各类电池的优缺点。
2. 所需材料：网络、报刊、杂志、纸笔等。
3. 活动方式：小组讨论。
4. 活动过程
① 各组通过各种途径搜集资料，探索锌空气电池充电方式，分析锌空气电池应用中的优势，预测锌空气电池未来的应用前景。
② 各组通过各种途径搜集资料，对比飞轮电池和超级电容的功率输出特性，分析其优点，探索其潜在的应用领域。
③ 各组通过各种途径搜集资料，从燃料电池的特性分析燃料电池的优点，并分析要实现其普及需要解决的问题。
④ 各组结合前面所学的铅酸、镍氢、锂离子动力电池和本部分所学的锌空气电池、飞轮电池、超级电容器、燃料电池等的特性，对比各类动力电源，说明未来电动车辆的动力电源发展趋势及各类电池在今后的应用情况。

【本章小结】

本章从除铅酸电池、镍氢电池和锂离子电池以外的其他动力电池中选取具有典型特点的锌空气电池、超级电容器、飞轮电池、燃料电池等进行了介绍。

锌空气电池具有容量大、能量密度高、价格低廉、储存寿命好、锌可回收和反复利用、绿色环保等优点，但因其空气电极在工作时暴露于空气中，推广应用时仍存在很多问题，目前仍主要在试验车上装车测试。

飞轮电池具有能量密度高、能量转换效率高、工作温度范围宽、使用寿命长、低损耗、低维护等优点，典型的应用是作为混合动力车的能量回收装置，对制动能量进行机械回收和在起动停车工况下快速起动车辆。目前，飞轮电池作为车辆主要动力来源的应用还不多。

超级电容器具有功率密度高、充放电速度快、循环寿命长、使用温度范围宽、无污染等优点，在等间距定点停车的公交车、场地车领域有很好的发展前景，在其他类型车辆上可作为辅助电源满足车辆急加速、爬陡坡时的功率需求和制动减速时的快速回收能量等。

燃料电池，尤其是质子交换膜燃料电池，由于兼具无污染、高效率、适用广、低噪声、可快速补充能量等特点，被公认为替代传统内燃机的最理想动力装置，是真正零排放的车用能源。

动力电池的类型很多，且各有优缺点，未来电动汽车的能量来源将广泛采用多能源互补的方式为车辆提供能量。

【复习题】

1. 车用锌空气电池的优缺点有哪些?
2. 车用飞轮电池的优缺点有哪些?
3. 车用超级电容器有哪些优缺点?
4. 车用燃料电池有哪些优缺点?
5. 哪些动力电池可能成为未来电动汽车的主要动力电源?

第七章 电动汽车电源管理系统

【引入】

电池管理系统（Battery Management System，BMS）是用来对蓄电池组进行安全监控及有效管理，提高蓄电池使用效率的装置。对于电动车辆而言，通过该系统对电池组充放电的有效控制，可以达到增加续驶里程，延长使用寿命，降低运行成本的目的，并保证动力电池组应用的安全性和可靠性。动力电池管理系统已经成为电动汽车不可缺少的核心部件之一。本章将重点介绍动力电池管理系统的构成、功能和工作原理。

【学习目标】

1. 掌握动力电池管理系统的功能。
2. 掌握动力电池管理系统电压、电流、温度等参数采集方法。
3. 掌握动力电池电量管理、电安全管理、均衡管理、热管理等的实现方法。

第一节 动力电池管理系统功能及参数采集方法

一、电池管理系统的功能

早期的电池管理系统仅仅进行电池一次测量参数（电压、电流、温度等）的采集，之后发展到二次参数（SOC、内阻）的测量和预测，并根据极端参数进行电池状态预警。现阶段，电池管理系统除完成数据测量和预警功能外，还通过数据总线直接参与车辆状态的控制。

在功能上，电池能量管理系统主要包括：数据采集、电池状态计算、能量管理、安全管理、热管理、均衡控制、通信功能和人机接口。图7-1为电池管理系统功能示意。

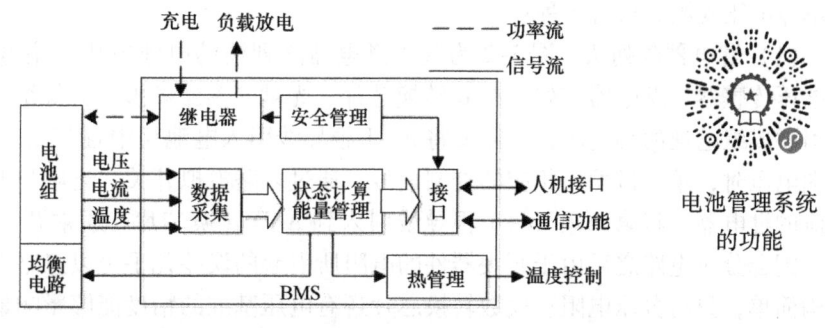

图7-1 电池管理系统功能示意

（1）数据采集　电池管理系统的所有算法都是以采集的动力电池数据作为输入，采样速率、精度和前置滤波特性是影响电池系统性能的重要指标。电动汽车电池管理系统的采样速率一般要求大于 200Hz（50ms）。

(2) 电池状态计算　电池状态计算包括电池组荷电状态（State of Charge，SOC）和电池组健康状态（State of Health，SOH）两方面。SOC 用来提示动力电池组剩余电量，是计算和估计电动汽车续驶里程的基础。SOH 用来提示电池技术状态，预计可用寿命等健康状态的参数。

(3) 能量管理　能量管理主要包括以电流、电压、温度、SOC 和 SOH 为输入进行充电过程控制，以 SOC、SOH 和温度等参数为条件进行放电功率控制两个部分。

(4) 安全管理　监视电池电压、电流、温度是否超过正常范围，防止电池组过充、过放。现在，在对电池组进行整组监控的同时，多数电池管理系统已经发展到对极端单体电池进行过充电、过放电、过热等安全状态管理。

(5) 热管理　在电池工作温度超高时进行冷却，低于适宜工作温度下限时进行电池加热，使电池处于适宜的工作温度范围内，并在电池工作过程中总保持电池单体间温度均衡。对于大功率放电和高温条件下使用的电池，电池的热管理尤为必要。

(6) 均衡控制　由于电池的一致性差异导致电池组的工作状态是由最差电池单体决定的。在电池组各个电池之间设置均衡电路，实施均衡控制是为了使各单体电池充放电的工作情况尽量一致，提高整体电池组的工作性能。

(7) 通信功能　通过电池管理系统实现电池参数和信息与车载设备或非车载设备的通信，为充放电控制、整车控制提供数据依据是电池管理系统的重要功能之一，根据应用需要，数据交换可采用不同的通信接口，如模拟信号、PWM 信号、CAN 总线或 I^2C 串行接口。

(8) 人机接口　根据设计的需要设置显示信息以及控制按键、旋钮等。

电池管理系统的主要工作原理可简单归纳为，数据采集电路采集电池状态信息数据后，由电子控制单元（ECU）进行数据处理和分析，然后电池管理系统根据分析结果对系统内的相关功能模块发出控制指令，并向外界传递参数信息。

二、单体电压采集方法

电池单体电压采集是动力电池组管理系统中的重要一环，其性能好坏或精度高低决定了系统对电池状态信息判断的准确程度，并进一步影响了后续的控制策略能否有效实施。常用的单体电压检测方法有 5 种：

(1) 继电器阵列法　图 7-2 为基于继电器阵列法的电池电压采集电路原理框图，其由端电压传感器、继电器阵列、A/D 转换芯片、光耦、多路模拟开关等组成。如果需要测量 n 块串联成组电池的端电压，就需要将 $n+1$ 根导线引入电池组中各节点。当测量第 m 块电池的端电压时，单片机发出相应的控制信号，通过多路模拟开关、光耦和继电器驱动电路选通相应的继电器，将第 m 和 $m+1$ 根导线引入到 A/D 转换芯片。通常开关器件的电阻都比较小，配合分压电路之后由于开关器件的电阻所引起的误差几乎可以忽略不算，而且整个电路结构简单，只有分压电阻和模数转换芯片还有电压基准的精度能够影响最终结果的精度，通常电阻和芯片的误差都可以做得很小。所以，在所需要测量的电池单体电压较高而且对精度要求也高的场合最适合使用继电器阵列法。

(2) 恒流源法　恒流源电路进行电池电压采集的基本原理是，在不使用转换电阻的前提下，将电池端电压转化为与之呈线性变化关系的电流信号，以此提高系统的抗干扰能力。

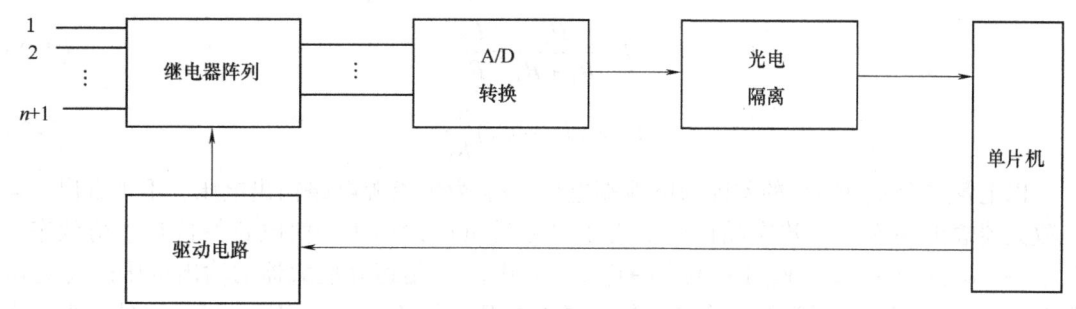

图 7-2　基于继电器阵列法的电池电压采集电路原理框图

在串联电池组中,由于电池端电压也就是电池组相邻两节点间的电压差,故要求恒流源电路具有很好的共模抑制能力,一般在设计过程中多选用集成运算放大器来达到此种目的。

出于设计思路和应用场合的不同,恒流源电路会有多种不同形式,图 7-3 即为其中一种,它是由运算放大器和绝缘栅型场效应晶体管组合构成的减法运算恒流源电路。

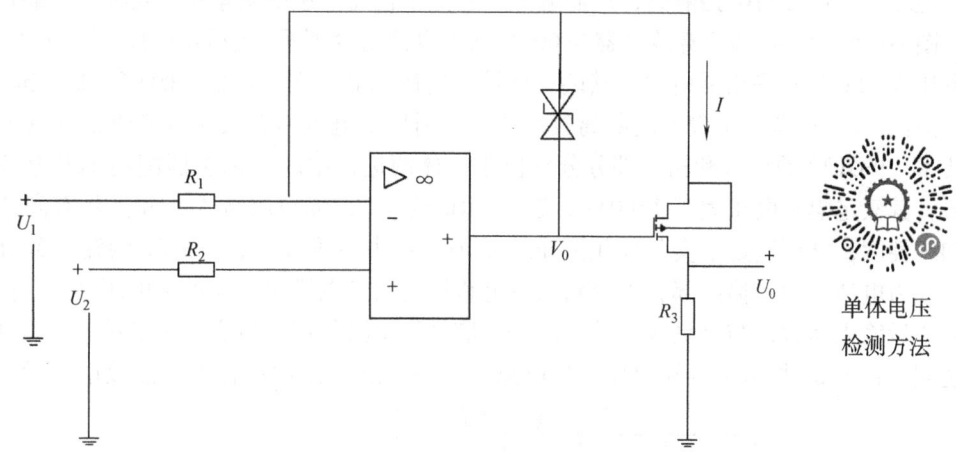

图 7-3　运算放大器和场效应管组合构成的减法运算恒流源电路

由运算放大器的结构可知,该电路是具有高开环放大倍数并带有深度负反馈的多级直接耦合放大电路,其输入级采用差动放大电路,并集成在同一硅片上,故两者的性能匹配非常好,且中间级具有很高的放大能力。由差动电路原理可知,这种电路具有很强的共模信号抑制能力,所以在用运算放大器对电池组的单体电压进行测量时,由于高的共模抑制性和放大能力,测量精度将会得到提高。绝缘栅型场效应晶体管是利用输入回路的电场效应来控制输出回路电流的一种半导体器件,当其工作在可变电阻区时,输出量漏极电流 I 与输入量漏源电压 U_{ds} 呈线性关系,且管子的栅、源间阻抗很高,造成的漏电流很小,而漏、源间导通电阻很小,造成的导通压降很低。

图 7-3 中采用了 P 沟道增强型场效应晶体管,并为了维持其具有恒定的栅、源电压 U_{GS} 而接入一个稳压二极管,且运算放大器工作在线性区,如果选低导通阻值的场效应晶体管,则导通压降可忽略不计,则有

$$U_2 = U_1 - \frac{U_1}{R_1 + R_3}R_1 \tag{7-1}$$

$$I = \frac{U_1}{R_1 + R_3} = \frac{U_0}{R_3} \tag{7-2}$$

$$U_0 = (U_1 - U_2)\frac{R_3}{R_1} \tag{7-3}$$

以上各式中 U_1 和 U_2 的差即为电池端电压，U_0 为恒流源电路输出电压。不难看出，运算放大器输出端连接场效应晶体管实现了电路的负反馈作用，使电路保持在平衡状态。$V_0 \uparrow \rightarrow |U_{GS}| \downarrow \rightarrow I \downarrow \rightarrow V_{R1} \downarrow \rightarrow V_i \uparrow \rightarrow V_0 \downarrow$，其中，$V_0$ 是运算放大器的输出电压；V_{R1} 是电阻 R_1 上的电压降；V_i 是运算放大器的输入差模电压，即 $V_i = U_- - U_+$，当电路处于平衡态时，$V_i = 0$。恒流源电路结构较简单，共模抑制能力强，采集精度高，具有很好的实用性。

（3）隔离运放采集法　隔离运算放大器是一种能够对模拟信号进行电气隔离的电子元件，广泛用作工业过程控制中的隔离器和各种电源设备中的隔离介质。一般由输入和输出两部分组成，二者单独供电，并以隔离层划分，信号经输入部分调制处理后经过隔离层，再由输出部分解调复现。隔离运算放大器非常适合应用于电池单体电压采集电路中，它能将输入的电池端电压信号与电路隔离，从而避免了外界干扰而使系统采集精度提高，可靠性增强。

图 7-4 所示为隔离运算放大器在 600V 动力电池组管理系统中的应用，其中共有 50 块额定电压为 12V 的水平铅酸电池，其端电压被隔离运放电路逐一采集。ISO122 是美国 BB 公司采用滞回调制-解调技术设计的隔离放大器，采用精密电容耦合技术和常规的双列式 DIP 封装技术。ISO122 的输入和输出部分分别位于壳体两边，中间用两个匹配的 1pF 电容形成隔离层，其额定隔离电压大于 1500V（交流 60Hz 连续），隔离阻抗大，并且具有高的增益精度和线性度，从而满足了实际应用要求。从图 7-4 中不难发现，ISO122 的输入部分电源就取自动力电池组中，输出部分电源则出自电路板上的供电模块，电池端电压经两个高精密电阻分压后输入运放，与之呈线性关系的输出信号经多路复用器后交单片机控制电路处理。需要说明，在第 50 块电池的端电压采集电路中，一个反向器被加在隔离运放电路后，用于将

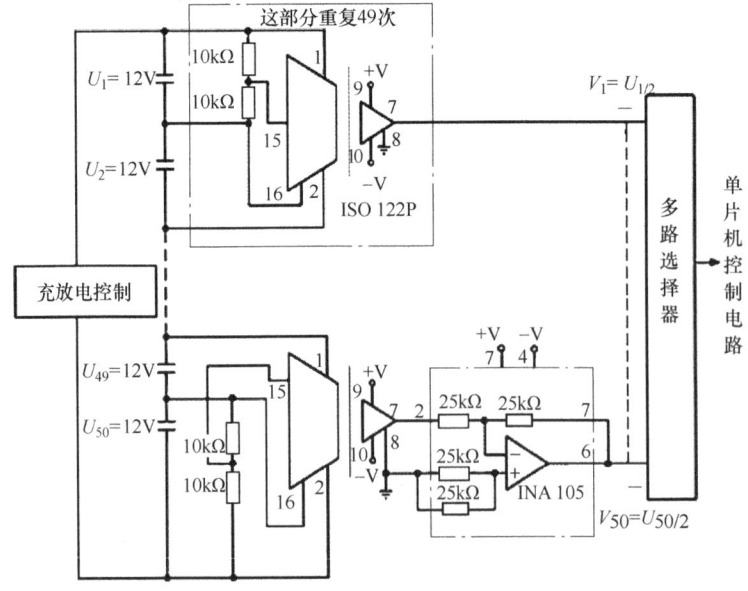

图 7-4　隔离运算放大器在 600V 动力电池组管理系统中的应用

输出信号由负变为正。还应指出,隔离运放采集电路虽然性能优越,但是较高的成本影响了其广泛应用。

(4) 压/频转换电路采集法 当利用压频(V/f)转换电路实现电池单体电压采集功能时,压/频变换器的应用是关键,它是把电压信号转换为频率信号的元件,具有良好的精度、线性度和积分输入等特点。

图7-5为压/频转换器LM331用作高精度压/频转换的电路原理图,LM331是美国FS公司生产的高性价比集成V/f芯片,它采用了新的温度补偿能隙基准电路,在整个工作温度范围以内和电源电压低到4.0V都有极高的精度。

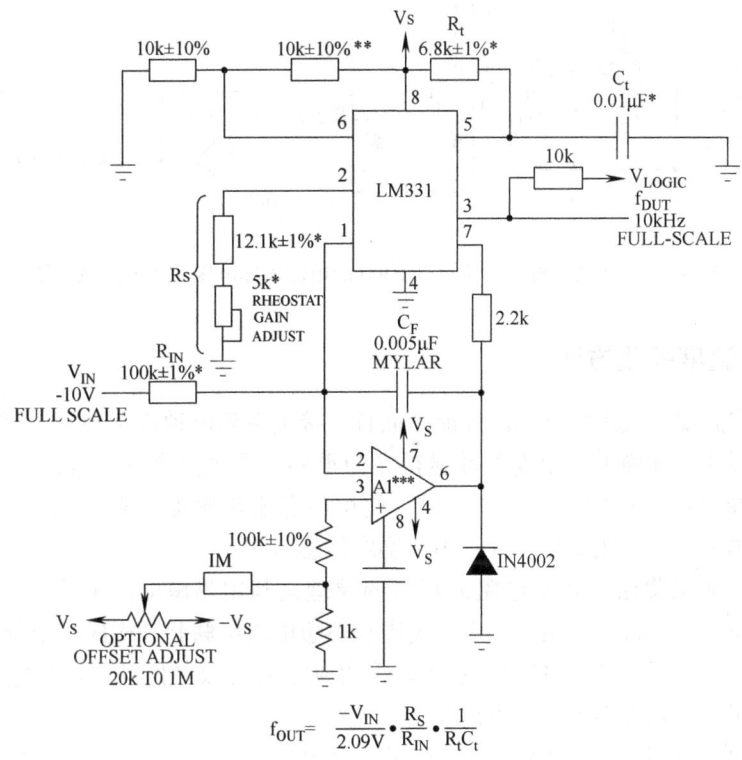

图7-5 压/频转换器LM331用作高精度压/频转换的电路原理图

该采集方法中,电压信号直接被转换为频率信号,随即就可以进入单片机的计数器端口进行处理,而不需A/D转换。此外,为了配合压/频转换电路在电池单体电压采集系统中的应用,相应选择电路和运算放大电路也需加以设计,以实现多路采集的功能。这种方法所涉及的元件比较少,但是压控振荡器中含有电容器,而电容器的相对误差一般都比较大,而且电容越大相对误差也越大。

(5) 线性光耦合放大电路采集法 基于线性光耦合器件的电池单体电压采集电路实现了信号采集端和处理端之间的隔离,从而提高了电路的稳定性与抗干扰能力。

图7-6中线性光耦TIL300由一个利用红外LED照射而分叉配置的隔离反馈光二极管和一个输出光二极管组成,并采用特殊工艺技术来补偿LED时间和温度特性的非线性,使输出信号与LED发出的伺服光通量呈线性比例。TIL300具有3500V的峰值隔离度,带宽大于200KHz,适合直流与交流信号的隔离放大,并且输出增益稳定度为±0.05%/℃。从图中不

难看出，电池单体电压值（即 U_1 与 U_2 之差）经运算放大器 A_1 后被转化为电流信号 I_{P1} 并流过线性光耦 TIL300，经光电隔离后输出与 I_{P1} 呈线性关系的电流量 I_{P2}，再由运算放大器 A_2 转化为电压值得以进行 A/D 转换并完成采集。值得注意的是，线性光耦两端需要使用不同的独立电源，在图中分别标示为 $1V_{CC+}$ 和 $2V_{CC+}$。可见，线性光耦合放大电路不仅具有很强的隔离能力和抗干扰能力，还使模拟信号在传输过程中保持了较好的线性度，因此可以与继电器阵列或选通电路配合应用于多路采集系统中，但其电路相对较复杂，影响精度的因素较多。

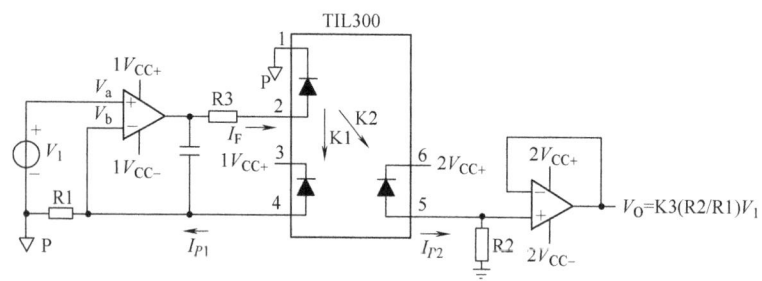

图 7-6　基于线性光耦合元件 TIL300 的电池单体电压采集电路原理图

三、电池温度采集方法

电池的工作温度不仅影响电池的性能，而且直接关系到电动汽车使用的安全问题，因此，准确采集温度参数显得尤为重要。采集温度并不难，关键是如何选择合适的温度传感器。目前，使用的温度传感器很多，比如，热电偶、热敏电阻、热敏晶体管、集成温度传感器等。

电池温度采集方法

（1）**热敏电阻采集法**　热敏电阻采集法的原理是利用热敏电阻阻值随温度的变化而变化的特性，用一个定值电阻和热敏电阻串联起来构成一个分压器，从而把温度的高低转化为电压信号，再通过模/数转换得到温度的数字信息。热敏电阻成本低，但线性度不好，而且，制造误差一般也比较大。

（2）**热电偶采集法**　热电偶的作用原理是双金属体在不同温度下会产生不同的热电动势，通过采集这个电动势的值就可以通过查表得到温度的值。由于热电动势的值仅和材料有关，所以热电偶的准确度很高。但是由于热电动势都是毫伏等级的信号，所以需要放大，外部电路比较复杂。一般来说金属的熔点都比较高，所以热电偶一般都用于高温的测量。

（3）**集成温度传感器采集法**　由于温度的测量在日常生产、生活中用得越来越多，所以半导体生产商们都推出了很多集成温度传感器。这些温度传感器虽然很多都是基于热敏电阻式的，但都在生产的过程中进行校正，所以精度可以媲美热电偶，而且直接输出数字量，很适合在数字系统中使用。

四、电池工作电流采集方法

常用的电流检测方式有分流器、互感器、霍尔元件电流传感器和光纤传感器等 4 种，各种方法的特点见表 7-1。

电池工作电流采集方法

表7-1 各种电流检测方式特点

项目	分流器	互感器	霍尔元件电流传感器	光纤传感器
插入损耗	有	无	无	无
布置形式	需插入主电路	开孔、导线传入	开孔、导线传入	—
测量对象	直流、交流、脉冲	交流	直流、交流、脉冲	直流、交流
电气隔离	无隔离	隔离	隔离	隔离
使用方便性	小信号放大、需控制处理	使用较简单	使用简单	—
使用场合	小电流、控制测量	交流测量、电网监控	控制测量	高压测量，店里系统常用
价格	较低	低	较高	高
普及程度	普及	普及	较普及	未普及

其中，光纤传感器昂贵的价格影响了其在控制领域应用；分流器成本低、频响应好，但使用麻烦，必须接入电流回路；互感器只能用于交流测量；霍尔传感器性能好，使用方便。目前，在电动车辆动力电池管理系统电流采集与监测方面应用较多的是分流器和霍尔传感器。

第二节 动力电池电量管理系统

一、电池荷电状态（SOC）估算精度的影响因素

电池电量管理是电池管理的核心内容之一，对于整个电池状态的控制，电动车辆续驶里程的预测和估计具有重要的意义。同时，由于动力电池荷电状态（SOC）的非线性，并且受到多种因素的影响，导致电池电量估计和预测方法复杂，准确估计 SOC 比较困难。SOC 估算精度的影响因素定性规律如下：

SOC 估算精度的影响因素

1) 充放电电流相对于额定充放电工况，动力电池一般表现为大电流可充放电容量低于额定容量，小电流可充放电容量大于额定容量。

2) 温度。不同温度下电池组的容量存在着一定的变化，温度段的选择及校正因素直接影响到电池性能和可用电量。

3) 电池容量衰减。电池的容量在循环过程中会逐渐减少，因此，对电量的校正条件就需要不断地改变，这也是影响模型精度的一个重要因素。

4) 自放电。电池内部的化学反应，产生自放电现象，使其在放置时，电量发生损失。自放电大小主要与环境温度有关，需要按实验数据进行修正。

5) 一致性。电池组的建模和容量估算与单体电池有一定的区别，电池组的一致性差别对电量的估算有重要的影响。电池组的电量估算是按照总体电池的电压来估算和校正的，如果电池差异较大，将导致估算的精度误差很大。

二、精确估计 SOC 的作用

SOC 是防止动力电池过充和过放的主要依据，只有准确估算电池组的 SOC 才能有效提高动力电池组的利用效率，保证电池组的使用寿命。在电动汽车中，准确估算蓄电池 SOC 的作用包括以下 4 点：

精确估算 SOC 作用

1）保护蓄电池。对于蓄电池而言，过充电和过放电都可能对蓄电池造成永久性的损害，严重缩短电池的使用寿命。如果可以提供准确的 SOC 值，整车控制策略可以将 SOC 控制在一定的范围之内（如 20%~80%），起到防止对电池过充电或过放电的作用，从而保证电池的正常使用，延长电池的使用寿命。

2）提高整车性能。在没有提供准确的 SOC 值的情况下，为了保证电池的安全使用，整车控制策略需要保守地使用电池，防止电池出现过充电和过放电的情况，这样不能充分发挥电池的性能，因而降低了整车的性能。

3）降低对动力电池的要求。在准确估算 SOC 的前提下，电池的性能可以被充分使用。选用电池时，针对电池性能设计的余量可以大大减小。例如，在准确估算 SOC 的前提下，只需要使用容量为 40A·h 的动力电池组。如果不能提供准确的 SOC 值，为了保证整车的性能和可靠性，可能需要选择 60A·h 甚至更高容量的动力电池组。

4）提高经济性。选择较低容量的动力蓄电池组可以降低整车的制造成本。同时，由于提高了系统的可靠性，后期的维护成本也大大降低。

三、SOC 估计常用的算法

（1）开路电压法　开路电压法是最简单的测量方法，主要根据电池组开路电压判断 SOC 的大小。由电池的工作特性可知，电池组的开路电压和电池的剩余容量存在着一定的对应关系。某动力电池组的电压与容量的对应关系如图 7-7 所示。随着电池放电容量的增加，电池的开路电压降低。由此，可以根据一定的充放电倍率时电池组的开路电压和 SOC 的对应曲线，通过测量电池组开路电压的大小，插值估算出电池 SOC 的值。

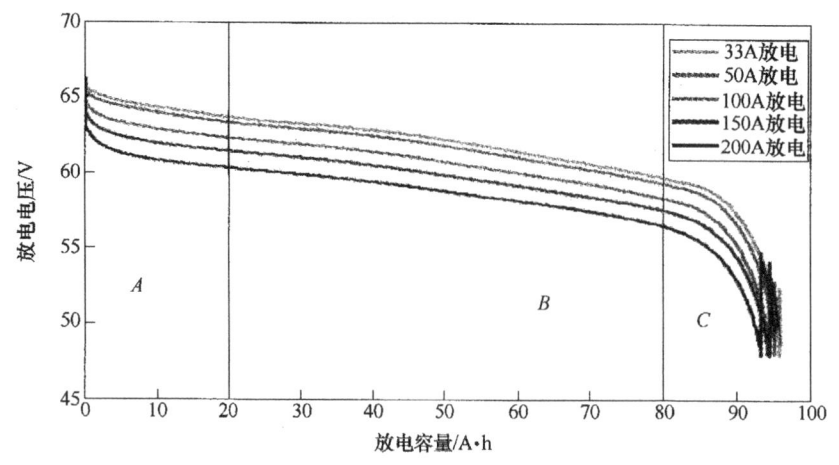

SOC 估计常用的算法

图 7-7　某动力电池组电压与容量的对应关系

该方法简单易行，但由于不同充放电倍率时电池组的电压不一致，因此，在电流波动比较大的场合，这种方式的计量将失去意义。另外，不同应用工况下电池组的内阻大小不一样，导致了同样充放电倍率下不同时期的电池组的电压不一致，使得该测量方式的测量精度很低。同时，温度对电池组的放电平台影响也较大，因此，单靠电压来估算 SOC 的方法难以满足实际需求。

还有一种是在电池组充放电状态转换时通过电压对电池组的容量进行估算，根据经验模型，在充放电状态改变时用模型来估计容量。相当于引入电池的内阻进行校正，比普通的电压和容量相对应的方式精确度稍高一些。

开路电压法对单体电池的估计要优于电池组，当电池组中出现单体电池不均衡，会导致电池组的可用容量降低时电压仍很高，因此，该方法不适合个体差异大的电池组。

(2) 容量积分法　容量积分法是通过对单位时间内，流入流出电池组的电流进行累积，从而获得电池组每一轮放电能够放出的电量，确定电池 SOC 的变化。设电池满充电状态下电量为 Q_M，完全放电后电池电量为 0，则有

$$SOC = \frac{Q_M - \int_0^t idt}{Q_M} \tag{7-4}$$

该计算方式虽然可行，但是由于电池放电的特殊性，不同放电比率状态下 Q_M 的值不同。在大电流放电时候，电池电压下降到电池工作截止电压以下，但显示的 SOC 计算值大于 0。而在小电流放电时，电池的 SOC 计算值减小到 0 时电池还能工作。

同时，电流积分法存在着一定的误差，多次循环之后会出现一些误差积累，使该误差越来越大。因此需要校正，目前的方法大多利用电池组电压来校正因电流积分导致的累积误差。通过电池组放电到放电终止电压时，无论 SOC 值为多少都置为 0，这样可以避免长时间积分的累积误差。有的在电池组静态时采用电压法来校正 SOC，而在工作时用电流积分的方法。然而由于电压和容量的对应关系，受到了温度、放电电流、电池组均衡性的影响，因此，仅仅通过电压法校正 SOC 的精度仍然较低，需要作进一步的改进。

(3) 电池内阻法　电池内阻有交流内阻（常称交流阻抗）和直流内阻之分，它们都与 SOC 有密切关系。电池交流阻抗为电池电压与电流之间的传递函数，是一个复数变量，表示电池对交流电的反抗能力，要用交流阻抗仪来测量。电池交流阻抗受温度影响大，是对电池处于静置后的开路状态，还是对电池在充放电过程中进行交流阻抗测量，存在争议，所以很少在实车测量中使用。

直流内阻表示电池对直流电的反抗能力，等于在同一很短的时间段内，电池电压变化量与电流变化量的比值。实际测量中，将电池从开路状态开始恒流充电或放电，相同时间里负载电压和开路电压的差值除以电流值就是直流内阻。直流内阻随 SOC 的变化规律如图 7-8 所示。

直流内阻的大小受计算时间段影响，若时间段短于 10ms，只有欧姆内阻能够检测到；若时间段较长，内阻将变得复杂。准确测量电池单体内阻比较困难，这是直流内阻法的缺点。在某些电池管理系统中，内阻法与容量积分法组合使用来提高 SOC 估算的精度。

(4) 模糊逻辑推理和神经网络法　模糊逻辑推理和神经网络是人工智能领域的两个分支，模糊逻辑接近人的形象思维方式，擅长定性分析和推理，具有较强的自然语言处理能力；神经网络采用分布式存储信息，具有很好的自组织、自学习能力。它们共同的特点就均

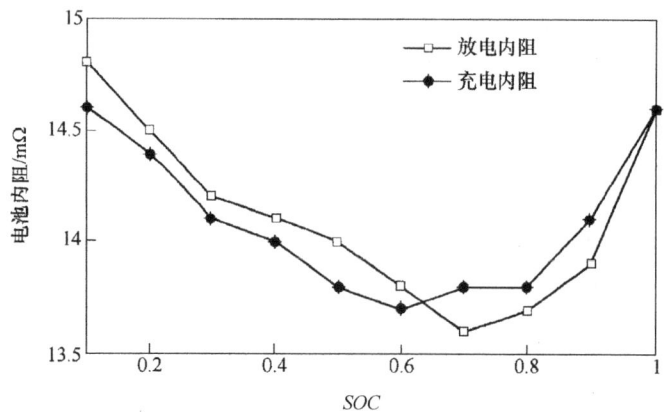

图 7-8 某电池直流内阻随 SOC 的变化规律

采用并行处理结构,可从系统的输入、输出样本中获得系统输入、输出关系。电池是高度非线性的系统,可利用模糊推理和神经网络的并行结构和学习能力估算 SOC。

采用神经网络预测 SOC 的典型结构如图 7-9 所示。网络结构为多输入单输出的三层前馈网络。输入量为电流、电压、温度、充放电容量、内阻等,输出量为 SOC 值。中间层神经元个数取决于问题的复杂程度及分析精度。神经网络输入变量的选择是否合适,变量数量是否恰当,直接影响模型的准确性和计算量。神经网络法适用于各种电池,其缺点是需要大量的参考数据进行训练,估计误差受训练数据和训练方法的影响很大。

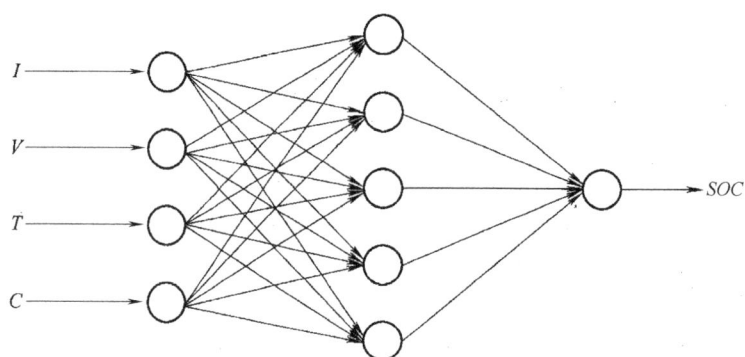

图 7-9 估算 SOC 神经网络结构图

(5) 卡尔曼滤波法 卡尔曼滤波理论的核心思想是对动力系统的状态做出最小方差意义上的最优估算。卡尔曼滤波法应用于电池 SOC 估算,电池被称动力系统,SOC 是系统的一个内部状态。电池模型的一般数学形式为

状态方程:
$$x_{k+1} = A_k x_k + B_k u_k + w_k = f(x_k, u_k) + w_k \tag{7-5}$$

观测方程:
$$y_k = c_k x_k + v_k = g(x_k, u_k) + v_k \tag{7-6}$$

系统的输入向量 u_k 中,通常包含电池电流、温度、剩余容量和内阻等变量,系统的输出 y_k 通常为电池的工作电压,电池 SOC 包含在系统的状态量 x_k 中。$f(x_k, u_k)$ 和 $g(x_k,$

u_k）都是由电池模型确定的非线性方程，在计算过程中要进行线性化。w_k和u_k为互不相关的系统噪声，一般而言，他们为系统传感器的误差以及系统建模、系统参数不精确引起的误差。估计SOC算法的核心，是一套包括SOC估计值和反映估计误差的协方差矩阵的递归方程，协方差矩阵用来给出估计误差范围。

卡尔曼滤波方法适用于各种电池，与其他方法相比，尤其适合于电流波动比较剧烈的混合动力汽车电池SOC的估计，它不仅给出了SOC的估计值，还给出了SOC的估计误差。该方法的缺点是要求电池SOC估计精度越高，电池模型越复杂，涉及大量矩阵运算，工程上难以实现，且该方法对于温度、自放电率以及放电倍率对容量的影响考虑的不够全面。

第三节 动力电池的均衡管理

为了平衡电池组中单体电池的容量和能量差异，提高电池组的能量利用率、在电池组的充放电过程中需要使用均衡电路。

根据均衡过程中对所传递的能量的处理方式不同，均衡电路可以分为能量耗散型均衡和非能量耗散型（即无损均衡），国外有些文献又分别称之为被动均衡（Passive Balancing）和主动均衡（Active Balancing）。

能量耗散型均衡主要通过令电池组中能量较高的电池利用其旁路电阻进行放电的方式损耗部分能量，以期达到电池组能量状态的一致。这种均衡结构以损耗电池组能量为代价，并且由于生热问题导致均衡电流不能过大，适用于小容量电池系统以及能量能够及时得到补充的系统，如混合动力汽车。宝马公司ActiveE混合动力汽车即采用了由Preh GmbH公司提供的带有能量耗散式均衡系统的BMS。

非能量耗散式均衡电路拓扑结构目前已出现很多种，本质上均是利用储能元件和均衡旁路构建能量传递通道，将其从能量较高电池直接或间接转移至能量较低的电池。

一、能量耗散型均衡管理

能量耗散型是通过单体电池的并联电阻进行分流从而实现均衡的。这种电路结构简单，均衡过程一般在充电过程中完成，对容量低的单体电池不能补充电量，存在能量浪费和增加热管理系统负荷的问题。能量耗散型一般有两类：

能量耗散型
均衡管理

（1）恒定分流电阻均衡充电电路 每个电池单体上都始终并联一个分流电阻。这种方式的特点是可靠性高，分流电阻的值大，通过固定分流来减小由于自放电导致的单体电池差异。其缺点在于无论电池充电还是放电过程，分流电阻始终消耗功率，能量损失大，一般在能够及时补充能量的场合适用。

（2）开关控制分流电阻均衡充电电路 分流电阻通过开关控制，在充电过程中，当单体电池电压达到截止电压时，均衡装置能阻止其过充电并将多余的能量转化成热能。这种均衡电路工作在充电期间，特点是可以对充电时单体电池电压偏高者进行分流。其缺点是由于均衡时间的限制，导致分流时产生的大量热量需要及时通过热管理系统耗散，尤其在容量比较大的电池组中更加明显。例如，10A·h的电池组，100mV的电压差异，最大可达500mA·h以上的容量差异，如果以2h的均衡时间，则分流电流为250mA，分流电阻值约为 14Ω，则产生的热量为 2W·h 左右。

能量耗散型电路结构简单，但是均衡电阻在分流的过程中，不仅消耗了能量，而且还会由于电阻的发热引起电路的热管理问题。由于其实质是通过能量消耗的办法限制单体电池出现过高或过低的端电压，所以，只适合在静态均衡中使用，其高温升等特点降低了系统的可靠性，不适用于动态均衡。该方式仅适合小型电池组或者容量较小的电池组。

二、非能量耗散型均衡管理

非能量耗散型电路的耗能相对于能量耗散型电路小很多，但电路结构相对复杂，可分为能量转换式均衡和能量转移式均衡两种方式。

非能量耗散型均衡管理

（1）能量转换式均衡　能量转换式均衡是通过开关信号，将电池组整体能量对单体电池进行能量补充，或者将单体电池能量向整体电池组进行能量转换。其中单体能量向整体能量转换，一般都是在电池组充电过程中进行，电路如图 7-10 所示。该电路是检测各个单体电池的电压值，当单体电池电压达到一定值时，均衡模块开始工作。把单体电池中的充电电流进行分流从而降低充电电压，分出的电流经模块转换把能量反馈回充电总线，达到均衡的目的。还有的能量转换式均衡可以通过续流电感，完成单体到电池组的能量转换。

电池组整体能量向单体转换，电路如图 7-11 所示。这种方式也称为补充式均衡，即在充电过程，首先通过主充电模块对电池组进行充电，电压检测电路对每个单体电池进行监控。当任一单体电池的电压过高，主充电电路就会关闭，然后补充式均衡充电模块开始对电池组充电。通过优化设计，均衡模块中充电电压经过一个独立的 DC/DC 变换器和一个同轴线圈变压器，给每个单体电池上增加相同的次级绕组。这样，单体电压高的电池从辅助充电电路上得到的能量少，而单体电压低的电池从辅助充电器上得到的能量多，从而达到均衡的目的。此方式的问题在于次级绕组的一致性难以控制，即使次级绕组匝数完全相同，考虑到变压器漏感以及次级绕组之间的互感，单体电池也不一定获得相同的充电电压。同时，同轴线圈也存在一定的能量耗散，并且这种方式的均衡只有充电均衡，对于放电状态的不均衡无法起作用。

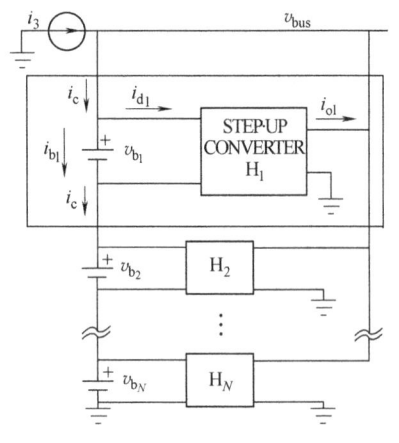

图 7-10　单体电压向整体电压转换方式

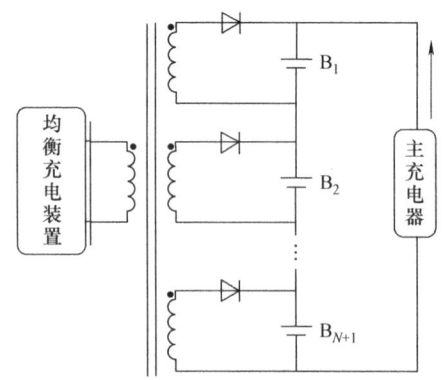

图 7-11　补充式均衡示意图

能量转换式电路是一种通过开关电源来实现能量变换的电路。相对于能量转移式均衡电路来说，它的电路复杂程度降低了很多，成本也降低了。但对同轴线圈，由于绕组到各单体之间的导线长度和形状不同，变压比有差异，导致对每个单体电池均衡的不一致，有均衡误差。另外同轴线圈本身由于电磁泄漏等问题，也消耗了一定的能量。

（2）能量转移式均衡　能量转移式均衡是利用电感或电容等储能元件，把能量从电池组中容量高的单体电池，通过储能元件转移到容量比较低的电池上，如图7-12所示。该电路是通过切换电容开关传递相邻电池间的能量，从而达到均衡的目的。另外，也可以通过电感储能的方式，对相邻电池间进行双向传递。此电路的能量损耗很小，但是均衡过程中必须有多次传输，均衡时间长，不适于多串的电池组。改进的电容开关均衡方式，可通过选择最高电压单体与最低电压单体电池间进行能量转移，从而使均衡速度增快。能量转移式均衡中能量的判断以及开关电路的实现较困难。

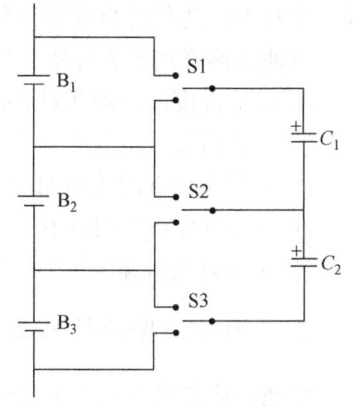

图7-12　能量转移式均衡

能量转移式均衡是一种电池容量补偿的方法，就是从容量高的电池取出一些电量来补偿容量低的电池。这个方法虽然可行，但是由于在实际电路中需要对各个单体电池电压进行检测判断，电路会很复杂，且体积大、成本高。另外，能量的转移是通过一个储能媒介来实现的，存在一定的消耗及控制问题。该均衡方式一般应用于中大型电池组中。

除上述均衡方法外，在充电应用过程中，还可采用涓流充电的方式实现电池的均衡。这是最简单的方法，不需要外加任何辅助电路。其方法是对串联电池组持续用小电流充电。由于充电电流很小，这时的过充电对满充电池所带来的影响并不严重。由于已经充饱的电池没办法将更多的电能转换成化学能，多余的能量将会转化成热量。而对于没有充饱的电池，却能继续接收电能，直至到达满充点。这样，经过较长的周期，所有的电地都将会达到满充状态，从而实现了容量均衡。但这种方法需要很长的均衡充电时间，且消耗相当大的能量来达到均衡。另外，在放电均衡管理上，这种方法是不能起任何作用的。

三、电池均衡管理系统应用中存在的问题

现有的电池均衡方案中，基本上是以电池组的电压来判断电池的容量，是一种电压均衡方式。这样，要达到对电池组均衡的目的，首先，对电压检测的准确性和精度要求很高，而电压检测电路漏电流的大小，直接影响了电池组的一致性。因此，设计出简单、高效的电压检测电路是均衡电路需要解决的一个问题。

同时，电压不是电池容量的唯一量度，电池内阻及连接方式的接触电阻也会导致电池电压的变化，因此，如果一味地按照电压进行均衡，将会导致过度均衡，从而浪费能量。极端情况下，有可能导致容量均衡的电池组出现不均衡。

第四节　动力电池的热管理

一、动力电池热管理系统的功能

由于过高或过低的温度都将直接影响动力电池的使用寿命和性能，并有可能导致电池系

统的安全问题,并且电池箱内温度场的长久不均匀分布将造成各电池模块、单体间性能的不均衡,因此,电池热管理系统对于电动车辆动力电池系统而言是必需的。可靠、高效的热管理系统对于电动车辆的可靠安全应用意义重大。

电池组热管理系统有如下 5 项主要功能:
① 电池温度的准确测量和监控。
② 电池组温度过高时的有效散热和通风。
③ 低温条件下的快速加热。
④ 有害气体产生时的有效通风。
⑤ 保证电池组温度场的均匀分布。

动力电池的
热管理

二、电池内传热的基本方式

电池内热传递方式主要有热传导、对流换热和辐射换热 3 种方式。电池和环境交换的热量也是通过辐射、传到和对流 3 种方式进行。

热辐射主要发生在电池表面,与电池表面材料的性质相关。

热传导是指物质与物体直接接触而产生的热传递。电池内部的电极、电解液、集流体等都是热传导介质,而将电池作为整体,电池和环境界面层的温度和环境热传导性质决定了环境中的热传导。

热对流是指电池表面的热量通过环境介质(一般为流体)的流动交换热量,它也和温差成正比。

对于单体电池内部而言,热辐射和热对流的影响很小,热量的传递主要是由热传导决定的。电池自身吸热的大小是与其材料的比热有关,比热越大,散热越多,电池的温升越小。如果散热量大于或等于产生的热量,则电池温度不会升高。如果散热量小于所产生的热量,热量将会在电池体内产生热积累,电池温度升高。

三、电池组热管理系统设计实现

按照传热介质,可将电池组热管理系统分为空冷、液冷和相变材料冷却 3 种。考虑到材料的研发以及制造成本等问题,目前最有效且最常用的散热系统是采用空气作为散热介质。

按照散热风道结构,空冷系统又可分为串行通风方式和并行通风方式两种,如图 7-13 和图 7-14 所示。

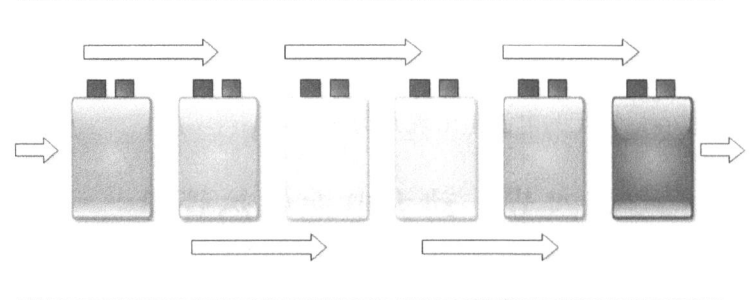

图 7-13 串行通风方式

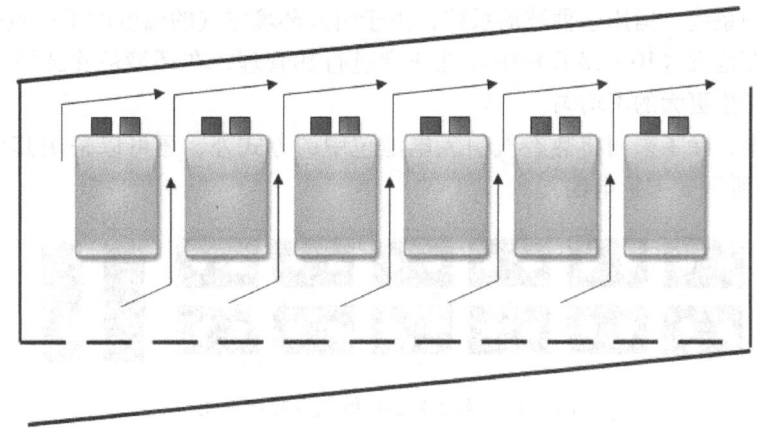

图 7-14 并行通风方式

串行情况下一般是使空气从电池包一侧流往另外一侧，从而达到带走热量的效果。这时，气流会将先流过的地方的热量带到后流过的地方，从而导致两处温度不一致且温差较大。而并行情况下模块间空气都是直立上升气流。这样能够更均匀地分配气流，从而保证电池包中各处的散热一致性。

热管理系统按照是否有内部加热或制冷装置可分为被动式和主动式两种。被动系统成本较低，采取的设施相对简单；主动系统相对复杂，并且需要更大的附加功率，但效果较为理想。

图 7-15 ~ 图 7-17 为空气加热与散热主、被动结构示意图。

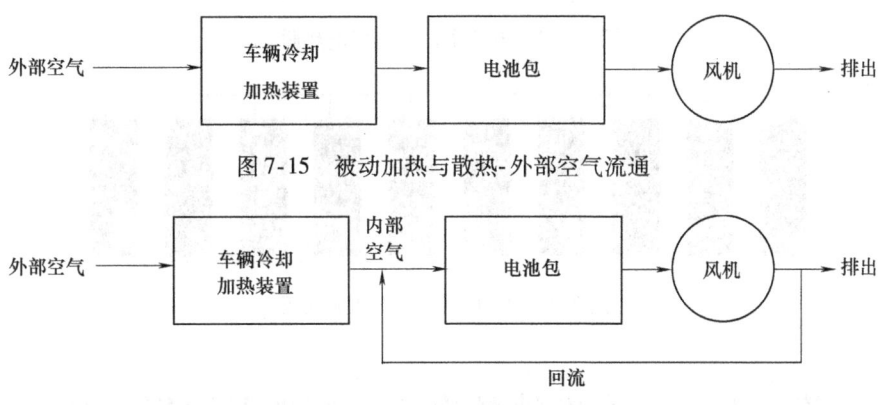

图 7-15 被动加热与散热-外部空气流通

图 7-16 被动加热与散热-内部空气流通

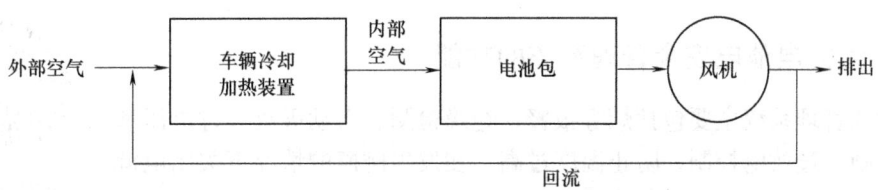

图 7-17 主动加热与散热-外部和内部空气流通

图 7-15 和图 7-16 中，尽管空气是经过汽车空调或供暖系统冷却和加热的，但它仍然被

认为是一种被动系统。运用这种被动系统,由于引入环境空气的温度的不一致性,环境空气必须在一定温度范围(10~35℃)中才能正常进行热管理,在环境极冷或极热条件下运行电池包可能会产生更大的不均匀。

加热系统中,除了采用将热空气引入电池包中的方式外,还可以采用其他方式,如图7-18~图7-21所示(方形电池)。

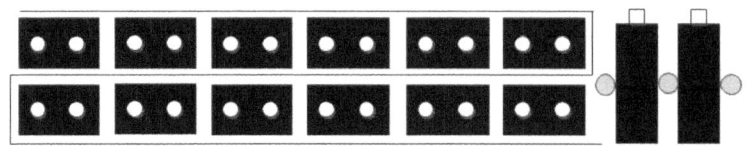

图7-18 电池列前后缠绕硅胶加热线

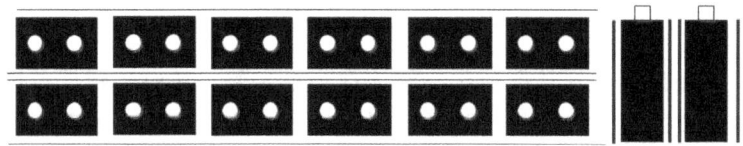

图7-19 电池列间添加电热膜

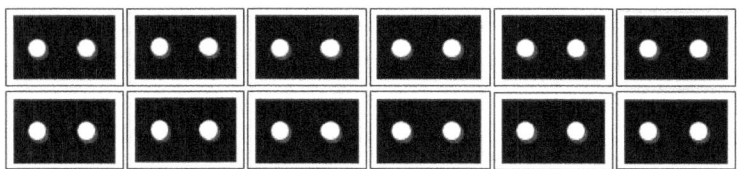

图7-20 电池本体上包覆电热膜

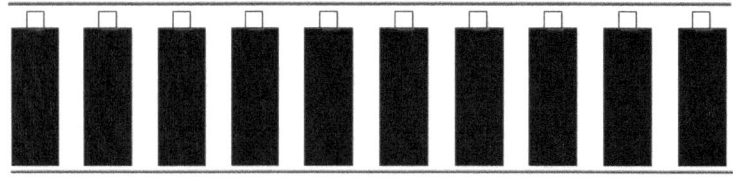

图7-21 电池上、下添加加热板

第五节 动力电池的电安全管理及数据通信

一、动力电池电安全管理系统的功能

电安全管理系统主要包括烟雾报警、绝缘检测、自动灭火、过电压和过电流控制、过放电控制、防止温度过高、在发生碰撞的情况下关闭电源等功能。

电动车辆动力电池系统电压常用的有288V、336V、384V以及544V等,已经大大超过了人体可以承受的安全电压,因此,电气绝缘性能是电安全管理重要的内

电安全管理系统的功能

容，绝缘性能的好坏不仅关系到电气设备和系统能否正常工作，更重要的是还关系到人的生命财产安全。

现阶段电池包外壳多采用金属材料制成，要求在符合表7-2要求的电压条件下，电池包正极和负极与金属外壳之间的绝缘电阻应大于 $10M\Omega$。

表7-2 绝缘电阻试验的电压等级

蓄电池包额定工作电压（单箱）U_i/V	绝缘电阻测试仪器的电压等级/V
$U_i \leqslant 60$	250
$60 < U_i \leqslant 300$	500
$300 < U_i \leqslant 750$	1000

动力电池在电动车辆上安装应用，因此，必须满足车辆部件的耐振动、耐冲击、耐跌落、耐烟雾等强度和可靠性要求，保证可靠应用。为满足防水、防尘要求，电池包应满足一定的 IP 防护等级，根据车辆的总体要求，一般的 IP 防护等级要求不低于 IP55。在极端工况下，通过电池安全管理系统应能实现电池包的高压断电保护、过流断开保护、过放电保护、过充电保护等功能。

二、烟雾报警

烟雾报警

在车辆行驶过程中由于路况复杂及电池本身的工艺问题，可能由于过热、挤压和碰撞等原因而导致电池出现冒烟或着火等极端恶劣的事故，若不能及时发现并得到有效处理，势必导致事故的进一步扩大，对周围电池、车辆以及车上人员构成威胁，严重影响车辆运行的安全性。为防患于未然，近年来烟雾检测被引入电池管理系统的监测中，并越来越受到重视。

烟雾传感器种类繁多，从检测原理上可以分为三大类：
① 利用物理、化学性质的烟雾传感器，如半导体烟雾传感器、接触燃烧烟雾传感器等。
② 利用物理性质的烟雾传感器，如热导烟雾传感器、光干涉烟雾传感器、红外传感器等。
③ 利用电化学性质的烟雾传感器，如电流型烟雾传感器、电势型气体传感器等。

由于烟雾的种类繁多，一种类型的烟雾传感器不可能检测所有的气体，通常只能检测某一种或两种特定性质的烟雾。例如，氧化物半导体烟雾传感器主要检测各种还原性烟雾，如 CO、H_2、C_2H_5OH、CH_3OH 等；固体电解质烟雾传感器主要用于检测无机烟雾，如 O_2、CO_2、H_2、Cl_2、SO_2 等。

在动力电池上应用，需要在了解电池燃烧产生的烟雾构成的基础上进行传感器的选择。一般电池燃烧产生大量的 CO 和 CO_2，因此，可以选择对这两种气体敏感的传感器。在传感器的结构上，需要适应于车辆长期应用的振动工况，防止由于路面灰尘、振动引起的传感器误动作。

动力电池管理系统中烟雾报警的报警装置应安装于驾驶人控制台，在接收到报警信号时，迅速发出声光报警和故障定位，保证驾驶人能够及时发现，能接收报警器发出的报警信号。

例如，以北京理工大学为主开发的奥运电动客车中应用的电池系统烟雾报警系统。报警传感器采用9V碱性或碳性电池供电，保证其24小时都能正常工作。报警信号采用车上24V蓄电池电源，该路电源单独供应，保证了报警系统工作的独立性。分散的报警器通过内部的烟尘传感器检测烟尘浓度。当烟尘浓度未达到限量时，报警器内部控制器控制继电器输出为开路；当烟尘浓度超过限量时，报警器内部控制器控制继电器输出为短路，将+24V电源迅速引入显示板，与显示板上的-24V电源形成报警回路，发出声光报警信号。该系统结构如图7-22所示。

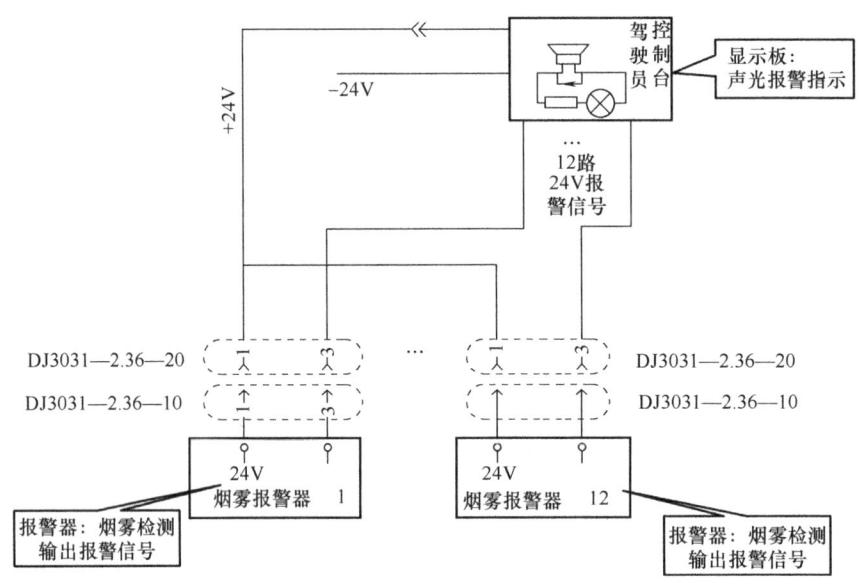

图7-22　车载烟尘报警系统的结构

三、绝缘检测方法

绝缘检测

（1）漏电直测法　在直流系统中，这是一种最简单也是最实用的方法。将万用表置于电流档，串在电池组正极与设备外壳（或者地）之间，可检测到电池组负极对壳体之间的漏电流，同样也可以串在负极与壳体之间检测电池组正极对壳体之间的漏电流。该方法简单易行，在现场故障检测、车辆例行检查中常用。

（2）电流传感法　霍尔式电流传感器是检测高压直流系统的一种常见装置。将电池系统的正极和负极动力总线一起同方向穿过电流传感器，当没有漏电流时，从正极流出的电流等于返回到电源负极的电流，因此，穿过电流传感器的电流为零，电流传感器输出电压为零，当发生漏电现象时，电流传感器的输出电压不为零。根据该电压的正负可以进一步判断该漏电电流是来自于电源正极还是负极。但是应用这种检测方法的前提是待测动力电池组必须处于工作状态，要有工作电流的流入和流出，它无法在系统空载的情况下评价电池系统对地的绝缘性能。

（3）绝缘电阻表测量法　用绝缘电阻表测量绝缘电阻的阻值，绝缘电阻表俗称兆欧表。绝缘电阻表大多采用手摇发电机供电，故又称摇表。它的刻度是以绝缘电阻为单位的，是电工常用的一种测量仪表。

上述3种方法，均为采用专有设备进行的漏电流、绝缘电阻测试方法，与电池管理系统集成存在一定的困难。在电池管理系统中常用的是电路测量方法，常用的直流电压绝缘测量原理如图7-23所示。

在该原理框图中，R_1、R_2、R_3、R_4、R_5分别是大阻值电阻（如达到500Ω以上），这样的大电阻保证了在测量期间绝缘等级不会人为的下降。R_+ 和 R_- 分别是动力电池组正、负极对车体的绝缘电阻;R 和 R' 是分压电阻,阻值小(如 200Ω 左右),可以使 A/D 转换芯片在分压电阻上得到 mV 级的模拟信号。

当开关 S 为关断状态时,通过测量芯片,可以得到 R_+ 和 R_- 两端的电压是多少,这样就可以得到如下方程

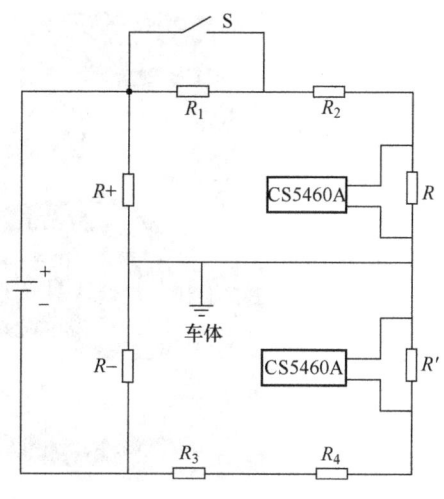

$$\frac{V_1}{R_+} + \frac{V_1}{R_1+R_2+R} = \frac{V_2}{R_-} + \frac{V_2}{R_3+R_4+R'} \quad (7\text{-}7)$$

式中 V_1、V_2——当开关 S 断开时,正、负母线对地电压。

同理,当开关 S 为闭合状态时,可以得到另一个方程

图 7-23 直流电压绝缘测量

$$\frac{V_1'}{R_+} + \frac{V_1'}{R_1+R_2+R} = \frac{V_2'}{R_-} + \frac{V_2'}{R_3+R_4+R'} \quad (7\text{-}8)$$

式中 V_1'、V_2'——S 闭合时正、负母线对地电压。

由于串联电阻 R_1、R_2、R_3、R_4、R、R' 阻值已知。联立式(7-7)、式(7-8)构成的方程组就可以解出 R_+ 和 R_-。

电池管理系统中使用的绝缘电阻测量方法还有平衡电桥法、高频信号注入法和辅助电源法等。随着动力电池的电压越来越高,应用越来越普及,电动汽车的绝缘安全问题显得愈发的重要,各种绝缘监测的方法也不断地被研究人员设计、验证。

四、动力电池数据通信系统

数据通信是电池管理系统的重要组成部分之一。主要涉及电池管理系统内部主控板与检测板之间的通信、电池管理系统与车载主控制器、非车载充电机等设备间的通信等。在有参数设定功能的电池管理系统上,还有电池管理系统主控板与上位机的通信。CAN 通信方式是现阶段电池管理系统通信应用的主流,在国内外大量产业化的电动汽车电池管理系统以及国内外关于电池管理系统数据通信标准中均提倡采用该通信方式。RS232、RS485 总线等方式在电池管理系统内部通信中也有应用。

图 7-24 为 BJ6123C7C4D 纯电动客车及其电池管理系统,该系统可实现单体电池电压检测、电池温度检测、电池组工作电流检测、绝缘电阻检测、冷却风机控制、充放电次数记录、电磁和 SOC 的估测等功能。其中,RS232 主要实现主控板与上位机或手持设备的通信,完成主控板、检测板各种参数的设定;RS485 主要实现主控板与检测板之间的通信,完成主从板电池数据、检测板参数的传输;CAN 通信分为 CAN1 和 CAN2 两路,CAN1 主要与车载主控制器通信,完成整车所需电池相关数据的传输;CAN2 主要与车载仪表、非车载充电机通信,实现电池数据的共享,并为充电控制提供数据依据。

BJ6123C7C4D纯电动客车

动力电池的
数据通信

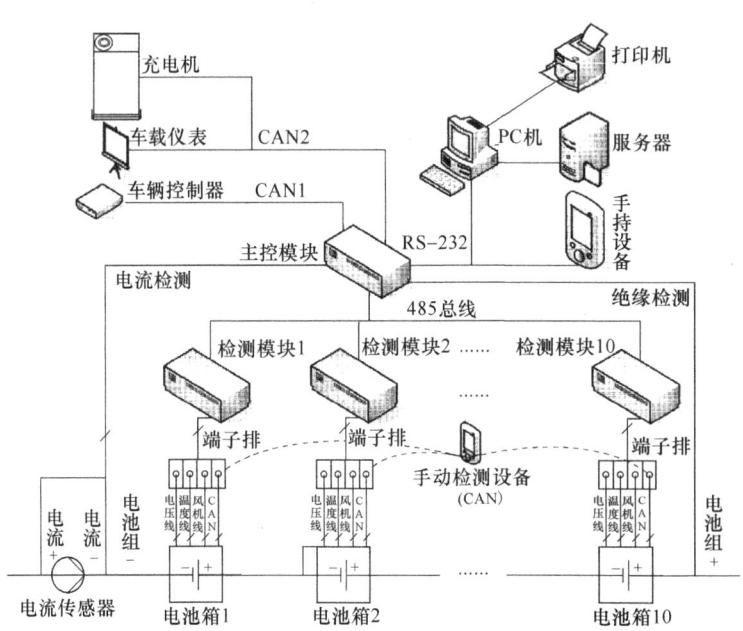

图7-24　BJ6123C7C4D纯电动客车电池管理系统通信方式示意图

在车载运行模式下电池管理系统的结构如图7-25所示。电池管理系统中央控制模块通过CAN1总线将实时的、必要的电池状态告知整车控制器以及电机控制器等设备，以便采用更加合理的控制策略，既能有效地完成运营任务，又能延长电池使用寿命。同时，电池管理系统（中央控制模块）通过高速CAN2将电池组的详细信息告知车载监控系统，完成电池状态数据的显示和故障报警等功能，为电池的维护和更换提供依据。

在应急充电模式下电池管理系统结构如图7-26所示。充电机实现与电动汽车物理连接。此时的车载高速CAN2加入充电机节点，其余不变。充电机通过高速CAN2了解电池的实时状态，调整充电策略，实现安全充电。

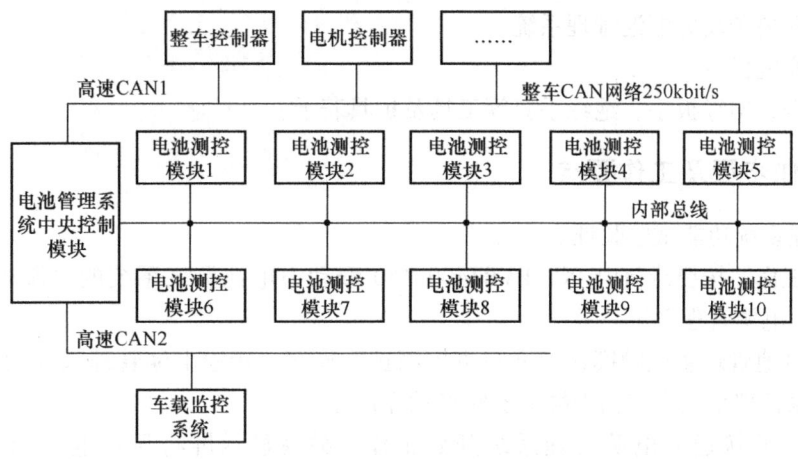

图 7-25 车载运行模式下的电池管理系统的结构

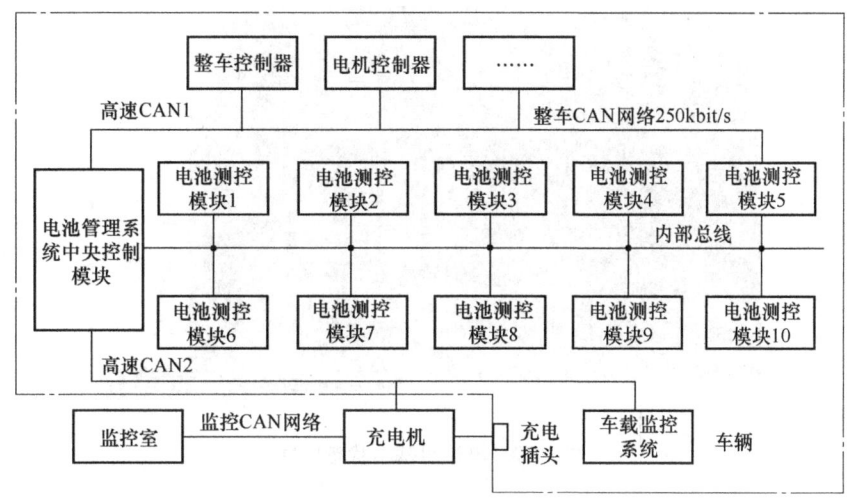

图 7-26 应急充电模式下电池管理系统结构图

【实训操作】电动汽车电源管理系统功能试验与验证

一、实训目标

1. 巩固车用电池电源管理系统的功能、原理和组成。
2. 熟悉车用电池电源管理系统功能测试操作流程。
3. 巩固车用电池电源管理系统性能特点。
4. 能根据测试结果分析车用电池电源管理系统是否有功能故障及故障原因。

二、实验设备

1. XP-EVBT400-150 型动力电池测试系统。
2. 车用锂离子动力电池。

3. 车用锂离子动力电池管理系统。

4. 快速充电机。

5. 万用表、绝缘扳手、绝缘手套等工具及护具若干。

三、操作步骤及工作要点

电源管理系统功能试验验证。

1. 准备工作。按要求连接 XP-EVBT400-150 型动力电池测试系统的电源柜和采样柜、动力电池包、电源管理系统。

2. 确认电池管理系统触摸显示屏与主控箱正确连接,接通电池管理系统辅助电源,此时会听到电池管理系统主控箱中继电器触点动作声音。

3. 辅助电源接通后电源管理系统开始工作,触摸显示屏将显示电池相关参数,如图 7-27 所示。

图 7-27 电池组基本状态信息

4. 通过触摸屏上的按钮"电池信息"查看电池的参数。电池模块 1~9 的参数信息如图 7-28~图 7-36 所示。

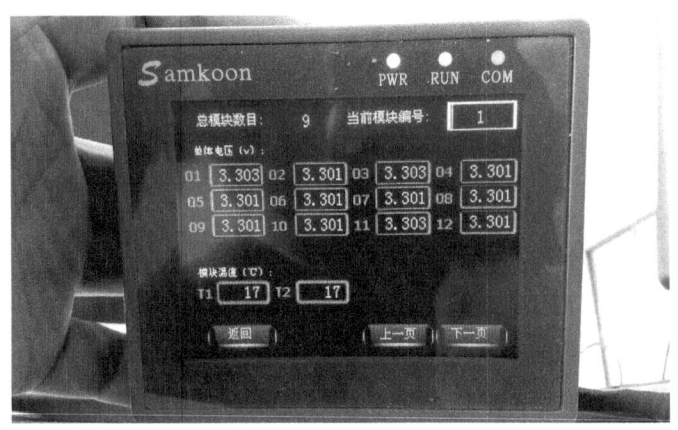

图 7-28 电池模块 1 中 12 串电池参数信息

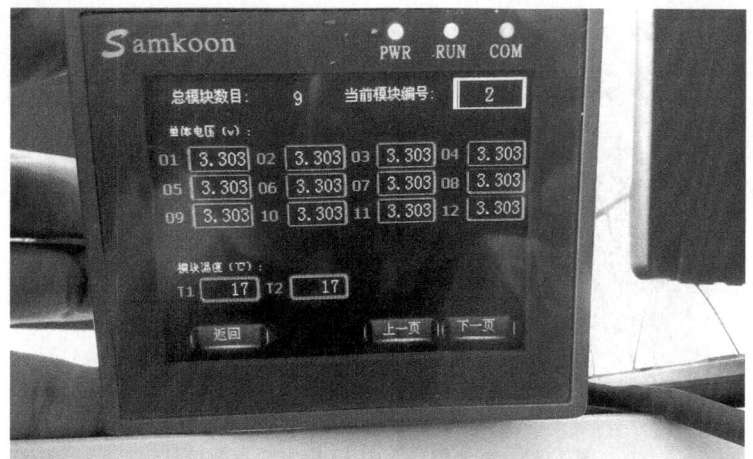

图 7-29 电池模块 2 中 12 串电池参数信息

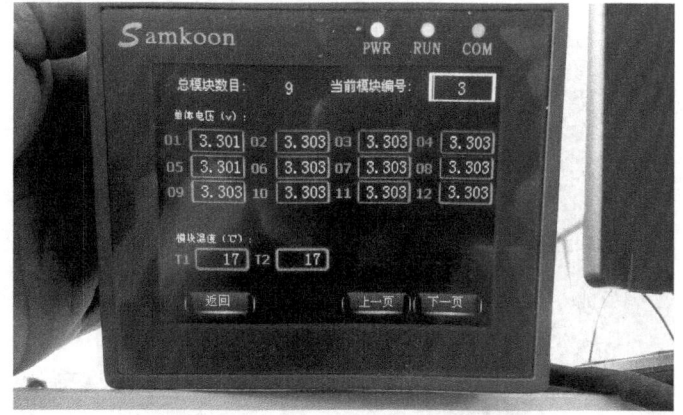

图 7-30 电池模块 3 中 12 串电池参数信息

图 7-31 电池模块 4 中 12 串电池参数信息

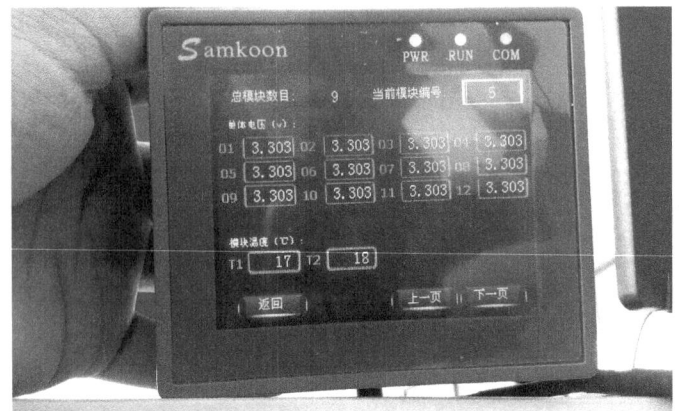

图 7-32　电池模块 5 中 12 串电池参数信息

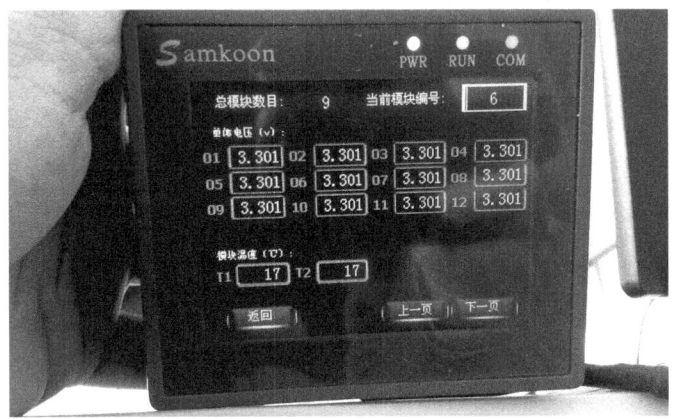

图 7-33　电池模块 6 中 12 串电池参数信息

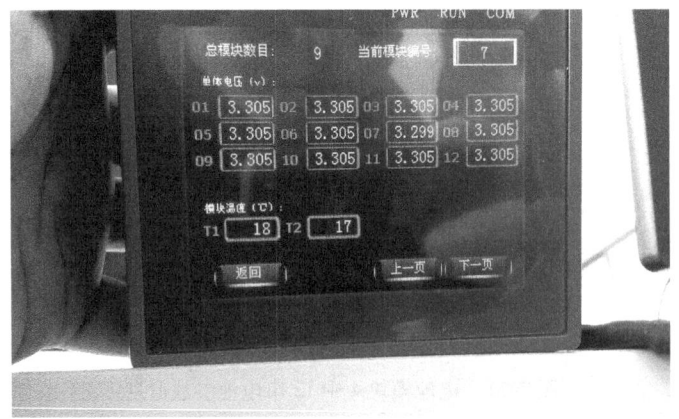

图 7-34　电池模块 7 中 12 串电池参数信息

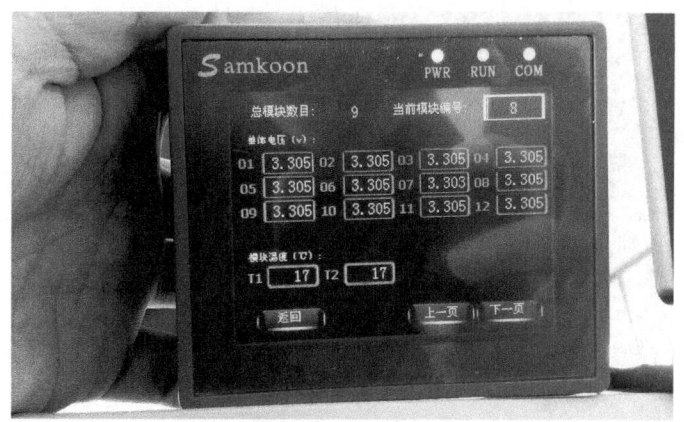

图 7-35　电池模块 8 中 12 串电池参数信息

图 7-36　电池模块 9 中 12 串电池参数信息

5. 查看和记录电池管理系统报警参数和保护限值参数，如图 7-37 所示。

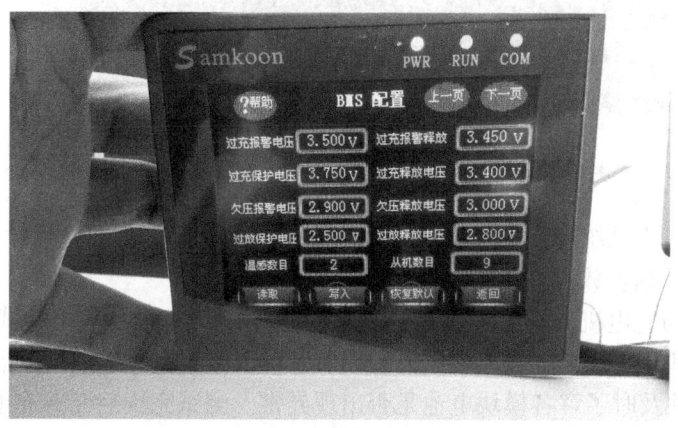

图 7-37　系统报警参数和保护限值参数

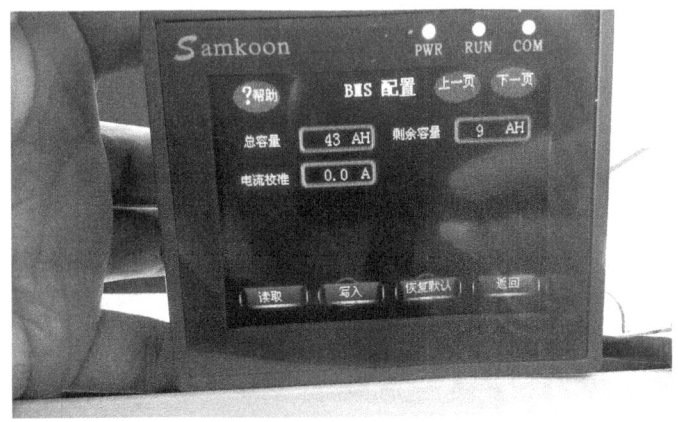

图 7-37 系统报警参数和保护限值参数（续）

注意上述参数不可随意修改，如果对上述参数设置有疑问，需在专业老师指导下修改。查看和修改上述参数时，应确保满足以下基本要求：

1）过充电压 > 过充释放电压。
2）欠电压释放电压 > 欠电压报警电压 > 过放电释放电压 > 过放电保护电压。
3）总容量 > 剩余容量。
4）过热保护温度 > 过热释放温度，如图 7-38 所示。

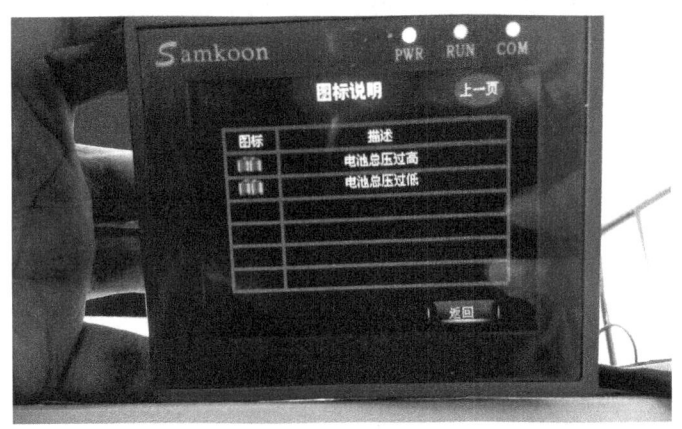

图 7-38 采用图形化界面查看时系统界面和图标说明

6. 查看电池管理系统与充电机之间的通信情况，如图 7-39 所示。
7. 配置充电控制参数，如图 7-40 所示。
8. 连接电池与充电机，按照正确操作流程对电池进行充电，充电模式选择"BMS"模式，检查电池管理系统对充电过充的监测和控制情况。测试过程中随时查看和记录充电机充电电流和电压，并及时了解各模块电池是否出现异常。测试完毕后断开充电机电源，断开充电机与动力电池之间的电缆。
9. XP-EVBT400-150 型动力电池测试系统电源柜上电，等待 AFE READY 指示灯亮后按下 RUN 按钮，此时 AFE RUN 指示灯应亮起；IVC 工作，IVC 指示灯亮。
10. 打开蓄电池测试系统客户端，如图 7-41 所示。

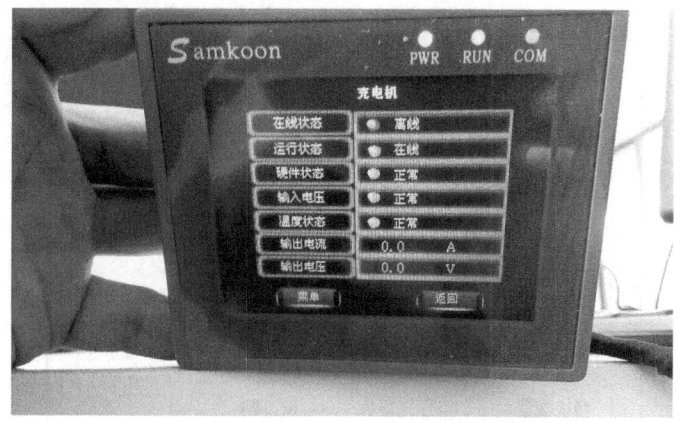

图 7-39　电池管理系统与充电机之间的通信情况

图 7-40　充电机配置

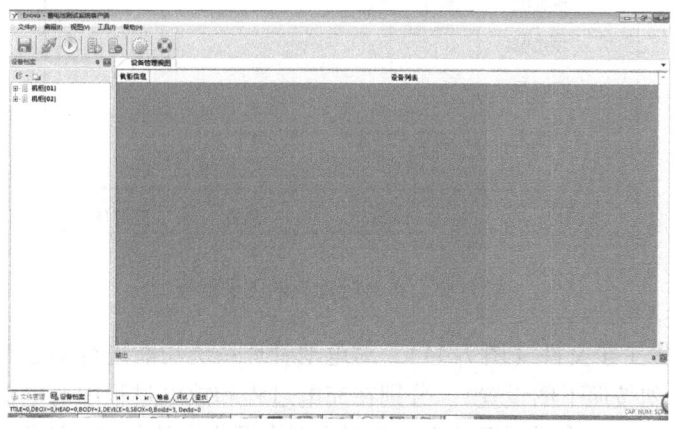

图 7-41　蓄电池测试系统客户端

11. 串口通信设置为选择"BMS",获取电池管理系统参数,与原电池管理系统参数对比,如图 7-42 所示。

·169·

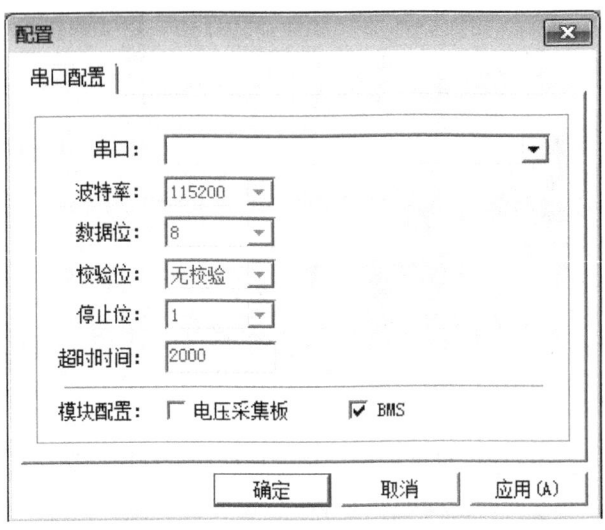

图 7-42　串口配置选 BMS

12. 修改串口配置，选择"电压采集板"模式，通过 XP-EVBT400-150 型动力电池测试系统采样柜获取的电池参数信息与原电池管理系统参数进行对比，静态下，确认电池管理系统各功能是否正常，如图 7-43 所示。

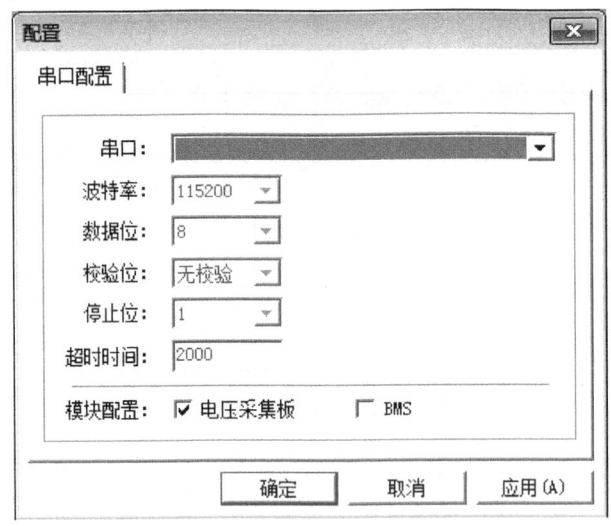

图 7-43　串口配置选电压采集板

13. 新建和编辑工步文件（图 7-44），对电池管理系统功能进行动态验证（参数根据实际电池参数设置，勿按照下图设置）。分别在充电过程和放电过程中对电池管理系统测量精度进行验证，充放电过程中分别记录不少于五次对电源指示的各蓄电池组电压、各蓄电池组温度、电池组电压、放电电流与检测值比较。

注意：在检测过程中，需要更改电源某些技术参数的，如调整电流、电压、拆除保护功能，超温保护测试等，必须由指导老师辅助实现，学生不得单独操作。充电模式下不允许被测设备放电，放电模式下不允许被测设备充电。

第七章 电动汽车电源管理系统

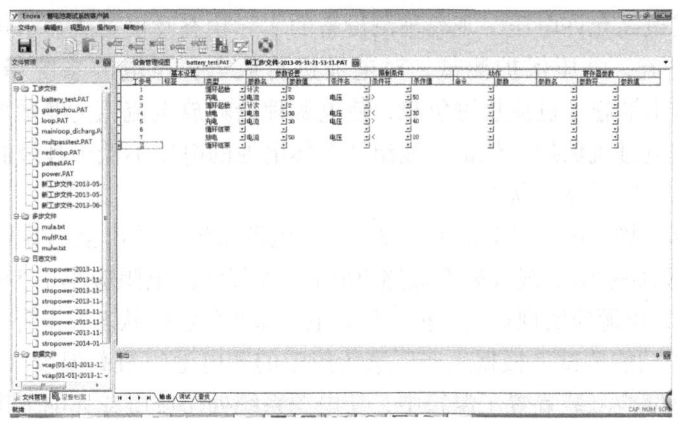

图 7-44 编辑工步文件

(1) 充电过程中电池管理系统测量精度测试

1) 设定放电工步对电池进行放电，至电源全部释放出能量。

2) 设定充电工步，通过测试设备实时监测各蓄电池组及单体电池的电压、电源系统的充电电流、各蓄电池组的温升与温度，各蓄电池组及单体电池电压在充电过程中应不高于最高允许电压、电源系统最大电流不得超过最大允许充电电流，恒流特性应符合产品企业标准的规定，各蓄电池组的温升与温度应符合产品技术文件中的要求。

在测试过程中，应不少于 5 次对电源显示的各蓄电池组及单体电池电压、各蓄电池组温度、电源系统电压、充电电流等与检测值比较，精度应满足规定的要求。

在充电过程中，各单体电池的电压不应超过规定的电压最高值。

(2) 放电过程中电池管理系统测量精度测试

1) 设定充电工步对电池进行充电，至电源充电结束。

2) 设定放电工步。实时监测各蓄电池组的电压、电池组的放电电流、各蓄电池组的温升与温度，各蓄电池组电压在放电过程中应不低于最低允许电压、电源系统最大电流不得超过最大允许放电电流、各蓄电池组的温升与温度应符合产品技术文件中的要求。

在测试过程中，应不少于 5 次对电源指示的各蓄电池组电压、各蓄电池组温度、电池组电压、放电电流与检测值比较，精度应满足规定的要求。

3) 实时记录放电电流值，至放电结束，放电电流值与放电时间的积分即为电源放电容量，检测值与电源系统的容量显示值比较，精度应满足规定的要求。

(3) 蓄电池组过充电压保护失效报警或显示测试。将被测设备充电至充电结束。使电源过充电保护电路失效，启动充电设备（充电电流不高于被测设备额定充电电流的 0.5 倍），直到被测设备某只蓄电池组最高电压至最高允许电压的 1.03 倍，观察电源的报警或显示状态。

(4) 蓄电池组过放电压保护失效报警或显示测试。将电源系统放电至放电结束。使电源系统过放电保护电路失效，启动放电设备（放电电流不高于被测设备额定输出电流的 0.5 倍），直到电源中某只蓄电池组的最低电压低至最低允许电压的 0.9 倍，观察电源的实际状态及报警或显示状态。

(5) 过充电电流、电压保护测试。将电源系统充电，逐渐增加充电设备的输出电流，直到电源系统最高允许充电电流值的 110%，电源应实现充电过流保护，电池组及单体电池组的电压不高于其最高允许电压，观察被测设备的实际状态及报警或显示状态。

（6）过放电电流、电压保护测试。对电池进行放电，至电源系统释放出全部容量的70%，在电源的输出端施加过流检测负载，使电源理论释放电流值为其放电保护电流的1.2倍，电源应实现放电过流保护，保证电池组及单体电池的电压不低于其最低允许电压，检查电源的实际状态及报警或显示状态。

（7）输出短路保护测试。对电池进行放电，至电源系统释放出全部容量的70%，在电源系统的输出端施加短路检测负载（外部短路10min，外部线路电阻应小于5mΩ），使电源系统输出处于短路状态，电源应实现短路保护，检查电源系统的实际状态及报警或显示状态。

（8）超温保护功能测试。根据生产厂家所规定的蓄电池组最高温度（W），随机抽取电源某只蓄电池组温度检测装置置于温箱中，使电源系统处于放电或充电工作状态，由室温以3℃/min升温速率调节温箱温度（最高80℃），至电源超温保护，记录电源超温保护时温箱温度值，应与W值误差不超过规定值，且不高于70℃。

（9）耐充电电源极性反接功能测试。将充电（供电）的电源极性反接于电源系统充电（供电）端，启动充电（供电）设备，持续1min，关闭充电设备。试验结束后，进行充电过程中电池管理系统测量精度测试和放电过程中电池管理系统测量精度测试。

（10）自检报警或显示功能测试。断开电池信息采集线，电池管理系统应报警或显示。

（11）温度测试。在电源正常工作及进行各项试验时，用温度计实时测量各单体电池的表面温度。

14. 测试完毕后按下"启动/停止测试"按钮，停止测试。
15. 测试完毕按下停止按钮，关闭总电源开关。
16. 断开电源柜电源线，断开采样柜与动力电池的接线。
17. 关闭上位机电脑。
18. 通过电源管理系统确认电池状态，如果电池电量不足，则使用充电机进行补充充电。
19. 整理、清洁实验室。

【本章小结】

本章对动力电池电源管理系统的功能及原理进行了介绍。

在使用动力电池为电动汽车提供电能时，电源管理系统可以在车辆运行时提供准确的电池状态信息，同时保护动力电池，避免出现过热、过放电、过充电、过电流等故障，为充分、有效、合理使用动力电池提供保障。

【复习题】

1. 电源管理系统的基本功能有哪些？
2. 电源管理系统需要采集哪些电池参数？采集的方法各有哪些？
3. 电源管理系统进行SOC估计的方法有哪些？
4. 电源管理系统的均衡管理一般采用哪些方法？对比这些方法的优劣。

参 考 文 献

[1] 王振坡，孙逢春. 电动车辆动力电池系统及应用技术［M］. 北京：机械工业出版社，2012.
[2] 王文伟，毕荣华. 电动汽车技术基础［M］. 北京：机械工业出版社，2010.
[3] 谭小军. 电动汽车动力电池管理系统设计［M］. 广州：中山大学出版社，2011.
[4] 其鲁，等. 电动汽车用锂离子二次电池［M］. 北京：科学出版社，2010.
[5] 胡信国，等. 动力电池技术与应用［M］. 北京：化学工业出版社，2009.
[6] 赵立军. 电动汽车测试与评价［M］. 北京：北京大学出版社，2012.
[7] 林程，韩冰. 北京市纯电动汽车技术培训教程［M］. 北京：北京理工大学出版社，2012.
[8] 兰凤崇，黄维军. 广东新能源汽车产业及促进政策研究［M］. 广州：华南理工大学出版社，2011.
[9] 麻友良，严运兵. 电动汽车概论［M］. 北京：机械工业出版社，2012.

读者沟通卡

一、申请课件

本书附赠教学课件供任课教师采用，可在机械工业出版社教育服务网（www.cmpedu.com）注册后免费下载；也可扫描二维码关注"机工汽车"微信订阅号获取课件。

机工汽车

免费下载 教学课件、学习视频、海量学习资料
➢ 扫描二维码，关注"机工汽车"
➢ 点击"粉丝互动"→"视频课件"

二、机工汽车教师群

任课教师可加入"机工汽车教师群"，与教材主编、编辑直接沟通交流。"机工汽车教师群"提供最新教材信息、教材特色介绍、专业教材推荐、样书申请、出版合作等服务。

QQ 群号码：7348129，本群实施实名制，请以"院校名称+姓名"的方式申请加入。

三、微信购书

车界瞭望

关注汽车分社微信订阅号"车界瞭望"，可直达机工社旗下网络购书平台"汽车书院"，第一时间购买新书，获取车界前沿资讯

四、意见反馈和编写合作

联系人：赵海青 齐福江 母云红
电 话：010-88379353、88379160、88379439
电子信箱：13744491@qq.com、502135950@qq.com、2455675943@qq.com
地 址：北京市西城区百万庄大街 22 号汽车分社
邮 编：100037